대통령을
완성하는
사람

대통령을 완성하는 사람

2016년 12월 19일 초판 1쇄 발행
2022년 6월 24일 초판 3쇄 발행

지은이 | 이강래
펴낸이 | 장진혁
펴낸곳 | 형설라이프
주소 | 경기도 파주시 회동길 37-23
전화 | (031) 955-2351, 2361
팩스 | (031) 955-2341
등록 | 101-90-79500
홈페이지 | www.hslife.co.kr

ⓒ 이강래 All Rights Reserved

ISBN 978-89-6621-505-8 (03300)

이 책의 한국어판 저작권은 이강래에게 있습니다.
저작권법에 의해 보호받는 저작물이므로, 무단 전재와 무단 복제를 금합니다.

이 도서의 국립중앙도서관 출판시도서목록(CIP)은 서지정보유통지원시스템 홈페이지(http://seoji.nl.go.kr)와 국가자료공동목록시스템(http://www.nl.go.kr/kolisnet)에서 이용하실 수 있습니다.(CIP제어번호: CIP2016025782)

* 이미지 출처 : Getty Images Bank / 멀티비츠

인간관계의 비밀 〈의전〉

대통령을 완성하는 사람

이강래 지음

PRESIDENT SHAPER

Patient
Respectful
Open
Touching
Observant
Considerate
Ordered
Loving

머리말

사람은 흔히 높은 자리에 올라가면 변한다고들 한다. 자리가 사람을 바꾸는 걸까? 아니면 사람이 정말 변하는 걸까? 친한 친구 한 녀석이 술자리에서 털어 놓은 이야기를 소개한다.

그 친구와 함께 일을 했던 지인에 대한 이야기다. 그 지인이 고위직에 발탁되었다는 소식에 친구는 누구보다 기뻤고 잘 되길 바라는 마음에 축하 문자까지 보냈는데 전화 한 통도 오지 않았다고 한다.

2년 정도 지난 후 우연히 한 식당에서 그를 보게 되었다. 너무 반가운 마음에 자신도 모르게 달려가 이름을 부르며 인사했는데 예전과 같지 않은 응대에 순간 이상한 느낌이 들었다고 한다. 그래도 이해하려 했는데 그 지인이 먼저 식사를 하고 나가면서 뻔히 보이는 자신을 보고도 그냥 지나쳐가는 모습에 크게 실망했다고 토로했다.

아마도 누구나 한 번쯤은 이런 경험이 있을 것이다. 내게도 그런 경험이 있다. 높은 자리에 올라가면 기존과 다른 삶 속에서 살게 된다. 이전에는 하지 않았던 많은 것들에 대해 고민하고 더 신경 써야 하고, 공식행사에만 참석해도 하루 일과가 모자랄 정도로 바쁠 것이다.

대통령이 되기 위해 동분서주하며 뛰어다녔던 후보시절을 잠시 떠올려보면 극명하게 달라진 것을 볼 수 있다. 대통령 후보자는 길게는 1년이 넘게 국민 사이에 들어가 민심을 듣고 지지를 간절히 호소한다. 사람들이 모여 있는 곳이면 종교나 싫어하는 음식도 가리지 않고 언제든 낯설고 외진 곳까지 달려가 한 표를 애원한다.

이랬던 후보자가 대통령에 당선된 후 어떻게 변할까? 대통령은 당선되면 정상에 오른 것으로 착각하게 된다. 사실 당선된 그 순간이 진정한 대통령이 되기 위한 첫 출발점이라는 것을 모르고 있는 것이다. 임기 5년 동안 자신의 노력 여하에 따라 임기가 끝나는 시점에 진정한 국민의 대통령으로 남게 된다는 사실을 말이다.

운동선수가 올림픽 금메달을 목에 걸기 위해서는 얼마나 많은 예선을 치러야 결승에 올라가는지 생각해 보자. 대통령이 된다는 것은 예선을 통과해 결선을 앞두고 있는 운동선수와 같다. 하지만 더 많은 노력을 해야 할 결승전에서 예선전보다 전력을 다하지 못한다면 절대 금메달은 획득할 수 없다.

필자는 대통령의 당선은 미완성 단계로 보고 임기 5년을 완성 단계로 가는 과정으로 보았다. 국민과의 약속 이행과 소통하려는 노력이 바로 성공한 대통령을 평가하는 척도라 생각한다.

박근혜 대통령은 첫 공식행사인 취임식에서 역대 가장 많은 사람을 초대했고 기존의 취임식과는 달리 국민이 참여하는 장으로 만들었다. 가수 싸이가 출연해 세계적으로 유명해진 '강남스타일' 말춤을 함께 추기도 했다. 하지만 아쉽게도 그 이후 대통령의 대국민 행보는 어떠했는지 쉽게 떠올리기 어려울 정도로 국민에게 다가가지 못했다.

세월호 사건 이후에 조금은 변화가 있었지만 역시 국민의 기대에 부응하지 못했다. 모든 사람이 '소통'의 중요성에 대해 이야기 한다. 소통은 서로 대화하면서 서로를 이해하는 것인데 이를 위해서는 반드시 '만남'이 있어야 한다. 하지만 대통령의 철학을 가장 잘 알고 부처에 전파해야 할 참모들조차 박 대통령의 얼굴 한번 제대로 보지 못하고 청와대를 나온다는 이야기는 내부 소통의 문제가 얼마나 심각한지를 단적으로 보여준다.

박 대통령의 조찬과 만찬 행사가 국빈행사를 제외하고는 거의 없는 것으로 언론에 보도된 바 있다. 조찬은 내부와의 소통, 만찬은 각계각층의 다양한 목소리를 듣기 위한 좋은 만남의 수단이자 기회라는 것을 잊고 있는 것은 아닌지 아쉬웠다.

최근 박 대통령의 소통 부재가 결국 '최순실'이라는 개인의 국정농단 때문이라는 사실이 밝혀졌다. 성공한 대통령은 한 사람에 의해 완성될 수 없다. 대통령의 성공적인 국정 운영은 대통령과 참모들의 소통과 하모니를 통해 완성되는 것이다.

필자는 오랜 기간 대통령 의전관으로서 지내오며 대통령의 성공적인 행보를 위해서는 경호와 홍보 그리고 의전의 삼박자가 중요하다는 것을 알게 되었다. 이보다 더 중요한 한 가지는 바로 대통령의 선호 '의전 스타일'이다. 대통령의 성향에 따라 삼박자는 다른 화음을 낼 수도 있다. 또 대통령의 의전 스타일이 좋아도 삼박자가 맞지 않을 경우 결코 아름다운 화음을 만들어낼 수 없다.

여기에서 말하는 삼박자가 'President Shaper'들이며, 대통령은 임기 동안 삼박자와 조화롭게 어우러졌을 때 비로소 완성된 대통령으로 거듭날 수 있다.

그 삼박자의 중심을 잡는 역할이 바로 의전이다. 국민에게 대통령의 모습은 이슈에 걸맞은 행보를 통해서 보이기 때문이다.

이제 의전에 대해 구체적으로 알아볼 분명한 이유가 생긴 것 같다.

의전을 형식적인 의식 정도로 생각하는 경우가 많다. 하지만 의전의 기본바탕에는 다양한 철학이 담겨 있다. 이 책에서 숨어 있는 의전의 매력에 대해 소개한다.

이 책의 구성은 간략하게 다음과 같다.

먼저 PART 1에서는 의전이 왜 글로벌리더의 조건이 되는지 사례를 통해 풀어보았다. 그리고 대통령을 완성하는 사람들(의전, 경호, 홍보)의 역할과 삼박자의 중요성을 소개한다. 양날의 검이 될 수 있는 PI(President Identity)의 성공과 실패 사례를 통해 PI 관리의 중요성도 알아본다.

PART 2는 흥미로운 대통령 의전의 프로세싱을 소개한다. 형식적인 의전을 위한 행사가 아닌 상대에 대한 배려와 소통을 위한 행사준비 노하우를 담았다. 누구나 조직생활을 하다 보면 크고 작은 행사를 직접 준비하게 되는 경우가 생긴다. 하지만 성공적인 행사를 위한 지침서가 미흡하다보니 그냥 과거의 관행대로만 따라 하는 경우가 대부분이다. 이 장에서는 모든 행사에 있어 꼭 알아두어야 할 주요 포인트 위주로 설명했다. 따라서 행사를 준비하는 정부 공무원뿐만 아니라 일반인에게도 도움이 될 것이다.

PART 3는 우리나라 역대 대통령들과 세계 정상의 의전 스타일을 공개한다. 국민의 사랑과 지지를 받는 국가 정상은 어떤 의전 스타일을 지녔는지 비교해 볼 수 있도록 했다. 또 처음으로 우리나라 역대 대통령들과 주요 국가 정상들에 대해 전직 경호관들이 평가하는 '경호 유형'을 소개한다.

PART 4에서는 필자가 지난 정부에서 대통령 의전관과 홍보기획(PI) 팀장으로서 일했던 5년간의 경험을 토대로 '불통의 아이콘'으로 불렸던 이명박 전 대통령과의 일화를 소개한다. 대통령 의전관은 누구보다 대통령을 지근거리에서 볼 수 있는 자리다. 의전관으로서 바라본 이명박 전 대통령의 진짜 모습을 공개한다.

마지막으로 자기관리와 배려의 노하우, '셀프(self) 의전'을 소개한다. 셀프 의전의 실천은 성공을 위한 필수 조건이자 행복한 자신을 만들 수 있는 길이다. 취업준비생, 직장인 등 조직생활을 할 사람이라면 셀프 의전을 몸에 익히도록 하자. 당신의 성공과 함께 따뜻한 사회를 만들기 위한 실천이 될 수 있기 때문이다.

필자는 이 책을 통해 차기 대통령에게 대통령 당선이 끝이 아닌 시작임을 전하고 싶다. 앞으로 진정으로 국민과 함께하고 소통하는 대통령의 모습을 볼 수 있길 희망한다. 또한 서로를 배려하는 따뜻한 사회가 만들어지길 간절히 바란다.

2005년 3월 함박눈이 내리던 날 사랑하는 첫 딸이 세상에 태어났다. 하지만 기쁨의 날도 잠시, 의사로부터 "아이 심장박동 소리가 이상하다."는 진단을 받았다. 걱정과 미안한 마음에 잠을 이룰 수 없었다. 딸아이는 부모와 처음 만난 지 불과 70일도 되지 않아서 8시간의 긴 심장수술을 받아야 했다. 선천적인 어린이 심장병이 신생아 100명 중 1명에게 생기고 그중 일부는 반드시 수술을 받아야 한다는 사실도 그때 알게 되었다. 나 역시 '셀프 의전'을 실천하겠다는 의지와 딸의 수술 당시 다짐했던 약속을 지키는 의미에서 이 책에 대한 수익금을 독자와 함께 심장병 어린이를 위해 기부하려고 한다. 미력하지만 작은 실천이 모여 또 하나의 새 생명을 살리는 기적을 만들어낼 수 있다고 믿는다.

끝으로 이 책을 집필하는 데 도움을 주신 분들께 깊이 감사드린다. 기획출판을 제안해 주시고 출간에 도움을 주신 형설라이프 관계자분들께 감사의 마음을 전한다. 사랑하는 세 공주(송정, 지민, 경민)와 아내의 헌신에 고마움을 전하며, 항상 기도해 주시는 부모님 그리고 나에게 많은 사랑과 가르침을 주고 떠나신 사랑하는 할머님과 누님께 이 책을 바친다.

2016년 겨울
이강래

서평

　오랜 정치인생 속에서 다양한 '의전'을 경험했습니다. 의전은 허례허식이 아닙니다. 상대에 대한 존중의 표시이자 관계를 긍정적으로 발전시킬 수 있는 첫 단추입니다. 한 나라의 의전은 곧 국격이며 외교 그 자체인 것입니다. 그런 점에서 저자의 의전 경험은 품격 있는 사회로 나아가기 위한 우리의 소중한 자산이 될 것이라 확신합니다.

국회의장 정세균

　대한민국이 어수선한 요즘, 〈대통령을 완성하는 사람〉이라는 책 제목이 눈에 들어왔습니다. 저자는 대통령 의전관으로 일했던 경험을 바탕으로 의전이라는 다소 낯선 문화를 통해서 리더가 갖춰야 할 덕목, 그리고 국민과의 소통의 중요성을 친절하게 짚어줍니다. '성공한 대통령은 한 사람에 의해 완성될 수 없다'는 책 속 문장이 잊혀지지 않습니다.

경기도 도지사 남경필

　골프만큼 예의가 중요한 스포츠가 있을까요? 어려서부터 골프를 치면서 타인을 배려하지 않아 서로 얼굴을 붉히는 경우를 많이 봐왔습니다. 상대방을 배려하는 '셀프 의전', 골프에도 삶에서도 반드시 필요한 덕목이라고 생각합니다. 저자가 직접 경험한 의전 에피소드는 우리에게 소통을 위한 노력이 얼마나 필요한지 느끼게 해줍니다.

프로골퍼 박인비
제31회 리우올림픽 여자 골프 금메달리스트 대통령의 일상은 한마디로 국민과의 소통행위라고 해도 지나친 말이 아니다. 늘 민생을 살피고 국정에 대해 국민의 이해를 구해야 하기 때문이다. 따라서 대통령 의전 역시 소통이라는 요소를 우선적으로 고려할 수밖에 없다. 이명박 대통령 의전을 담당했던 이 책의 저자가 홍보수석실 소속으로 일했던 것도 이명박 정부에서는 의전을 중요한 소통행위로 봤기 때문이다. 이 책에는 저자가 청와대 의전을 담당하면서 의전 상대방 혹은 국민에게 대통령의 행보나 메시지가 어떻게 받아들여질까 고심했던 내용이 구체적으로 그려져 있다. 소통의 리더십이 특별히 강조되고 있는 이 시대에 이 책이 리더십 공부에 훌륭한 참고서가 될 것으로 기대한다.

법무법인 광장 고문 **최금락**
前 청와대 홍보수석비서관

대통령 의전과 홍보의 최일선에서 직접 쌓은 경험을 토대로 저자가 풀어쓴 이야기는 우리에게 큰 울림을 준다. 우리가 바라는 국가 지도자는 단순히 만들어지는 것이 아니라, 의전과 홍보, 정책과 비전을 통해 완성되는 것이라는 메시지는 그 어느 때보다 강렬하게 우리에게 다가온다.

생생한 현장 스케치와 외국 정상들과의 구체적인 사례들은 마치 영화의 한 장면처럼 깊은 인상을 남긴다.

글로벌 에티켓과 매너, 나아가 배려와 이해로 다져진 '셀프 의전'은 현대 사회를 사는 우리 모두에게 소중한 지침서가 될 것이다.

서울시 국제관계 대사 **김창범**
前 주벨기에-유럽연합(EU) 대사

우리는 개인에 의해 국정시스템이 처절히 망가지는 모습을 목도했다. 대통령이 소수의 주변 사람이 아닌 국민과 진솔한 소통을 했다면 이런 일은 일어나지 않았을 것이다. 대통령과 외부의 소통은 의전에서 시작된다. 집권을 준비하는 잠룡(潛龍)과 참모들에게 이 책은 시행착오를 줄일 수 있는 참고서가 될 것이라 생각한다.

MBC 전국부장 **김태진**
前 청와대 출입기자단 간사

'의전'이라는 것이 젊은 세대에게는 생소한 분야일 수 있다. 하지만 이 책을 통해 복잡한 의전에 대한 내용을 쉽게 이해할 수 있으며, 우리가 알지 못했던 공공조직의 CEO인 대통령의 숨겨진 모습까지 볼 수 있다. 또한 이 책은 자신을 위한 셀프 의전을 익힘으로써 자기관리를 통해 PI(Personal Identity)를 만드는데 도움 받고 소통의 방식까지 배울 수 있는 좋은 지침서가 될 것이라 확신한다.

연세대학교 사회과학대학장 **이은국**
경제인문사회연구회 이사

'하나된 충성, 영원한 명예' 대통령 경호실의 훈(訓)이다. 대통령의 안전과 국민과의 소통, 두 갈래 길에서 줄다리기를 하는 경호관들의 보이지 않는 노력과 애환을 조명해 준 고마운 책이다.

前 대통령경호실 차장 **주대준**
前 카이스트 부총장

성공적인 지도자가 되기 위해서는 상대방의 마음을 움직일 수 있어야 합니다. 우리는 상대방이 자신을 어떻게 배려하는지를 통해서 감동을 받고 마음을 움직입니다.

저자의 전문적 경험과 지식을 통해 본문에 제시된 의전의 기본 콘셉트는 '역지사지'란 말이 상당한 울림으로 남습니다.

본 책 "대통령을 완성하는 사람"에서는 말이 아닌 행동으로서의 소통의 양식인 의전을 통해 상대방을 감동시키는 마음을 움직이는 방법들에 대해 제시해주고 있는 좋은 지침서가 될 것이라 생각합니다.

성균관대 국정전문대학원 교수 박형준
성균관대 국정평가연구소 소장

필자는 내가 인정하는 명실상부한 '의전전문가'이다. 대통령실 의전비서관실 그리고 홍보기획비서관실에서 오랫동안, 다양한 층위와 다양한 각도에서 대통령을 보좌한 경험을 갖고 있기 때문만은 아니다. 필자는 생활 속 의전을 통해 주변 사람들을 자주 감동시키곤 한다. 지행합일! 실천적 지식의 경지에 올랐다는 인물평에 이론이 없다.

이 책은 필자의 이런 풍부한 경험을 탄탄한 이론으로 조밀하게 엮어낸 의전 분야의 교과서라고 해도 과언이 아니다. 의전, 홍보, 경호의 삼박자로 조율되고 완성되는 '진짜 의전'의 과정을 담담하게 그려냈다. 의전관의 눈을 통하지 않고는 접할 수 없는 대통령 의전과 관련된 내밀한 에피소드는 보너스다.

KBS 뉴스광장 앵커 강민수

차례

PART 1 글로벌 리더의 조건 '의전(儀典)'

숨어 있는 의전의 매력 ·20
의전의 기본 콘셉트는 '역지사지(易地思之)'다 ·24
공식적인 의전과 셀프(Self) 의전 ·29
　감동을 주는 셀프 의전 ·32
상대방의 마음을 움직이는 의전 ·35
　캠프 데이비드의 골프카트에서 쌓은 우정 ·36
　가깝고도 먼 이웃(중국)을 움직인 작은 감동 ·38
　대학동문으로 맺어진 러시아 정상 ·40
　카자흐스탄 대통령의 '사우나 비즈니스' ·41
'세계의 CEO' 리더십은 어떻게 만들어졌나? ·44
의전에 죽고 사는 사람들 ·49
경호, 홍보, 의전의 삼박자가 VIP를 완성한다 ·53
국내 의전은 외교 의전의 바로미터다 ·60
국가의 얼굴, 대통령의 이미지 메이킹 ·63
　PI - 성공적 대통령을 위한 이미지 창조 ·65
　PI를 디자인하다 ·67
　PI는 양날의 칼이다 ·71
　한 장의 사진이 가져온 반전 ·74

PART 2 의전의 시나리오, 그 흥미로운 프로세싱

의전의 목표는 형식이 아니라 소통이다 ·82
행사 의전을 위한 시나리오의 작성 ·85
성공의 열쇠는 역시 '역지사지'다 ·88

행사의 기획 ·97
행사준비의 절반은 장소선정이다 ·98
모든 것을 기획사에 맡겨서는 안 된다 ·102
짜면 짤수록 나오는 행사 기획사의 아이디어 ·104
VIP의 선물에는 배려가 담겨 있어야 한다 ·107

행사의 준비 ·111
행사준비는 '현장'에 답이 있다 ·112
성공적인 행사를 이끄는 내비게이션 '시나리오' ·113
착오가 있을 수 없는 서열(rank) 계산 ·119

최종 점검을 위한 리허설 ·131
이미지를 그려가며 점검한다 ·132
리허설을 통해 행사를 완벽하게 연습한다 ·134
리허설 점검의 핵심 포인트 ·136

PI와 행사의 결과 – 8가지 전략적 홍보 포인트 ·141
무대배경이 중요하다 ·142
슬로건의 가장 좋은 위치는 VIP의 어깨 위 ·145
포디움 판넬을 이용해서 행사명을 알린다 ·145
행사장소의 배경을 잘 활용해야 한다 ·146

퍼포먼스는 행사의 꽃이며 상징이다 ・147
행사성격에 걸맞은 VIP의 드레스 코드 ・148
야외 행사는 사전에 태양의 위치를 파악한다 ・149
대통령의 현장방문 행사 ・150

대통령 행사를 위한 제언 ・154

PART 3 우리 대통령과 세계 정상의 의전 스타일

취임식을 통해 본 우리나라 대통령 의전 스타일 ・161
초대 이승만, 윤보선, 최규하 대통령 ・162
군사정권 박정희, 전두환, 노태우 대통령 ・164
문민정부 김영삼 대통령 ・168
국민의 정부 김대중 대통령 ・170
참여정부 노무현 대통령 ・171
이명박 대통령 ・172
박근혜 대통령 ・174

대한민국 대통령의 의전을 돌아보다 ・177
권위의 상징, 취임식 봉황휘장의 변천사 ・178
경호의 변화와 문제점 ・180
경호와 홍보 사이에서 중심잡기 ・182
박근혜 대통령의 의전 스타일 ・186

세계 주요 정상들의 의전 스타일 ・190
오바마 미국 대통령 ・192
메르켈 독일 총리 ・199
시진핑 중국 국가주석 ・202
아베 일본총리 ・204
푸틴 러시아 대통령 ・205
페레스 이스라엘 대통령 ・206

우리 대통령과 각국 정상들의 경호 유형 ·208
  소극적 유형 ·209
  적극적 유형 ·209
  경호 무시형 ·211

PART 4 의전관(儀典官), 숨겼던 비밀노트를 열다

의전에는 숱한 비화와 뒷이야기가 따른다 ·214
  최고의 의전, 최악의 의전 ·216
  불통과 소통의 줄타기 ·225
  대통령의 유별난 실천의지 ·245
  이명박 대통령과 시장주의(市場主義) ·258
  탈(脫)권위와 실용주의 ·267
  그 밖에 기억나는 에피소드 ·274

자기관리와 배려의 노하우, 셀프(self) 의전 ·282
  셀프 의전으로 행복한 자신의 미래를 꿈꾼다 ·283
  에티켓과 매너로 무장한다 ·285
  자기관리가 품격이다 ·287
  원만한 인간관계를 위한 배려와 감동 ·288

부록

  셀프(self) 의전
    자기관리 노하우 ·292
    상대배려 노하우 ·295

PART 1

글로벌 리더의 조건, '의전(儀典)'

숨어 있는
의전의
매력

 '의전(儀典)'이란 말은 흔히 듣기 때문에 낯설지는 않다. 하지만 자신의 실생활과 밀접한 관계가 없는 것 같고, 어딘지 상당한 거리감을 느낀다. 손쉽게 대통령이나 VIP의 의전을 떠올리면, 과연 의전이란 무엇이며 구체적으로 어떻게 이루어지는지 많은 호기심을 갖게 하는 것이 우리에게 가깝고도 먼 의전이다.

 흔히 방송을 통해서 국내외 대통령이나 VIP의 행보, 외교행사 등을 살펴보면 어떤 격식과 절차가 있다. 또한 짙은 색 양복을 입고 그들을 안내하는 사람들이 있다. 영화제와 같은 큰 행사에서 인기스타들이 주목을 받으며 레드카펫을 걷는다. 그들 가까이에도 관중들이 레드카펫에 진입하지 못하도록 통제하는 짙은 색 양복을 입은 사람들이 있다.

모두 의전절차에 따른 것이다.

　지금은 사라졌지만 과거에는 국회의원회관의 중앙통로에도 레드카펫이 있었다. 국회의원이 아니면 이 레드카펫을 밟을 수 없었다. 역시 국회의원의 의전에 따른 것이다.

　실제로 유럽에서는 중세시대의 레드카펫은 부와 권력을 가진 군주와 귀족들만이 걸을 수 있는 권위의 상징이었지만, 지금은 여러 공식적인 행사에서 레드카펫을 활용하고 있다.

　의전은 사전적으로 '정해진 격식에 따라 치르는 행사'를 뜻한다. 국가나 정부의 공식적인 행사와 경조(慶弔)행사 또는 불교나 가톨릭 등의 종교에도 의전이 있다. 하지만 흔히 국경일 경축식, 대통령 취임식, 국빈 영접 환영식, 국가장(國家葬)과 같은 큰 국가적 행사의 예법(禮法)을 의전으로 생각하는 경우가 많다.

　바꿔 말하면 우리는 공적(公的) 성격이 강한 의식과 예절을 의전으로 생각해 왔다. 또는 유명한 사람이나 특별한 사람이 특별한 장소에서 호화롭고 격식을 갖춘 행사에 이용되는 예절과 예법을 의전으로 알고 있다.

　그러나 의전의 개념이나 범위가 명확하게 정립된 것은 아니다. 당연히 공적인 의전이 있지만, 개인적이고 사적(私的)인 의전도 있을 수 있다. 따라서 의전은 폭넓은 의미에서 어떤 의식(儀式)이라고 할 수 있다.

　의식은 정해진 순서, 즉 식순(式順)에 따라 공개적, 공식적으로 거행하는 행사의 격식과 절차를 일컫는다. 영어로는 Ceremony다. 의전은 의식에 속하지만, 전체적인 의식을 말하는 것이 아니라 그 내면에서 어떤 특정한 대상에게 갖춰야 할 예법이나 예절 등을 말한다.

영어로는 흔히 Protocol이라고 한다. 행사의 핵심인물인 주빈에 대한 예의범절이랄까, 영어의 에티켓(etiquette)과 매너(manners)가 합쳐진 것이 프로토콜이며 의전이다.

'프로토콜'은 그리스어에서 유래해서 공식문서나 외교문서의 제일 앞장에 붙이는 양식을 뜻한다. 의전의 역사는 길다. 중국에서는 기원전 11세기부터 의전이라는 개념이 있었으며 서양에서는 나폴레옹 전쟁 이후부터 근대적인 의전의 개념이 정립되었다.

그 이전에는 양육강식의 시대로 강대국이 외교의 주도권을 쥐고 외교모임에서 상석(上席)을 차지했으며, 그 때문에 국가 간의 분쟁도 빈번했다. 그러나 나폴레옹 전쟁 이후 1815년에 열린 '비엔나 회담'에서 의전규약이 처음으로 정해졌고, 그 후 점차 관행화되어 오다가, 1961년 '외교관계에 관한 비엔나 협약'이 제정됐으며 그에 따라 오늘날의 의전 관행이 정립됐다.

흔히 의전은 품격, 배려, 감동의 설계도라고 한다. 의전은 격조 있고 품위가 있어야 하며 의전 대상자에 대한 빈틈없는 배려가 있어야 한다. 그리하여 의전 대상자의 마음을 움직여 감동했을 때 성공적이고 완벽한 의전으로 평가받는다.

각종 공연의 무대 뒤에서 수많은 스태프가 공연의 완벽한 진행을 위해 땀을 흘리듯이, 대통령이나 VIP, 외국 정상들의 방문 뒤에서는 수많은 의전 담당자들이 밤잠을 설치며 땀을 쏟는다. 표면에 드러나지는 않지만 보이지 않는 곳에서 그들은 목숨 걸고 의전을 기획하고 진행한다.

의전의 세계는 잘 알려지지 않은 만큼, 흥미롭고 호기심을 갖게 한다.

그것에는 감춰진 수많은 일화도 있다. 이제부터 그 흥미로운 세계를 파헤쳐 보려고 한다. 또한 의전에는 공식적인 의전만 있는 것은 아니다. 사적(私的)인 인간관계, 대인관계에서도 의전이 필요하다. 이른바 '셀프(self) 의전'이다. 의전을 알아두면 원만한 인간관계 형성에도 큰 도움이 된다.

의전의
기본 콘셉트는
'역지사지(易地思之)'다

　　의전이 지향하는 목표, 주제, 수행과정은 철저하게 '역지사지(易地思之)', 즉 의전 대상자의 입장에서 추진하고 진행해야 한다는 것이다. 그것이 의전의 기본 콘셉트(concept), 즉 구성목표라고 할 수 있다. 의전 대상자를 최고로 존중해서 그를 돋보이게 하고, 조금도 불편함이 없고 안전하게 그의 임무를 수행함으로써 의전 대상자의 성공적인 이미지를 창출해야 한다.
　　'의전'에는 인간사회를 원만하고 원활하게 만드는 윤활유라는 의미가 있다고 한다. 의전의 儀는 사람(人)이 의(義)롭게 행동하는 것이며 典은 법과 규정, 절차 등을 의미한다. 말하자면 의전은 그 대상자를 의로운 주인공으로 부각시키고, 편안함과 만족감을 느낄 수 있도록 예의를 다하며, 준비된 절차에 따라 소홀함이 없도록 의식과 절차를 진행해야 한다.

모든 행사(의식)에는 그것을 준비하는 주최자가 있고 초청대상이 있기 마련이다. 초청대상 가운데서도 초청자를 대표하는 주빈(主賓)인 VIP가 있다. 주빈에는 대통령을 비롯한 내국인도 있지만, 외국의 국가원수 등 VIP도 있다.

공식적인 의전은 그러한 VIP에게 빈틈없는 예의와 온갖 정성을 다하는 요식행위다. 그들의 지위와 신분을 존중하고 배려함으로써 위신에 손상이 가는 일이 없도록 하고, 아무런 불편 없이 안전하게 행사의 중심인물의 역할을 성공적으로 수행하도록 돕는 것이다.

따라서 의전은 의식절차의 개념을 넘어 특정한 내상사에 내한 손숭과 배려가 우선이며 그가 감동했을 때 완벽한 의전이 될 수 있다. 특히 특정 대상자가 외국의 정상일 경우, 그가 감동하게 되면 모든 외교적인 현안이 뜻밖에 순조롭게 풀릴 수 있다. 또한 양국 정상 간에 우의가 더욱 돈독해진다. 그러기 위해서 의전을 맡은 사람들은 어떻게 해야 할까?

첫째, 이미 밝힌 대로 역지사지(易地思之)가 의전의 핵심이 되어야 한다. 철저하게 상대방(의전 대상자)의 입장에서 생각해야 하고, 의전을 준비하는 데 있어서 최대한의 존중과 세심한 배려가 우선이다. 행사 기획단계부터 초청대상에 따라 장소, 시간, 음식, 이동수단, 선물종류 등을 반드시 고려해야 한다.

국내 행사를 예로 들어보자. '노인의 날'을 맞아 대통령이 노인 200명을 청와대로 초청한 오찬행사가 있다.

참석자 대부분은 70대 고령일 것이다. 따라서 행사 진행요원을 기존 행사보다 2배 이상으로 늘리고, 휠체어를 준비하는 등 노인들의 이동에 특히 신경 써야 할 것이다. 아울러 될 수 있으면 계단이 없는 1층으로 장소를 정하고, 시간도 기존의 일반 행사보다는 길게 잡아 충분한 시간적 여유를 두는 것이 필요하다.

오찬 음식을 선택할 때도 모두가 만족할 음식이 무엇인지에 대해 깊이 고민해야 한다. 이 밖에도 공연, 노래, 의료진 배치 등 세심한 준비가 필요하다. 이러한 것들이 상대방 입장에서 생각하며 세심하게 배려하는 '역지사지'다.

예컨대, 음식에 대한 깊은 배려가 없다면 고기나 가래떡을 먹다 기도가 막힐 수도 있고, 장소에 대한 배려가 없다면 계단을 오르다 넘어져 다치는 사고가 발생할 수도 있다. 결국 누구의 책임으로 돌아올까? 틀림없이 매스컴에서는 고령인 노인들에 대한 배려가 부족했다며 주최자인 대통령을 비난할 것이다.

팔이 없는 장애인에게 손목시계를 선물하는 것은 예의에서 벗어나는 것이다. 이러한 문제는 모두 초청자의 입장에서 생각해야 답을 찾을 수 있다. 의전은 상대방에 대한 배려에서 시작되는 매너라고 할 수 있다.

둘째, 의전은 에티켓이며 장소에 따라 달라질 수 있다. 예절은 법에서 강제하는 행동법규가 아니라 윤리적이고 자발적인 행위다. 하지만 주최자와 초청자 사이에 예절이 소홀하면 큰 결례(缺禮)가 된다. 행사를 기획한 선의는 온데간데없고 불쾌감과 행사에 대한 거부감마저 느끼게 된다. 두말할 것도 없이 행사의 목적은 수포가 될 가능성이 높다.

에티켓의 유래는 프랑스에서 베르사유 궁전에 입장하는 사람들에게

티켓(ticket)을 주는 데서 비롯되었다. 그 티켓 뒷면에는 궁전 안에서 유의할 사항과 지켜야 할 예의범절이 적혀 있었다고 한다.

외국인과의 에티켓은 서로 다른 문화를 이해해야 한다. 예절은 국가에 따라 문화와 관습이 다르다는 것을 이해하고 상대가 된 외국의 초청자를 배려해야 한다.

가령 초청자가 외국인인데 우리 식으로 자기가 마신 술잔을 건네주며 술을 권한다거나 동성끼리 손을 잡고 걷는다거나 술을 섞어 폭탄주를 만들어 마신다면 대다수 외국인들은 거부감을 느끼고 에티켓에서 벗어난 행동으로 생각한다. 우리가 외국인을 초청했다면 그 나라의 문화와 관습, 예절에 맞는 접대가 에티켓의 기본이다.

2012년 이명박 대통령은 중남미의 콜롬비아와 수교 50주년을 맞아 한국 대통령으로서는 처음으로 수도 보고타를 방문한 적이 있었다. 공식 환영식 이외에도 6·25 전쟁 당시 중남미의 유일한 한국전 참전용사들을 격려하는 행사가 마련되어 있었다.

그런데 실무협의 과정에서 문제가 생겼다. 콜롬비아 측에서는 우리 대통령의 전용기가 보고타에 위치한 카탐 공군비행장에 도착해서 대통령 내외가 내릴 때 레드카펫은 대통령만이 이용할 수 있으며 영부인은 함께 걸을 수 없다는 것이다.

대통령만이 레드카펫을 통해 입장할 수 있다는 그 나라의 관습이 있어서 무조건 우리 측의 주장만 내세울 수 없는 상황이었다. 이명박 대통령은 흔쾌히 그 나라의 전통을 존중하는 뜻에서 영부인 없이 혼자 레드카펫을 밟았다.

셋째, 진정성이다. 의전은 상대방을 배려하고 존중하는 예절이며 절차로서 자칫하면 형식에 치우칠 수 있다. 형식이나 격식에만 집착하면 특정한 대상자의 마음을 움직일 수 없다. 마음에서 우러나오는 진정성이 있어야 한다.

이를테면 그가 좋아하는 음식이나 술에서부터 장식용 꽃, 그가 이용할 화장실의 휴지나 비누, 세정제, 향수, 그가 투숙하는 호텔 방의 조명 등 아주 사소한 것들까지 그의 취향을 빈틈없이 배려했을 때, 초청된 VIP는 진정성을 느끼며 감동한다. 감동해야 그의 마음이 움직인다.

공식적인 의전과
셀프(Self) 의전

의전이라고 하면 국가들 사이에서 공식적으로 통용되는 예법, 외교적인 예법 또는 국가원수(대통령)의 취임식, 대통령이 주재하는 공식행사, 국가적인 행사 등에서 지켜야 할 예절이나 예의가 먼저 떠오른다.

그러나 반드시 그런 것은 아니다. 공식적, 국가적 행사는 아니지만 단체나 기업, 개인 간에도 의전이 있을 수 있다. 그러한 사적(私的)이나 개인적인 관계에서도 지켜야 할 에티켓이 있고 매너가 있으며 암묵적으로 지켜야 할 불문율도 있다. 이것이 '셀프(self) 의전'이다.

인간은 사회적 동물이다. 수많은 사람이 함께 어울려 살아간다. 우리는 쉴새 없이 새로운 사람을 만난다. 외국인도 만난다. 그리고 서로 대화를 통해 다양한 문화를 체험하기도 하고, 함께 도모하는 일이나 거래를 성사시키기도 한다. 그리하여 서로 간의 인간관계를 형성하는 것이다.

　이러한 인간관계에서 다른 사람과의 원만한 관계를 유지하고 상호 간의 발전을 도모하기 위해서는 상대방을 존중하고 배려하는 진정한 마음가짐이 있어야 한다. 이러한 바람직한 인간관계를 위해 우리 사회가 경험적으로 만들고 지켜온 격식이 예의범절이다.

　서양인들이 말하는 에티켓과 매너가 바로 예의범절이다. 낯선 사람, 새롭게 만나는 사람, 외국인일수록 그것이 더욱 필요하다. 친절하고 겸손한 태도로 예의범절을 지킬 때, 상대방에게 만족감을 주고 상대방은 자신에게 호감을 느끼게 된다. 이것이 바로 '셀프 의전'이다. 셀프 의전과 공식적인 의전의 차이점은 셀프 의전에는 경호관이 없다는 것뿐이다.

　셀프 의전에 소홀함이 없어야 인간관계가 원만하고 상대방으로부터 원하는 것을 얻을 수 있다. 그러자면 철저한 자기관리와 상대방에 대한 존중과 배려가 있어야 한다. 성공한 사람일수록 그러한 셀프 의전이 체질화되어 있다.

　사람과 사람의 만남은 여러 가지 경우가 있다. 오랫동안 못 만났던 가까운 사람과 우연히 마주치기도 하고, 꼭 만나고 싶은 사람을 찾아가기도 하고, 서로 약속해서 정해진 장소에서 만나기도 한다. 이러한 인간관계에서 평소에 자주 만나고 가깝게 지내는 친구나 동료들은, 만나야 할 이유가 있든 없든 서로 허물이 없는 사이여서 예절과 예의에 대한 부담이 거의 없다.

　하지만 낯선 사람, 처음 만나는 사람, 자신의 필요에 의해 만나줄 것을 부탁한 사람, 자기보다 신분이나 지위가 높은 사람, 각급 학교 또는 자신이 종사하는 분야의 선배, 나이가 자기보다 많은 사람에게는 셀프 의전이 필요하다.

더욱이 자신의 필요에 의해 만나는 사람, 무엇인가 자신이 원하는 것을 얻기 위해 만나는 사람에게는 특별히 셀프 의전에 신경을 써야 한다. 예컨대, 좌석은 자기보다 상석에 앉게 하고, 함께 식사한다면 상대방이 어떤 음식을 좋아하는지 미리 알아두어 그에 맞는 식당을 선택하고 메뉴는 그가 결정하도록 하는 것이다. 이를테면 채식주의자인 상대방을 값비싼 고깃집으로 안내한다면 무척 불편해할 것이다. 또한 상대방이 어떤 술을 좋아하는지, 술집은 어떤 분위기를 좋아하는지, 그의 취향에 맞게 선택해야 상대방의 마음이 편해진다.

자기가 원하는 것이 있고 그것을 꼭 얻어내야 할 간절한 이유가 있더라도 서로의 대화에서 오직 자기 목적만 늘어놓거나 끈질기게 강요하면 상대방은 긴장하고 마음속으로 방어태세를 갖춘다. 더욱이 상대방이 자신의 목적(부탁, 청탁)을 그 자리에서 처음 듣는다면 큰 부담을 느낄 것이다.

아무리 자신의 목적달성이 간절하더라도 상대방의 관심사에 관해 이야기하거나 그에게 말할 기회를 더 많이 주고 자신은 진지하게 경청하는 것도 대화의 에티켓으로 셀프 의전이라고 할 수 있다.

자신이 원하는 것, 얻으려고 하는 것을 상대방이 이미 알고 만났다면 자신이 목적에 대해 한마디만 비춰도, 상대방은 그것을 받아들이거나 거절할 준비가 되어 있어서 그에 대해 스스로 더 많은 설명을 할 것이다.

결론적으로 셀프 의전의 목적은 자신을 낮춰 친절하고 겸손한 태도로 상대방을 존중하고 배려함으로써 상대방으로부터 호감을 느끼게 하는 것이다. 상대방이 자신에게 호감을 느껴야 그의 마음을 움직일 수 있다. 아울러 상대방과 원만하게 소통함으로써 자신이 원하는 것을 얻을 수 있을 뿐 아니라, 바람직한 인간관계를 이어갈 수 있다.

우리 이웃 일본의 집단주의에는 그들 특유의 야욕이 있어서 경계해야 한다. 하지만 개별적이고 개인적인 일본사람들에게서는 본받을만한 것이 있다. 그들은 한결같이 예의가 바르다. 누구에게나 인사를 잘한다. 정중하고 절도 있게 몸을 굽혀 깍듯이 인사한다. 또한 무릎 꿇고 앉는 것이 습관화되어 있다. 누구에게나 겸손하고 자신을 낮추는 것이다.

더구나 그들 대부분은 '남에게 폐를 끼치지 않는다.'를 생활신조로 삼고 있다. 이것을 일본의 국민성이라고 말하는 사람들도 있다. 항상 친절한 태도로 예의에 빈틈이 없으며, 상대를 존중하고 배려하며 자신을 낮춰 겸손하고 절대로 남을 불편하게 하거나 부담을 주지 않으려는 것, 이것이 바로 셀프 의전이다.

감동을 주는 셀프 의전

마음을 움직이는 감동은 공식적인 의전에서만 얻을 수 있는 것은 아니다. 우리의 사생활이나 개인적인 인간관계에서도 얼마든지 감동을 체험할 수 있다. 서로 인종이 다르고 문화가 다르고 서로 사용하는 언어가 다르더라도 진정성을 가지고 상대방을 대하면 감동을 준다.

요즘 자기중심적인 개인주의, 이기주의가 팽배하지만 위험을 무릅쓰고 자신의 몸을 던져 다른 사람을 구하는 의인(義人)들이 우리에게 감동을 준다.

물에 빠진 사람을 구조했지만 자신은 지쳐서 미처 빠져나오지 못하고 익사한 사람이 있는가 하면, 자신이 거처하고 있는 5층 원룸 건물이 한밤중에 불이 나자 방마다 초인종을 누르며 빨리 대피하라고 외치고 뛰어다녀 많은 사람을 구출했지만 자신은 연기에 질식해서 목숨을 잃은 젊은이도 있다.

10여 년쯤으로 기억된다. 서울 강남의 한 빵집 앞이었나. 팔을 선혀 못 쓰고 다리마저 절단되어 구걸로 생계를 이어가는 장애인 노숙자에게 빵집에서 일하는 젊은 여성이 빵을 조금씩 떼어가며 먹여주고 있었다.

그 모습이 언론에 보도되고 사진이 크게 실렸다. 빵집 여종업원은 손을 사용하지 못하는 장애인에게 작은 배려를 한 것뿐인데 무슨 대단한 일을 한 것처럼 알려져 무척 당황스럽다고 했다. 그 당시 나는 신문에 실린 그 사진을 보면서 크게 감동했다.

이미 20년 가까이 세월이 흘렀지만 내가 미국에서 홈스테이를 하며 유학하던 시절이었다. 그 무렵, 비교적 건강한 내가 심한 몸살을 앓았다. '집을 떠나면 고생'이라는 말이 저절로 떠올랐다.

몸살에는 특별한 약이 없기 때문에 종합 진통제를 사서 먹고 방안에 드러누워 꼼짝도 못하고 있었다. 그런데 누군가 내 방문 앞을 왔다 갔다 하는 느낌이 들어 억지로 몸을 일으켜 방문을 열고 내다봤다.

느낌이 맞았다. 같은 학교에 다니는 친구가 내 방 앞에서 서성대고 있었다. 내가 의아해하자 "오늘 네가 온종일 안 보여서 궁금하고 너무 걱정됐어." 하며 혹시 인기척이 있는지 내 방문 앞에서 서성거리고 있다는 것이었다.

내가 몸살이 났다는 얘기를 하자 그 친구는 나에게 병원은 다녀왔는지, 몸 상태는 어떤지, 또 자기가 도울 일은 없는지에 대해 물어보며 걱정스러워 했다. 같은 집에 함께 사는 친한 친구라면 방문을 두드리고 문을 열어볼 수도 있는데 혹시 방해가 될까 봐 방문 앞에서 오랫동안 서성거렸던 친구의 배려에 감동했던 기억이 사라지지 않는다.

사람의 마음은 반드시 큰 감동에만 움직이는 것은 아니다. 아주 사소한 것이어도 진정성이 있으면 마음이 움직이고 감동할 수 있다. 특별한 격식이 없이도 인간관계에서 진정성을 갖고 항상 남을 배려할 때 감동을 줄 수 있다.

셀프 의전은 결코 어려운 것도 아니며 의도적인 것, 남에게 보이기 위한 것이 아니다. 마음에서 우러나오는 진정성이 있다면 그것이 곧 셀프 의전이 될 수 있다.

상대방의
마음을
움직이는 의전

　많은 사람이 의전이라고 하면 너무 기계적이며 격식에만 치중해서 딱딱하고 형식적이라고 생각한다. 사실 의전을 진행하는 실무자들도 의전을 형식과 격식 그리고 관례에 따라 이루어지는 기계적인 업무로만 보고 '잘해야 본전'으로 생각하는 경우가 많다.

　물론 의전은 격식이며 형식이라고 할 수도 있다. 의전이란 관행의 축적이자 국제적, 외교적 의전은 국가 간에 반드시 지켜야 할 예의여서 어찌 보면 너무 틀에 얽매어 융통성과 여유가 없어 보인다. 관행적인 격식과 형식에 따라 착오 없이 수행했다면 완벽한 의전으로 좋은 평가를 받는다.

　하지만 의전을 너무 격식과 형식으로만 이해하고 관행과 규정을 복잡하고 유동적인 상황에 기계적으로만 적용한다면 오히려 서로가 불편할 수 있다. 만족감을 주는 의전, 잘하는 의전은 기계적으로 이루어지는 게 아니라 상황에 따라, 때로는 임기응변으로 물 흐르듯이 이루어지는 것이다.

주어진 상황 그리고 국제적, 외교적 행사라면 상대방 국가의 문화적 특성을 배려해서 의전이 기획되고 자연스럽게 행사가 진행되어야 한다. 의전에서 외형적인 격식이나 형식보다 더 중요한 것은 상대방에 대한 존중과 배려이기 때문이다. 상황에 따라서는 격식과 형식에서 벗어난 VIP의 격의 없는 친밀감과 유대감이 더 큰 성과를 가져올 수 있다. 그와 관련해서 몇 가지 실제적인 사례들을 살펴보자.

캠프 데이비드의 골프카트에서 쌓은 우정

지난 2008년 부시 미국 대통령은 가장 중요한 외국정상들만 초대한다는 대통령 전용별장 '캠프 데이비드(Camp David)'로 이명박 대통령을 초청했다. 우리나라 대통령으로서는 처음이었다. 그날 부시 대통령은 직접 헬기장까지 나왔다. 그리고 자신이 타고 온 골프카트를 직접 운전했다.

그때 이명박 대통령이 웃으며 "카트 운전은 제가 더 잘할 것 같습니다."라고 말하자 부시 대통령은 기꺼이 운전석을 내줬다. 양국의 준비된 의전에서 벗어난 즉흥적이고 격의 없는 행보였다. 사실 헬기장에서 숙소까지 약 5~10분 정도 거리만 이동할 계획이었으나 이 대통령의

뜻밖의 제안으로 더 많은 시간을 카트에서 보내게 되었다.

두 정상은 카트에 같이 앉아 캠프 데이비드 곳곳을 돌며 형식과 외교적 절차를 떠나 난항을 겪고 있는 많은 현안을 손쉽게 해결했다. 특히 대북정책에서 뜻을 같이하고, 우리가 미국을 방문할 때 큰 불편을 겪고 있었던 비자(visa) 문제를 해결했다.

당시 미국의 입국비자를 받으려면 서울의 미국 대사관 앞에서 줄을 서서 하염없이 지루하게 기다려야 했다. 어렵게 차례가 되어 대사관 직원과 인터뷰할 때 아주 사소한 시행착오나 실수가 있으면 비자발급을 거절당했다. 한번 거절당하면 재발급은 거의 불가능했다. 큰 불편은 말할 것이 없었고 "미국 방문이 정말 어렵구나." 하는 생각을 하지 않을 수 없었다.

캠프 데이비드에서 이 대통령은 이 문제를 제기했고, 부시 대통령은 "내 임기 중에 해결하겠다."고 했지만, 이 대통령은 올해 안에 해결해

줄 것을 재차 요구했다. 결국 부시는 이 대통령의 요구를 받아들여 비자발급 문제가 해결됐다. 2008년 11월부터 90일 이내의 미국 방문은 비자를 받지 않고도 자유로울 수 있게 됐다.

국제관례상 한 번 지명이 바뀌면 원상 복귀가 대단히 어렵다. 그럼에도 불구하고 양국 정상이 만난 뒤 일주일 만에 독도(獨島) 표기를 바로잡은 것도 부시 대통령의 역할이 컸다. 그는 G8과 같은 확대정상회의에서도 이 대통령을 서슴없이 '내 친구(my friend)'라고 불렀다. 형식과 격식의 의전에 얽매이지 않고 큰 성과를 거둔 것이다.

가깝고도 먼 이웃(중국)을 움직인 작은 감동

2008년 5월 중국 쓰촨 성(Sichuan, 四川省)에 리히터 규모 8.0의 대지진이 일어나 7만여 명이 사망하고 수십만 명의 이재민이 발생했다. 엄청난 재앙이었다. 이명박 대통령이 중국을 공식 방문하기 불과 15일 전이었다. 이 소식을 들은 이 대통령은 쓰촨 성을 직접 방문해 이재민들을 위로하고자 했다.

이 대통령은 정상회담을 마치고 중국의 당시 후진타오(Hu Jintao, 胡錦濤) 주석에게 한국으로 돌아가기 전에 쓰촨 성의 지진 현장을 방문해 엄청난 재앙으로 큰 고통을 받고 있는 그곳 주민들을 위로하고 싶다고 전했다.

후 주석은 위험한 지역이라고 만류했지만 "꼭 방문해 위로하고 싶습니다."라는 이 대통령의 말에 고맙다며 그 뜻을 받아들였다. 그리하여 쓰촨 성을 방문한 이 대통령은 쓰촨 성장(省長)의 손을 잡고 진심으로 위로했다. 쓰촨 성장은 "이렇게 위험한 곳을 직접 방문해 주셔서 너무 감사합니다." 하며 눈물을 흘렸다.

그동안 중국은 북한과의 유대관계와 과거의 역사문제 등으로 우리에게는 가까우면서도 먼 이웃이었다. 하지만 이러한 배려가 상대의 마음을 움직이면서 서로 마음을 열고 점점 가까워지기 시작했다.

이 대통령의 중국방문 이후, 2008년 8월 베이징 올림픽이 끝나자마자 후진타오 주석은 약속한 대로 한국을 방문했다. 후 주석은 8월 25일 청와대에서 한중 정상회담을 하고 공동성명을 통해 한중 관계를 '전략적 협력 동반자 관계'로 격상시켰다.

이와 같은 결과는 그동안 얼어붙었던 한중 관계가 녹기 시작한 계기가 되었다. 양국 정상회담이 끝난 뒤 청와대 영빈관에서 국빈을 위한 만찬이 있었다. 우리는 미리 후 주석이 즐겨봤던 드라마를 파악하고, 당시 중국에서 가장 큰 인기를 얻고 있던 〈대장금〉의 주인공 이영애 씨와 중국 드라마 〈띠아오만 공주(댜오만 공주, 刁蠻公主)〉에서 주인공을 맡았던 장나라 씨를 국빈 만찬에 초대했다.

후 주석뿐만 아니라 동행한 중국 측 참석자들도 매우 즐거워했고, 만찬의 분위기도 더할 수 없이 화기애애했다. 두 나라의 관계를 발전시키는 데 한류스타들도 큰 역할을 한 것이다.

이러한 한·중관계의 개선은 2008년 9월 세계금융 위기가 시작되면서 한국 경제가 위기를 맞게 됐을 때, 중국과 300억 달러 규모의 통화스와프를 체결하는 데 큰 도움이 됐으며, 일본과 통화스와프를 체결하는 데도 크게 기여했다.

또한 전략적으로 북한과 우호관계를 유지해온 중국이 중립적인 관계로 바꾸는 계기가 되기도 했다. 의전이라는 형식과 격식보다 따뜻한 마음과 진정성이 더 큰 효과를 가져올 수 있다는 것을 보여준 좋은 사례다.

대학동문으로 맺어진 러시아 정상

2010년 11월 서울에서 개최된 G20 국제정상회의가 열리기 하루 전, 당시 드미트리 메드베데프(Dmitry Medvedev) 러시아 대통령이 국빈 방문했다. 정상회의 전날 고려대학교에서 명예 법학박사 학위를 받기 위해서였다.

이명박 대통령은 우리나라에서 처음 열리는 G20 정상회의 준비로 눈코 뜰 새 없이 바빴음에도 고려대학교 법학박사 학위 수여식에 참석해 메드베데프 대통령에게 교우배지를 직접 달아주었다. 무척 바쁜 G20 개최국 의장으로서 쉽지 않은 행보였다.

학위 수여식이 끝나고 저녁 만찬에서 이 대통령은 "나는 2008년 메드베데프 대통령의 모교인 상트페테르부르크 대학(Saint Petersburg State University)에서 명예박사 학위를 받았습니다. 그런데 오늘 메드베데프 대통령은 고려대에서 명예박사 학위를 받아 동문이 되었습니다. 상트페테르부르크 대학에서는 내가 후배이고, 고려대에서는 내가 선배가 됐습니다."라고 말하자 장내는 웃음바다가 되었다.

이러한 분위기는 양국의 협력을 전면적으로 확대할 수 있는 기반을 마련했다. G20 폐막식 이후 러시아로 떠나기 전 메드베데프는 이 대통령에게 특별히 고마움을 표현했다.

그는 이 대통령이 바쁜 상황에서도 자신을 크게 환대해 주었다는 사실을 누구보다 잘 알고 있었다. 이러한 작은 감동이 결과적으로는 우리나라와 러시아의 관계, 동북아 정세와 관련해서 러시아의 입장을 변화시키는 데 크게 기여했다.

카자흐스탄 대통령의 '사우나 비즈니스'

2009년 5월, 이명박 대통령은 중앙아시아 순방 두 번째 국가로 카자흐스탄을 방문했다. 카자흐스탄은 석유 매장량 세계 9위일 뿐만 아니라 지하자원이 풍부한 자원부국이다.

카자흐스탄 누르술탄 나자르바예프(Nursultan Nazarbayev) 대통령은 이 날 정해진 의전을 무시하고 이 대통령에게 전화를 걸어 단 두 사람만의 저녁식사를 제의했다. 이 대통령이 이 제의를 받아들이자 직접 숙소로 찾아온 나자르바예프 대통령은 자신의 승용차에 이 대통령을 태우고 이동했다. 틀림없이 카자흐스탄 대통령 경호실은 비상상황에 당황하고 긴장했을 것이다.

두 정상은 함께 사우나를 하면서 다음 날의 정상회담 의제에 대한 논의를 거의 마쳤다. 사우나를 끝내고 이 대통령이 옷을 입고 가운을 걸치자 나자르바예프는 체온이 떨어지면 안 된다며 준비한 양말을 신겨 주었다. 이 대통령은 이러한 나자르바예프 대통령의 세심한 배려에 깜짝 놀랐다고 회고했다.

나자르바예프는 이 대통령이 카자흐스탄을 방문하기 전에 이 대통령이 평소 즐기는 것과 취향에 대해 알아두었고 이를 직접 실행한 것이다. 당시 우리 언론에서는 이것을 두고 '사우나 외교'라고 했으며 이 대통령도 '이색적인 회담'이라고도 했다. 이 대통령을 감동하게 한 나자르바예프 대통령의 세심한 배려는 양국의 유대관계를 크게 향상하는 밑거름이 됐다.

또 다른 사례도 있다. 이명박 대통령과 미국 오바마 대통령은 이른바 '흙수저' 출신이다. 두 정상 모두 어려운 가정에서 힘든 학창시절을 보냈으며 숱한 어려움을 이겨내고 결국 대통령 자리에 올랐다는 공통점이 있다.

두 정상은 이러한 서로의 공통점을 잘 알고 있었다. 그것이 서로 심정적으로 통해서 한국과 미국 두 나라는 여러 우여곡절을 겪으면서도 한미 FTA(Free Trade Agreement)를 체결했다. 또한 천안함 폭침, 연평도 포격 등 북한으로부터 지속적 위협을 받는 상황에서 당시 실무자들이 해결하지 못해 과제로 남아 있던 미사일 사거리 800km 확보 문제도 결국 오바마의 결단으로 해결했다.

당시 토머스 도닐런(Thomas Donilon) 백악관 국가안보보좌관은 우리나라 천영우 외교안보수석과의 통화에서 "오바마 대통령과 이명박 대통령 사이에 신뢰가 없었다면 불가능했을 일"이라고 말했다. 역시 격식보다 상대에 대한 세심한 배려에서 오는 진정성, 공유된 감정, 상호 간의 공감이 더 큰 효과를 가져올 수 있다는 사실을 보여준다.

'세계의 CEO'
리더십은
어떻게 만들어졌나?

 유엔사무총장을 흔히 '세계의 CEO'라고 한다. 잘 알다시피 현재 UN사무총장은 우리나라의 반기문(潘基文)이다. 그는 2006년 10월 유엔총회에서 제8대 사무총장으로 선출되어 2007년 임기를 시작, 연임에 성공하면서 10년 동안 세계의 CEO 역할을 충실히 해내고 있다. 그의 임기는 올해(2016) 말까지다.
 반 총장은 2013년 〈포브스(Forbes)〉가 선정한 세계에서 가장 영향력 있는 인물 32위로 선정되었다. 우리 한국인으로서는 세계에서 가장 영향력이 큰 인물이다. 그 때문인지 우리나라 차기 대통령 선거의 유력한 후보 중 한 명으로 손꼽히기도 한다.
 그는 유엔사무총장으로 각종 국제분쟁의 성실한 중재자 역할을 충실히 해내고 있다. 또한 국내에서도 외교부장관을 역임하는 등 외교관으로서의 풍부한 경험, 유창한 영어실력, 탁월한 업무추진으로 좋은 평가를 받고 있다. 그러한 그의 역량이 국민에게 대선후보로서 기대를 하게 한 것 같다.

반 총장은 국제무대에서 소외된 국가에는 따뜻한 행보를 보이고, 전쟁과 갈등으로 대립하고 있는 국가 간에는 중재자 역할을 잘 수행함으로써 탁월한 글로벌 리더십을 보여주고 있다.

유엔사무총장은 세계 어느 나라를 방문하더라도 국가정상급 예우와 환영을 받게 된다. 그는 유엔사무총장이 되기 전에 정부의 관료로서 주요 보직을 두루 거쳤지만 그를 아는 사람은 그리 많지 않았다. 그런 그가 어떻게 '세계의 CEO' 자리까지 오를 수 있었을까?

언젠가 반 총장의 공직자, 관료로서의 행적을 살펴보다가 그에게 의전비서관 경력이 다수 포함되어 있는 사실을 보고 "아하~ 이거였구나!" 하고 혼자 무릎을 친 적이 있었다.

그는 노신영 국무총리 시절, 1985년 국무총리비서실 의전비서관을 지냈고, 김영삼 대통령 재임기간인 1996년에는 대통령비서실 의전 수석비서관을 지낸 경력이 있었다. 대통령비서실의 의전 수석비서관은 항상 대통령의 가장 가까운 곳에 있으면서 그림자 같은 임무를 수행하는 자리다.

대통령과 관련된 크고 작은 일들을 꼼꼼히 챙겨야 하며, 대통령이 상대하는 귀빈이나 해외정상들을 상대로 대통령을 대신해 행사 전후 그분들을 편하게 잘 영접해야 하는 업무도 담당한다. 이는 상당히 중요한 의전 업무의 핵심이라고 할 수 있다. 뿐만 아니라 대통령이 참석하는 행사에 대한 기획과 PI(President Identity) 관리에 대해서도 관여한다.

반 총장은 그 밖에도 1992년 외무부장관 특별보좌관, 1996년 대통령비서실 외교안보 수석비서관으로 일했다. 특별보좌관이나 비서관이라는 자리는 쉽게 말하면 모시고 있는 상사의 전문비서와 같은 역할이다. 모시고 있는 분의 일정과 회의 준비를 위한 정책자료 준비 그리고 행사에 관한 준비 등을 담당하는 멀티 플레이어라고 할 수 있다.

2001년 한승수 전 국무총리가 제56차 유엔총회의 의장이었을 때 당시 외교부 차관이었던 반기문을 UN총회 의장비서실 실장으로 발탁했다. 그 후 3년간 의장비서실 업무를 총괄하며 성실하게 수행했다.

우리가 흔히 말하는 비서, 비서관, 보좌관, 특별보좌관, 비서실장, 의전비서관이라는 직위의 업무범위는 모시는 분의 업무분야에 따라 차이가 있을 수는 있지만, 큰 틀에서 보자면 그 의미나 활동에는 큰 차이가 없다.

누구보다 모시는 윗분의 가장 근거리에서 세심하게 모든 일을 미리 챙겨야 하고, 매사에 준비된 자세로 긴장하며 꼼꼼하고 치밀한 준비를 하지 않으면 비서의 역할을 제대로 수행할 수 없다.

외교부 본부대사를 마치고 최근에 퇴직한 한 고위외교관은 반 총장에 대해 "그 사람의 가장 큰 장점은 상대방을 배려하는 것이다. 심지어 상대가 자기를 좋아한다고 착각할 정도로 편하게 대한다."고 평가한 적이 있다. 그 외교관은 외교부에서 반 총장과 오랫동안 함께 근무한 경험이 있어서 신뢰할만한 평가다.

이런 평가를 뒷받침하는 사례들이 많다. 『조용한 열정, 반기문』을 쓴 조선일보 이하원 기자는 이 책의 서문에서 반 총장의 외교부차관 시절 일화를 소개했다. 그는 반기문 차관에 대해 '놀랄 수밖에 없었다.'고 회상하며 "여러 차례 그에 대해 비판적인 기사를 썼을 때도 기자라는 직업의 특성을 너그럽게 이해해 주었다."면서 "사흘 동안 계속해서 한밤중에 자택을 찾아가 취재할 때도 귀찮은 내색을 한 번도 한 적이 없었다."고 회상했다.

반 총장과 관련해서 그 책에 소개된 몇 가지 사례를 더 살펴보자.

반 총장이 청와대 의전 수석비서관을 거쳐 외교안보 수석비서관으로 있을 때, 손님이 찾아와 당시 반 수석에게 작은 선물을 두고 나왔다. 그러자 반 수석 역시 그 손님이 돌아갈 때 "별거 아닙니다." 하면서 포장지에 싼 선물을 건네줬다.

그 손님은 자신이 반 수석에게 선물한 데 대한 답례품으로 생각하고, 집에 와서 포장지를 뜯어보니 바로 자기가 두고 온 선물을 다시 포장해서 되돌려준 것이었다. 그는 "그냥 돌려주면 선물을 준 사람이 무안해 할까 봐 그렇게 한 것 같았다. 거절을 해도 참 멋있게 한다는 생각을 했다."고 말했다. 그 후 그는 반 총장의 열렬한 팬이 되었다고 한다.

반 총장은 아무리 바빠도 누군가와 면담을 할 때, 자신이 먼저 면담을 끝내자는 말을 꺼내지 못하는 사람이라고 했다. 그에게 이런저런 요청을 하는 인사들에게 면박을 주지 않고, 인내심 있게 끝까지 경청한다는 것이다.

2004년 1월, 반 총장이 당시 외교부 장관에 임명되었다는 소식이 전해지자 반 총장이 거주하는 아파트 주민들이 축하메시지와 화환을 보내왔다고 한다. 반 총장은 축하 메시지를 보낸 아파트 주민들에게 자신이 직접 작성한 감사의 편지를 빠짐없이 모두 보냈다고 한다.

뿐만 아니라 반 총장은 자신이 자리에 없을 때 걸려온 전화는 반드시 콜백(callback)을 해준다고 한다. 사실 일반인도 일일이 부재중 전화를 콜백하기란 쉽지 않다.

전화를 걸었던 사람은 상대방의 전화가 없으면 "이 사람이 변했나? 나를 무시하는 건가?" 하면서 기다려도 상대방의 전화가 걸려오지 않으면 무척 불쾌할 것이다. 반 총장은 어김없이 자신이 받지 못한 전화는 뒤늦게라도 전화한 사람에게 직접 전화를 걸었다고 한다.

그런 좋은 습관을 선천적으로 가지고 태어나는 사람은 드물다. 나는 그러한 인성은 교육과 사회 경험 그리고 자기성찰을 통해 만들어지는 것이라 생각한다. 반 총장은 과거 경력 중 많은 부분을 차지하고 있는 '의전' 업무를 통해 '배려와 존중'을 몸에 익혔을 것이라고 생각한다.

아주 사소한 것까지 배려하고 존중하는 것, 그것이 곧 셀프 의전이라고 할 수 있다. 반 총장의 글로벌 리더십은 그가 공직자로서 수없이 경험했던 공식 의전 그리고 철저한 자기관리와 함께, 상대방을 감동하게 하는 자신의 빈틈없는 셀프 의전으로 만들어진 것이다.

의전에
죽고 사는
사람들

　의전에 매달려 죽고 사는 사람들이 있다. 의전은 레드카펫처럼 겉으로 드러나고 형식과 정해진 절차에 따라 수행되는 것만은 아니다. 그야말로 배후에서 수많은 기관과 사람이 착오 없는 의전을 위해 바쁘게 움직인다.

　어느 나라에서나 최고 의전의 대상은 대통령 또는 국왕 등 그 나라의 최고 지도자이며 최고 정책결정자다. 대통령이 움직이면 직접적인 의전담당자들뿐 아니라 수많은 기관과 사람들이 함께 움직인다. 의전 대상에는 의전을 포함한 경호와 홍보, 이 세 가지가 삼위일체가 되어야 한다.

　대통령이 즉흥적으로 청와대 밖으로 나오는 경우는 드물다. 철저하게 미리 준비된 계획에 따라 움직이는 것이다. 대통령이 참석할 행사나 방문하려는 목적지 또는 해외 순방은 오래전부터 그 일정이 정해진다.

대통령이 이동하게 되면 '대통령경호실법'에 의해서 경호구역이 지정된다. 대통령의 이동경로, 목적지, 행사장소 등이 경호구역이다. 대통령경호실은 법에 따라 그와 관련된 모든 것을 통제하고 지휘할 수 있다. 이 법의 저촉을 받지 않는 예외는 결코 있을 수 없다.

대통령에 대한 의전은 대통령의 신변보호를 책임져야 하는 경호의 비중이 절대적이라고 해도 과언이 아니다. 대통령이 참석하는 행사에서는 대통령 의전비서관실을 중심으로 경호실, 대통령의 이미지(PI)와 홍보를 맡은 홍보수석실, 행사주관 비서관실, 정부의 관계부처, 행사와 직접 관련이 있는 관계기관과 기획사, 경찰청까지 참여하게 된다.

또한 행사의 성격에 따라 육·해·공군과 기무사, 국정원까지 포함하기도 한다. 대통령이 예정된 일정에 따라 시간 맞춰 움직이면 도착시간에 차질이 없도록 교통이 부분적으로 통제되고 경찰관들과 경호관들의 연도 경호가 실시된다. 정말 수많은 사람이 배후에서 대통령의 완벽한 의전을 위해 땀을 흘리는 것이다.

청와대 경호실의 경호는 아니지만, 대통령 이외에 경찰청의 경호를 받는 VIP가 있다. 전직 대통령 내외, 국회의장, 대법원장, 헌법재판소장, 국무총리다. 이들 VIP에게도 의전이 있다. 당연히 의전담당관들이 있으며 경찰청에서 신변보호를 책임진다.

대통령에 이어서 의전서열 2위는 국회의장이다. 하지만 의전서열에 따라 경호의 강도가 비례하는 것은 아니다. 국무총리의 경호관이 두

배 이상 많다. 앞에서 설명한 국내 주요 인사들은 외부로 이동할 때 경찰청에서는 이동경로에 따라 교통신호를 통제하며 원활하게 이동할 수 있도록 한다.

국무총리는 대통령 의전비서관실처럼 규모가 크지는 않지만 의전업무를 담당하는 의전국장 아래 의전팀이 있다. 외국에서 국가정상 또는 정상급이 공식 방한하는 경우 청와대 경호실에서 지원한다. 하지만 의전역할은 해당국가 의전관이 맡는다.

중앙부처 가운데 국가 각종 의전의 주관부처는 행정자치부다. 주로 국내 행사를 담당하게 되고 해외순방 행사의 경우는 외교부에서 담당하다.

행정자치부에는 국(局) 단위 기구로 의정관(議政官)이 있으며 그 아래 의정담당관과 상훈담당관이 있다. 의정관은 국기(國旗)와 국가문장, 국화(國花) 등 국가상징물의 관리, 국새(대통령 직인, 국무총리 직인) 관리, 국경일 경축행사 관련사항, 대통령 취임식 관련사항, 전직 대통령 예우업무, 국가장(國家葬) 집행, 국빈방한, 대통령 외국방문 등의 환영·환송행사, 법정기념일 관리 등을 관할한다. 모두 의전과 직접적으로 관련된 업무들이다.

외교부의 경우 '외교의 꽃은 의전'이라고 말할 정도로 가장 중요한 업무의 하나가 의전이다. 대통령이 취임하면 임기 중에 방문할 국가 로드맵을 만들고 대통령 외교활동의 전체적인 큰 구상을 작성한다.

따라서 대통령이 외국방문을 할 때, 다자(多者) 또는 양자 정상회담 등의 여러 행사를 기획하고 준비한다. 그와 함께 대통령 의전비서관실과 협의하여 의전업무를 집행한다. 제1차관이 관할하는 의전장(儀典長)과 그 아래 의전기획관실에서는 대통령과 국무총리의 외교의전 계획을 수립하고 행사를 지원한다. 또한 외국정상이나 정상급 귀빈이 방한할 때에도 공식 환영식 등의 행사를 주관한다.

청와대의 비서관실은 대부분 해당 부처와 밀접하게 연결이 된다. 예를 들면, 국토비서관실은 국토부, 법무비서관실은 법무부, 교육비서관실은 교육부와 밀접하다. 대통령실 의전비서관실은 행정자치부와 외교부 산하 국(局) 단위의 의전실에서 실무를 담당하고 있다.

지방자치단체 가운데는 서울과 경기도의 경우 행정국 아래 총무과 의전팀이 의전업무를 담당하고 있다. 물론 경호와 의전의 규모는 중앙정부와 비교해서 상대적으로 작으나 큰 범위에서의 역할은 큰 차이가 없다.

그 밖에 장관, 정치인, 공공기관장, 대기업 CEO, 유명인 등에 대한 의전이 있을 수 있다. 각 부처와 공기업 등 대부분은 의전행사를 직접 담당하는 별도의 공식 기구가 없으며 일반적으로 총무부서의 업무에 포함되는 경우가 많다.

의전업무는 주로 총무팀 또는 비서실 직원, 비서관, 보좌관 등이 맡고 있다. 이들이 수행하는 의전행사에는 대부분 경호가 없지만 특별한 행사의 경우, 경찰 또는 사설경호가 경호업무를 맡는다. 우리 눈에 보이지 않는 곳에 의전에 죽고 사는 사람들이 많다.

경호, 홍보, 의전의
삼박자가
VIP를 완성한다

 대통령의 행사는 경호, 홍보, 의전, 이 세 가지가 조화를 이루어야 성공적으로 마무리할 수 있다. 대통령이 주재하거나 참석하는 행사와 관련해서 철저한 사전준비와 빈틈없는 의식과 절차의 진행은 의전에서 해야 할 임무다.

 그와 함께 대통령의 이미지와 지향하는 국정목표, 공약이행, 국민과의 소통 등과 관련된 지속적인 홍보(弘報)가 있어야 한다. 더욱이 대통령은 국가 최고지도자다. 그의 신변안전은 국가의 안위와 직결된다. 대통령이 움직일 때마다 경호팀이 신변을 빈틈없이 보호한다.

 이 세 가지 가운데 어느 것도 소홀해서는 안 된다. 다시 말하면 이들이 대통령을 완성하는 사람들이다. 서로 조화를 이루면서 자신들의 맡은 역할을 충실히 수행하고 서로 유기적으로 협력해야만 성공적으로 완벽하게 임무를 수행할 수 있다.

의전과 홍보의 역할은 누구나 쉽게 구별할 수 있을 것이다. 하지만 경호와 의전의 차이를 아는 사람은 많지 않다. 나는 대통령 의전관으로서 실무행사를 담당할 때 외부 사람들로부터 대통령 경호관인 줄 알았다는 이야기를 많이 들었다. 아마 대통령 경호관과 같은 단정한 옷차림과 외모 때문인 것 같다.

대통령 행사에서 경호관을 알아보는 방법이 있다. 공식 행사장에서 대통령 주변의 인물들을 자세히 살펴보면, 표정이 없고 2대8 비율 가르마의 단정한 머리, 깔끔한 검은색 양복을 입은 사람들이 경호관들이다. 요즘은 행사의 성격에 따라 주변과 어울리게 위장하는 경호관도 늘고 있다. 또한 행사를 지원하는 사복 경찰관들이 있어서 구별이 쉽지 않다.

행사장에서 대통령 또는 참석자의 예상치 못했던 농담이나 유머 한 마디로 웃음이 터져 나올 때가 있는데 그런 상황에서도 경호관들은 무표정을 유지한다. 그 때문에 가끔 행사를 기록한 사진에서 행사장의 전체적인 분위기와 동떨어진 경호관들의 무표정이 눈에 띈다.

경호관들이 신분을 위장하는 경우도 있으니까 행사장 분위기에 맞게 웃음이 나올 때는 함께 웃는 것이 더 효과적이지 않을까? 실제로 내가 그런 건의를 한 적도 있었다.

경호와 의전은 역할과 업무영역이 서로 다르지만 성공적 행사를 위해서는 하나의 팀이 되어 서로 최상의 팀워크를 이루는 것이 매우 중요하다. 그래서 의전과 경호는 서로 '사돈지간'이라고 말하는 사람들도 있다. 서로 가깝지만 역할이나 업무를 침범하지 않고 예의를 지켜야 하는 사이다.

경호와 의전의 차이를 쉽게 말하면 경호는 거리상으로 대통령과 가장 가까이에서 일한다. 그래서 보도사진이나 방송뉴스에서 대통령과 최측근에 있는 그들의 모습이 함께 보이는 경우가 많다.

하지만 의전은 눈에 보이지 않는 것이 기본원칙이다. 가끔 예외도 있지만, 되도록 보이지 않는 곳에서 행사기획 단계부터 진행까지 중심을 잡고 지휘한다. 마치 연극이나 뮤지컬을 만드는 연출자와도 같다. 무대에 나서지는 않지만 작품을 만들어내는 연출자, 의전은 그러한 역할을 한다.

의전관은 보도사진 등에서는 좀처럼 보이지 않지만 실제 행사장에서는 쉽게 볼 수 있다. 대통령 근접경호보다 좀 더 앞에서 눈빛과 표정으로 대통령을 안내한다. 대통령은 의전관의 눈만 봐도 어느 쪽으로 이동해야 하는지 알아차린다. 하지만 가끔 의전관이 바뀐 경우 대통령이 이를 알지 못하고 순간 머뭇거릴 때도 있다.

현재 대통령경호실은 지난 정부 때 경호처에서 다시 경호실로 격상되면서 경호실장은 장관급으로 그 지위가 올라갔다. 경호의 핵심가치는 '국가원수의 절대 안전'이다.

대통령실 경호는 대통령과 영부인 그리고 그 가족까지 포함된다. 대통령 퇴임 이후에도 10년 동안은 대통령실 경호관으로부터 경호를 받는다. 이후에는 경찰이 경호업무를 수행하게 된다. 그 밖의 경우는 경호실장이 경호가 필요하다고 인정하는 국내외 요인으로 한다고 관련법에 명시되어 있다.

그렇다면 우리나라의 대통령이나 요인들의 경호실력은 어느 수준일까? 두말할 것 없이 세계 최고수준이라고 자신 있게 말할 수 있다.

새로운 정부가 출범하면 첫해에 딱 한 번 경호시범을 대통령 내외와 주요 참석자들에게 공개한다. 그 자리에 참석한 모든 사람이 감탄을 연발한다. 경호차량도 등장한다. 위기상황을 가정해서 두 바퀴만으로도 주행하는 실력도 보여준다. 경호시범이 끝난 뒤, 이명박 대통령은 "앞으로 경호에서 하는 말은 잘 들어야겠다."며 농담 같은 진담을 하면서 경호관들을 격려했다.

뿐만 아니라 우리나라 경호실의 실력은 2010년 서울 G20정상회의와 핵안보정상회의 등 국제정상회의를 성공적으로 마치면서 국제적으로 크게 인정받은 바 있다. 지금은 주변국의 요청으로 경호기술을 가르치기도 한다. 10여 개국 이상의 외국 경호기관에서 경호기술을 배우기 위해 우리나라를 찾아오고 있다. 또한 우리의 경호체계를 배우기 위해 경호팀 파견을 요청하는 국가들도 있다.

대통령의 활동과 관련된 홍보는 정권마다 조직의 차이가 있지만 대체적으로 청와대 홍보수석이 있으며 그 아래 대변인, 외신대변인, 온라인대변인, 국정홍보, 언론, 춘추관(출입기자 지원), 홍보기획(언론대응, 모니터링, PI) 등으로 구성되어 있다.

대통령 행사와 관련해서, 대변인은 대통령 메시지 전달과 관리를, 춘추관은 출입기자들이 사진과 영상취재 그리고 기사를 잘 쓰도록 지원을, 홍보기획 비서관실은 이슈에 따른 일정을 기획수립하고 대통령

PI(President Identity)를 관리한다. PI에 대해서는 뒤에서 좀 더 자세히 설명하겠다. 또한 행사 이후 대통령의 메시지가 행사기획에 맞게 제대로 보도되었는지 모니터링을 통해 관리한다.

홍보수석실에서 근무하는 행정관들은 타 비서관실과 비교할 때 '늘공'보다는 '얼공'이 많다. 늘공, 얼공? 무슨 말인지 선뜻 이해를 못하는 사람들이 많을 것이다. 공무원 세계의 신조어다. '늘공'은 늘 공무원이라는 뜻으로 일반 공무원을 말한다. '얼공'은 각자의 민간전문분야에서 활동하다가 정부의 요청으로 얼떨결에 공무원이 된 행정관들을 일컫는다. 어쩌다 공무원이 됐다는 뜻으로 '어공'이라고도 한다.

사실 공무원 조직, 흔히 말하는 관료조직은 전통적인 관행과 타성이 있어서 창의적이고 획기적인 아이디어의 창출이 쉽지 않은 조직이다. 물론 계속 변화를 모색하고 새롭고 유능한 인재들이 늘어나고 있지만 아직 민간분야의 창의성을 따라가기 어렵다.

그 때문에 홍보수석실에 근무하는 행정관들은 대부분 민간전문가로 구성되어 있다고 볼 수 있다. 예컨대 홍보기획 전문가, 언론인, 방송인, PD 등 다양하다.

행사를 준비하는 과정에서 홍보수석실 입장에서는 대통령이 국민과 함께하길 바란다. 즉, 서민 속으로 들어가서 소통하는 모습을 원하는데, 될 수 있으면 일반인과 접촉이 많아야 홍보할 수 있는 이른바 '그림'이 나온다.

때로는 사진 한 장이 주는 영향력이 천 마디 말보다 훨씬 클 때가 많다. 사람들은 언론에 보도된 사진 한 장에 감동하기도 하고 분노하기도 한다. 순간포착으로 만들어지는 사진 한 장이 여론을 부정 또는 긍정으로 만들 수 있다는 얘기다.

반면에, 대통령 신변을 책임져야 하는 경호의 입장은 다르다. 특히 불특정 다수가 모인 곳에 대통령이 참석할 때 경호는 초긴장 상태에 들어간다. 예를 들면, 전통시장이나 스포츠 경기장 등 사람이 많이 모여 있는 장소에서의 경호는 수많은 경우와 돌발사태에 대비해야 한다. 누군가 멀리서 날달걀이나 물병을 던져 대통령이 의외의 봉변을 당할 수도 있다.

실제로 그런 돌발상황들이 있었다. 1999년 6월, 당시 김영삼 전 대통령이 해외 순방길에 오르기 위해 김포공항 제2청사를 지나가면서 환송객들과 악수하는 순간 누군가가 던진 붉은 페인트로 채워진 달걀 세례에 봉변을 당했다.

또한 2015년 3월, 마크 리퍼트(Mark Lippert) 주한 미국대사가 참석한 행사에서 외부인으로부터 흉기로 피습당한 사건도 있었다. 이때 외교적 문제로 확대되지 않을까 많은 사람이 우려했다.

나의 경험으로 수많은 행사를 진행하면서 가끔 행사가 아무런 차질

없이 잘 끝났을 때 너무 많은 인력과 예산을 낭비하는 건 아닌가 하는 생각이 들 때도 있었다. 하지만 뜻하지 않은 불의의 사고에 대비하자면 총력을 다해 대통령이나 VIP의 신변을 보호해야 하는 것은 어쩔 수 없는 일이다.

다시 한 번 의전을 얘기하자면 대통령의 경호와 홍보 사이, 한 쪽으로 치우치지 않도록 중심을 잘 잡아서 이끌고 가야 하는 임무가 바로 의전의 역할인 것이다.

대통령의 안전을 확보하면서 대통령의 메시지와 걸맞은 사진과 영상이 나올 수 있도록 해야 한다. 참으로 힘든 일이다. 조율이 잘 안 되는 경우도 있다. 이런 경우 경호와 의전 가운데 어느 쪽의 영향력이 더 클까? 아직은 경호의 영향력이 더 크다. 대통령의 안전을 확보하는 것보다 더 중요한 일은 없으니까.

따라서 홍보에서 아무리 좋은 기획을 해도 경호가 이를 수용하지 않는다면 홍보 쪽의 기획과 의도를 살리기 어렵다. 예컨대, 대통령이 입원하고 있는 병사를 위문하기 위해 병원에 갔는데 경호관이 대통령 옆에 바짝 붙어 서 있다면 홍보사진을 촬영하기 어렵다. 대통령이 너무 권위적으로 보이기 때문이다.

홍보수석실에서는 국민에게 다가가는 대통령, 때로는 따뜻한 어버이 모습, 옆집 아저씨처럼 친근한 모습 등의 소탈하면서 탈권위적인 지도자의 모습을 전달하길 원한다. 그래서 이때 담당의전관이 경호와 홍보 사이에 중심 잡는 역할을 잘해야 성공적인 행사가 될 수 있다.

국내 의전은
외교 의전의
바로미터다

'외교의 꽃은 의전'이라고 말한다. 의전을 얘기하면 가장 먼저 떠오르는 것이 국가정상들의 공식행사나 정상회담, 다자회담 등일 것이다. 그래서 '외교의 꽃은 의전'이라고 말하는 것이다. 청와대에도 의전비서관실 내에 외교 의전은 국내 의전과 별도로 운영되고 있다. 그만큼 외교 의전이 중요하기 때문이다.

물론 일정이 바쁠 때는 서로 적극적으로 지원하고 협력하며 의전업무를 수행하기도 하지만, 기본적으로 외교 의전은 외교통상부 의전장실이 실무를 맡고 있으며 국내 의전은 주로 행정자치부 의정관실에서 실무를 담당하고 있다.

외교 의전은 항상 상대국가 의전 관계자들과 사전협의를 가져야 한다. 협의과정에서 서로 자기 나라가 우위에 서서 행사를 진행하려는 치열한 기(氣)싸움이 벌어지기도 한다. 그 때문에 합의가 잘 안 될 경우, 정상들의 회담 자체가 무산되기도 한다.

외교 의전이 필요한 경우는 주로 각국 정상들과의 다자회의, 양자회의, 공식방문, 실무방문 등이다. 양국 간 상호주의 원칙에 따라 행사를 진행한다. 상대국과의 우호관계, 국제사회에서 차지하는 영향력이나 비중 등을 고려해서 그것에 맞는 의전을 준비한다.

반대로 우리가 상대국가를 방문할 때는 우리가 배려했던 것만큼 상대국가도 배려해 줄 것을 기대한다. 예컨대 우리 대통령이 상대국가에서 성대하고 특별한 대접을 받았다면 상대국가 정상이 우리나라를 방문했을 때도 그와 비슷한 대접을 하게 된다. 철저하게 상호주의 원칙이다.

그 밖에 우리 대통령이 해외 순방할 때, 개별행사로 동포간담회 또는 현지의 한국기업 방문 등은 청와대 의전비서관실의 외교 의전에서 담당한다. 이러한 개별행사는 국내행사와 거의 비슷하다고 보면 된다.

국내 의전은 대통령이 참석하는 행사가 정해지는 순간부터 청와대 의전비서관실 국내 의전팀에서 준비 단계부터 총괄한다. 행사준비 과정에서 관계부처가 행사를 주관하거나 행사장소가 있는 지방자치단체, 그 밖의 준비기관들 사이에 미묘한 신경전이 벌어지기도 한다. 서로 자기들의 윗사람이 좀 더 좋은 역할과 좋은 자리에 앉을 수 있도록 기싸움을 하는 것이다.

이럴 때 의전의 역할이 중요하다. 한 쪽으로 기울지 않도록 기싸움의 중재자 역할을 해야 한다. 먼저 행사의 기준을 명확하게 결정하고 관련기관들과의 지속적 협의를 통해 합리적 판단을 내려야 한다.

외교 의전과 국내 의전의 공통점은 의전 대상에 대한 존중과 배려가 기본이라는 점과 의전 서열을 중시한다는 것이다. 차이점은 외교 의전은 국익과 상대국과의 유대와 관계발전을 위해 의전을 중요한 전략적 수단으로 사용하는 것이다.

그 반면에 국내 의전은 다양한 이슈와 정부정책에 대한 지지와 관심을 받도록 최선을 다하는 것이며, 국가의 재난이나 재해를 입게 된 국민의 아픈 상처를 위로하고 공감대를 형성하는 것도 중요한 역할이다.

우리의 자기관리를 위한 셀프 의전도 그와 비슷한 관점에서 생각할 수 있다. '나'의 가장 가까이에는 가족과 친인척, 친구들이 있다. 이들과의 관계는 국내 의전으로 생각하면 된다. 이들과의 관계는 혈육애, 우애, 우의를 더욱 돈독히 하면서 유대감과 친밀감을 유지하는 것이다.

가까운 사람들일수록 피해를 주는 일이 없어야 하며, 기쁠 때 함께 기뻐하고 어려움을 겪을 때 적극적으로 나서서 도와줘야 한다. 오직 자기밖에 모르고 그들에게 무관심하거나 정신적, 물질적 피해를 줘 '못된 놈', '나쁜 자식' 소리를 들으면 안 된다. 가까운 사람들에게 꼭 필요한 인물이 되는 것이 내적(內的)인 자기관리다.

'나'는 자신의 꿈과 목표를 달성하고 행복을 성취하기 위해 사회에서 활동하며 외적(外的)으로 수많은 사람과 교류한다. 대인관계, 인간관계다. 원만한 인간관계를 위해서는 셀프 의전이 절대적으로 필요하다. 그에 따라 자신의 정체성이나 존재감, 가치 등을 남들로부터 인정받아 자신이 원하는 것을 얻을 수 있다.

국가의 얼굴,
대통령의
이미지 메이킹

시대의 변화에 따라 의전의 형식과 절차도 차츰 바뀌고 있다. 지난날, 대통령의 권위가 막강했던 유신정권 시절의 의전행사는 모든 것이 대통령 중심으로 이루어졌다. 모든 행사의 주인공은 대통령이었으며 그 밖의 참석자들은 들러리 역할에 불과했다.

예컨대, 포상(褒賞)행사는 훈장을 비롯한 상을 받는 사람이 주인공이다. 하지만 행사를 진행하는 과정에서 참석한 대통령이 조금이라도 대기하는 일이 있어서는 안 되었다. 대통령이 도착과 동시에 바로 시상을 할 수 있어야 했다.

그 때문에 포상 수상자와 의전을 담당하는 실무자들은 한 치의 오차 없이 행사를 진행하기 위해 미리 같은 동작을 수없이 반복해서 연습해야 할 정도였다. 심지어 실무자가 대통령이 보이지 않는 곳에서 이동할 때는 눈에 띄지 않게 기어가는 동작까지 연습했다.

당시에는 대통령에 대한 호칭은 '각하'였다. 이러한 대통령 호칭은 제13대 노태우 대통령이 과거 권위주의 청산을 내세워 폐지하고 '대통령님'으로 부르도록 하면서 차츰 사라졌다.

하지만 아직까지 '각하' 호칭은 간혹 대통령이 참석하는 공식행사에서 사용되기도 한다. 2015년 6월, 박근혜 대통령이 정당대표들과 오찬 회동을 가졌을 때 당시 새누리당 원내대표가 박 대통령을 여러 차례 '각하'라 불러 논란이 되기도 했다. 그처럼 권위주의의 잔재가 아직 우리 사회에 남아 있는 것이 현실이다.

그러나 대통령이 참석하는 의전행사에 차츰 뚜렷한 변화가 나타나고 있는 것도 사실이다. 과거에는 볼 수 없었던 참석자들에 대한 배려가 그것이다. 이러한 변화는 김대중 대통령 취임식 때부터 조금씩 나타나기 시작했다.

행사에 길지는 않지만 각종 공연을 포함해 참석자들에게 행사에 걸맞은 의미 있는 볼거리를 제공하려는 노력도 변화된 모습이다. 대표적인 예가 2012년 93주년 삼일절 기념식에서 안중근 열사의 행적을 그린 뮤지컬 〈영웅〉의 갈라쇼 공연이다. 변화를 주기 어려운 행사 가운데 하나인 삼일절 행사에 뮤지컬 공연은 신선한 충격을 준 큰 변화라 할 수 있다.

또한 국가적인 공식행사에서 대통령이 권위적인 모습과 형식에서 벗어나 국민에게 다가가는 모습, 소통하는 모습, 국민과 함께하는 모습을 표출하기 위해 실무자들이 다양한 퍼포먼스와 연계행사에 많은 노력을 기울이는 것이 요즘 추세다.

이처럼 의전행사가 대통령 중심이 아닌 참석자 중심으로 변화하고 있는 것은 바람직한 현상이다. 참석자 중심의 행사에 있어 핵심요소는 바로 존중과 배려라 할 수 있다. 이것이 요즘 의전의 목표인 '위민의전(爲民儀典)'이다.

아울러 그 범위 안에서 대통령의 효과적이고 성과 있는 PI를 구현하기 위해 노력해야 한다. 그를 위해 대통령의 PI에 대해 좀 더 구체적으로 살펴보겠다.

PI – 성공적 대통령을 위한 이미지 창조

PI(President Identity)란 쉽게 한마디로 말하자면 대통령의 좋은 이미지를 창출하는 것이다. 현직 대통령의 통치력, 정치력, 안보의지, 정치철학, 외교력, 공약이행 성과, 국민을 위한 각종 정책추진, 국민과의 소통 등, 대통령의 역량을 효과적으로 창출하고 홍보함으로써 대내외적으로 긍정적인 성과를 거두고자 하는 것이 PI의 목표다.

PI는 의전의 결과물이기도 하다. 대통령의 국정철학을 바탕으로 그의 말과 행동 그리고 열정적인 활동상황이 사회적 관심과 이슈가 될 수 있도록 하고, 대통령이 추구하는 전략적 목표에 맞춰져야 한다. 다시 말하면 대통령의 '언행일치(言行一致)'를 부각해야 한다.

그러자면 철저하게 준비된 계획과 기획에 따라 지속적이고 일관되게 진행돼야 하는 것이 PI의 성공비결이다. 구체적으로는 먼저 메시지의 차별화가 있어야 한다. 그 바탕은 국정철학에 맞춘 대통령의 행보가 기본이 된다. 대통령의 헤어스타일이나 옷차림도 신경을 써야 한다.

이명박 대통령의 경우, 주요 국정철학과 메시지는 녹색성장, 공생발전, 중도실용 등이었다. 글로벌 리더, 녹색성장은 메시지가 비교적 명확한 반면에 공생발전, 중도실용은 너무 추상적이라는 비판이 있었다. 명확하지 않은 메시지는 관련 행보를 만들기가 어렵고 좋은 성과를 창출하기 어렵다. 현직 대통령의 '창조경제'가 그렇다. 구체적인 이미지가 쉽게 잡히지 않는다.

전략적 실행에 있어서는 단계별로 우선순위에 따라 과제를 분리해야 한다. 마지막으로 일관성과 지속성이 중요하다. '강한 자가 살아남는 것이 아니라 살아남은 자가 강한 것이다.'라는 말처럼 강한 메시지가 살아남는 것이 아니라 살아남은 메시지가 강한 메시지라고 할 수 있다.

차별화된 메시지와 그와 부합된 대통령의 전략행보를 통해 성공적 PI를 이룩하려면 실행단계에서부터 의전팀, 경호팀, 홍보팀의 삼박자 협력 시스템이 중요하다. 특히 경호와 홍보 사이에는 서로 이율배반적인 요소들이 있으므로 협력하기 어려운 부분도 있다.

홍보팀에서는 대국민 홍보를 위해 대통령이 국민의 일원으로 거리감 없이 소통하는 것을 원한다. 하지만 경호팀은 대통령의 신변안전을 위해 불특정 다수가 집결하는 장소에서는 불의의 사고나 테러의 위험성에 대비해 대통령을 밀착 경호해야 한다. 홍보와 경호의 목표에 차이가 있는 것이다.

따라서 경호의 협조 없이는 절대로 원하는 PI는 만들어낼 수 없다. 이슈에 맞는 전략행보를 구현하는 데 있어서 경호의 경직되고 긴장된 이미지는 권위적으로 보이기 때문이다. 어떻게 해서든지 경호를 드러나지 않게 해야 국민과 거리감이 없는 친근한 이미지를 창출할 수 있다.

하지만 아무리 좋은 약이 있어도 그것을 복용하지 않으면 병을 고칠 수 없듯이 성공적 PI 전략의 열쇠는 바로 대통령 자신에게 있다.

대통령의 말과 행동을 긍정적이고 효과적으로 설명하는 데 있어서 가장 중요한 주체는 바로 대통령 자신이기 때문이다. 실무자들은 행사의 핵심 콘셉트는 대통령의 행동이나 추구하는 방향에 맞춰 준비하게 된다. 따라서 대통령의 성향이나 성품은 행사준비에 상당히 중요하게 작용한다.

PI를 디자인하다

대통령은 대통령 자신이 메시지의 실체이자 제1의 매체라 할 수 있다. 그런데 PI가 반드시 대통령에게만 중요한 것은 아니다. 사람들에게 널리 알려진 유명인사 또는 기업을 대표하는 CEO까지도 자기관리를 위해 노력한다.

최근 개인이 중심이 되는 Personal Identity가 주목을 받는 것도 그 까닭이다. 현대 사회에서 자신의 정체성 확립, 즉 이미지 관리를 통해 자신의 가치를 극대화해서 이를 조직의 가치와 연계시키고 개인의 브랜드로 발전시켜 나가려는 노력이라고 할 수 있다.

하지만 이 항목에서는 대통령 PI가 국민여론과 주요정책에 미치는 큰 영향에 관해 설명하려고 한다.

대통령의 국정철학은 국가정책들을 만드는 데 있어 가장 중요한 기본방향이 된다. 이러한 국정철학을 바탕으로 대통령의 말과 행동 그리고 이미지는 PI 작업과정을 통해 국민에게 전달되고 그에 따라 여론이 형성된다.

대통령에 대한 여론은 다시 피드백(feedback)되어 대통령(정부)에게 돌아오게 되는데 그 결과에 따라 대통령의 정책이 탄력을 받을 수 있는가 하면, 때로는 시작도 하기 전에 좌초되기도 한다.

이명박 대통령 시절, 주요 핵심과제였던 4대강 사업 그리고 정부의 세종시 이전에 대한 부정적 여론이 형성되면서, 사실상 이와 관련된 대통령 PI를 만드는 데는 실패했다고 볼 수 있다.

그 때문에 4대강 현장시찰 때는 다른 지역행사와 연계해서 일정을 잡았다. 부정적 여론을 의식해 대부분 비공개로 진행하기도 했다. 당시 대통령에 대한 '불도저, 일방통행, 토목공사로 인한 예산낭비' 등 부정적 이미지는 국민에게 선입견을 만들어 이를 다시 긍정적 PI로 전환하는 데는 한계를 보였다.

그와는 달리, 학교폭력, 금융위기 대처 등은 긍정적 피드백으로 관련 정책들의 국회통과가 수월해지면서 정책시행이 탄력을 받기도 했다. 대통령의 PI 디자인은 그처럼 어렵지만 디자인이 없어서도 안 된다.

　지난 2015년 3월, 박근혜 대통령이 독일을 국빈방문했다. 이때 주요언론들은 50년 전 박정희 대통령이 차관을 얻기 위해 독일을 방문했던 사진과 현재의 박근혜 대통령의 방문 모습을 동시에 실었다.
　예를 들면, 〈국민일보〉는 그와 같은 두 개의 사진을 싣고 그 아래 '아버지는 분단 현실을 보고… 딸은 통일된 미래를 꿈꾸다'라는 제목과 함께 '반세기 만에 G20에 이름을 올린 동등한 국가로 재회'라는 소제목을 달았다. 격세지감을 실감 나게 하는 이 두 장의 사진을 보며 많은 국민들이 감회와 감동을 느꼈다.
　2015년 6월 1일, 메르스 감염으로 첫 사망자가 발생하면서 메르스 공포가 전국으로 확산되고 있을 때였다. 다음날 2일 메르스로 인한 사망자 2명과 환자 25명이 발생하자 박근혜 대통령은 전남 '창조경제혁신센터'를 방문했다.
　다음날 조선일보 1면 톱기사에 '무너진 메르스 방역… 3차 감염자도 발생'이라는 큰 제목과 함께, 보건당국의 총체적 부실과 국민불안이 확산

되고 있다는 내용의 기사를 실었다.

그런데 그 밑에 실려 있는 사진은 허창수 '전경련' 회장이 양복차림으로, 움직이는 이앙기의 운전대를 잡고 웃는 표정과 박 대통령과 참모진들이 그것을 보며 크게 웃고 있는 모습이었다. 누가 보더라도 시의적절하지 못한 표정과 행동이었다. 또한 한 신문에 서로 상반된 내용의 사진이 함께 실리도록 하는 것은 PI 관리가 제대로 안 된 사례라고 할 수 있다. 그 사진을 보며 국민은 마음이 편하지 않았을 것이며 박 대통령이 '창조경제혁신센터'를 방문한 목적도 효과적으로 알리지 못했다.

이처럼 PI는 긍정적 또는 부정적 여론을 만드는 데 중요한 역할을 한다. 대통령이 국정철학을 갖고 현재 이슈에 걸맞은 행동과 메시지가 담긴 모습을 보여줄 때 새로운 동력을 만들어 낸다.

하지만 부정적인 경우에는 지지율을 급격히 떨어뜨리기도 한다. 당시 한국갤럽에서 실시한 여론조사에 따르면, 반드시 그 사진 때문은 아니겠지만 박 대통령의 직무 긍정률이 29%로, 취임 이후 최저치를 나타냈다. 대통령 PI의 디자인은 그만큼 중요하다. 대통령 PI가 바람직하게 디자인되지 못하면 대통령의 통치력과 이미지에 부정적으로 작용하는 것이다.

PI는 양날의 칼이다

PI의 핵심과 기본요소는 대통령의 국정철학을 대통령의 말(verbal message)과 표정과 행동(behavior message) 그리고 모습(visual message)을 통해 이미지와 정체성을 정립하는 일련의 조치와 활동이다. PI 또는 이미지(image)라고도 한다.

대통령이 참석하는 행사는 대부분 언론의 관심을 받는다. 행사의 비중에 따라 언론에서 짧은 단신으로 처리되는 경우도 있지만, 대부분 의미 있는 행사이거나 만나는 상대가 주목할 만한 사람이기 때문에 언론의 시선을 끌 수밖에 없다.

따라서 대통령과 관련된 행사준비는 빈틈이 없어야 한다. 그만큼 행사준비에 많은 시간과 노력이 뒤따른다. 하지만 국민에게 전달되고 보이는 것은 언론을 통한 사진 한 장과 짧은 기사 내용일 때가 많다. 중요한 행사의 경우 뉴스에서 영상으로 보도되기도 하지만 그것도 길어야 2~3분이며 대부분은 그보다 짧다.

다시 말하면 많은 노력이 들어간 대통령 행사의 결과물은 한 장의 사진과 짧은 영상뿐이라고 해도 과언이 아니다. 그렇지만 PI에서 전달시키려고 하는 임팩트(핵심요소)가 잘 나타나 있는 메시지는 천 마디 말보다 한 장의 사진이 훨씬 강하게 전달되는 효과가 있다. 신문에 실린 사진 한 장만 봐도 그 행사의 성격과 메시지를 알 수 있기 때문이다.

그래서 PI가 중요하다. 대통령이 다양한 행사를 통해 국민에게 어떤 이미지를 주는지가 PI에 달려 있는 것이다. 이명박 대통령의 경우 PI의 초점을 '글로벌 리더', '녹색성장', '친서민(親庶民) 대통령'에 두었다.

그 밖에 대통령 개별행사에 맞는 PI는 대통령에 대한 긍정적 이미지 형성과 홍보에 중요한 역할을 한다. 이미 형성된 부정적 이미지가 있다면 그것을 막거나 희석시키고 변화시키는 것도 PI의 기능이다.

하지만 한번 사람들의 뇌리에 깊이 박힌 부정적 이미지와 선입견은 쉽게 사라지지 않는다. 이명박 대통령의 경우, 대표적인 부정적 이미지는 고소영(고려대, 소망교회, 영남), 불도저, 4대강=대운하, 부자, 불통(不通) 등이었다.

PI 관리를 위해서는 의전이 중심이 되어 홍보와 경호 실무자들과 행사 준비단계에서부터 서로 협조해서 치밀하게 기획해야 한다. 더욱이 행사 당일, 의전관의 역할이 매우 중요하다. 행사장에서는 뜻하지 않았던 돌발상황들이 자주 발생하기 때문이다.

대통령과의 눈빛 사인(sign, 지시)이 잘 소통되지 않을 때는 의전에서 직접 대통령에게 다가가서 설명해야 한다. 이럴 경우 의전팀의 과감한 용기와 결단 그리고 순발력이 필요하다.

지나가는 대통령을 잠시 막거나, 대통령 몸에 손을 살짝 대는 등 직간접적인 신호로 대통령에게 의사를 전달해야 하기 때문이다. 이러한 대처는 숙련된 의전이 아니면 행사 중에 아무나 할 수 있는 일은 결코 아니다.

어떤 바람직한 좋은 이미지 창조가 대통령에게만 해당하는 것은 아니다. 요즘은 자기홍보 시대이기도 해서 자기 PR 또는 개인 PI가 당연한 것으로 여겨지고 있다. 자기를 제대로 알려야 국가와 사회 또는 관련분야에서 인정받고 역량을 더욱 발휘할 수 있기 때문이다.

그를 위해 각종 매스컴에 출연할 기회를 얻으려고 필사적으로 노력하는 사람들도 적지 않다. 인기스타를 비롯한 연예인들도 자기 PR을 효과적으로 잘해야 자신의 가치가 높아진다.

성공적인 자기 PI로는 스티브 잡스(Steve Jobs)를 생각할 수 있다. PC의 황제 스티브 잡스를 떠올리면 '애플', '청바지와 검은색 터틀넥'이 먼저 떠오를 것이다. 그러한 이미지에는 옆집 아저씨처럼 편안한 외모, 차림새, 말투가 주는 친근감과 함께, 어려운 환경을 극복하고 〈애플〉을 세계적 기업으로 성장시킨 스토리가 담겨 있다. 겉은 소박하고 내면은 강한 이미지다. 성공적인 자신의 PI라고 할 수 있다.

대통령의 PI나 특정한 개인의 자기 PI나 그것이 지향하는 목표에는 큰 차이가 없다. 개인, 특히 유명인사들의 자기 PI는 좋은 뜻으로 보면 '자기관리'다. 하지만 그것이 지나치면 역량이나 능력을 알리기보다 자신을 과시하려는 '쇼맨십'으로 보이고, 때로는 집중적으로 지탄과 비난을 받을 수도 있다.

요즘 SNS(Social Networking Service) 등을 통한 이른바 '악플'이 그 예가 될 것이다. 대통령의 PI든 자기 PI든, PI는 양날의 칼처럼 순기능과 함께 역기능도 있다는 것을 잊어서는 안 된다.

한 장의 사진이 가져온 반전

시진핑 주석이 연설하는 동안, 옆에 앉아 있던 영국의 주요 인사들이 꾸벅꾸벅 졸고 있는 모습이 언론에 공개됐다.

중국에서는 외교적 결례 논란까지 일었다. 이처럼 한 장의 사진 속에 담겨 있는 이미지는 영향이 매우 크고 중요하다. 사진이나 영상은 긍정적 홍보의 도구가 되기도 하지만 치명적인 상처가 될 수도 있기 때문이다.

2008년 12월 4일 새벽, 당시 이명박 대통령은 상인들의 목소리를 직접 듣고 격려하기 위해 가락동 수산시장을 찾았다. 이날 현장 방문에서 많은 일이 있었지만 언론을 통해 가장 크게 주목받은 것은 한 장의 사진이었다.

추운 겨울 시장 한구석 어두운 곳에서 시래기 몇 단을 놓고 파는 할머니를 본 대통령은 예고 없이 다가갔다. 할머니는 처음에 대통령인 줄 몰랐다. 알아차리는 순간 놀라며 대통령 품에 안긴 것이다.

이 대통령이 할머니를 위로했지만 더욱 위로받은 것은 오히려 이 대통령이었다. 할머니는 자신을 위로하는 대통령에게 오히려 "대통령이 더 고생스럽지 않겠어요? 저는 매일 새벽시장 나오기 전에 대통령을 위해 기도를 한답니다."라고 말했다. 순간 대통령이 더 크게 감동했다.

이 대통령은 자신이 20년 동안 애용하던 목도리를 할머니 목에 직접 둘러드렸다. 이 모습의 사진이 보도되면서 당시 국내외 경기가 무척 어렵고 힘들어 고통받는 국민에게 큰 감동을 주었다.

2012년 1월 21일 설 명절을 앞두고 이명박 대통령은 김윤옥 여사와 손녀들과 함께 청와대에서 가장 가까운 통의동 전통시장을 찾았다. 전통시장은 설이나 추석 명절에는 대통령이 어김없이 방문하는 민생현장 행보의 취지다.

이날도 이 대통령은 간편한 복장으로 시장을 찾았다. 그리고 '온누리' 전통시장 상품권으로 제수용품과 명절에 필요한 재료를 샀다. 다른 시장 방문 때와 같이 상인들을 격려하고 옆에 따라온 손녀에게 과자를 사주기도 했다.

하지만 언론의 주목을 받은 것은 대통령이 아니라 바로 손녀가 입고 있던 패딩 점퍼였다. 네티즌들은 그 패딩이 프랑스제 명품 브랜드라며 관심을 보였다. 민생행보라는 목적과는 거리가 멀게 네티즌들의 반응은

"서민 대통령이 맞느냐?"라는 문제를 제기했다. 대통령이 방문하는 곳의 상황과 특성에 맞게 대통령은 물론 동행하는 이들까지 세심하게 살펴야 그 취지를 온전히 살릴 수 있다는 교훈을 준 행사였다.

2008년 8월 8일 이명박 대통령은 김윤옥 여사와 함께 1박 2일 일정으로 중국 베이징 올림픽 개막식에 참석했다. 그리고 다음 날, 우리나라 여자 핸드볼팀과 러시아의 첫 경기에 우리 선수들을 응원하기 위해 올림픽체육센터를 찾았다. 당시 여자 핸드볼팀은 실화를 바탕으로 만든 '우생순(우리 생애 최고의 순간)'이라는 영화가 큰 인기를 끌면서 국민적 기대가 높았다.

경기 중 우리나라가 러시아와 29 대 29 무승부를 만드는 순간, 대통령 내외는 자리에서 일어나 우리 응원단원들과 함께 태극기를 흔들며 환호했다. 이러한 모습은 언론을 통해 전국으로 보도됐다.

하지만 네티즌들은 대통령의 열띤 응원보다 대통령이 흔들었던 태극기에 더 많은 관심을 보였다. 대통령이 흔드는 태극기의 문양이 빨간

색과 파란색의 위아래가 거꾸로 되어 있었기 때문이다.

'기꾸로 든 대극기'는 단순 해프닝이 아닌 대통령의 실수로 지적됐고, 누리꾼들은 '국제적 망신', '국가에 대한 모욕', '대통령이 어떻게 이럴 수가?' 등의 반응을 보이며 논란이 확산되기까지 했다.

또한 2007년 2월 노무현 전 대통령이 남미 순방을 위해 사용하는 전용기에 태극기가 거꾸로 달려 있었다. 이때 누리꾼들은 '기본도 없는 지도자', '나라망신 좀 그만 시켜라', '부끄럽다' 등의 항의가 걷잡을 수 없이 퍼져나가기도 했다.

2005년 10월 19일 영국을 방문한 중국 시진핑(Xi Jinping, 習近平) 국가주석 내외의 영접한 장소가 문제가 되기도 했다. 시진핑 주석이 앉은 뒤쪽의 두 나라 국기 사이로 보이는 화장실 표시를 가리지 않았던 것이다. 영국의 문화전문가는 "VIP 룸을 이용하지 않고 화장실 표시도 가리지 않은 채, 칸막이를 세운 곳에서 회담을 한 것은 외교 예의에 어긋난 행동"이라고 비판했다. 이렇게 외교행사에서 보기 드문 사례는 외교결

례 논란으로 확산되면서 누리꾼들로부터 큰 비난을 받기도 한다.

그뿐 아니라 런던 금융특구인 '시티 오브 런던(City of London)'의 만찬 행사에서 시진핑 주석이 연설할 때 앤드루(Prince Andrew, Duke of York) 영국 왕자를 포함해서 여러 저명인사가 꾸벅꾸벅 졸거나 딴짓을 하며 연설에 집중하지 않는 모습이 공개됐다.

영국 총리는 동시통역기도 착용하지 않은 채 박수를 한 번도 치지 않았다. 그런 모습을 본 중국 네티즌들은 외교 결례라며 크게 분노했다. 시진핑 주석의 부인 펑리위안(Peng Liyuan, 彭麗媛) 여사는 얼굴에 흰색 파우더가 확연하게 드러나는 등 화장에 허술한 점이 드러나 주위를 당황하게 하기도 했다.

지난 5월 25일 버락 오바마(Barack Obama) 미국 대통령은 베트남을 처음으로 방문했다. 이날 오바마 대통령은 비공식 행보로 미국의 유명한 요리전문가 앤서니 보딘과 함께 하노이 먹자골목에 있는 허름한 식당에 들러 베트남 국민들이 즐겨 먹는 분자(쌀국수)를 먹는 모습이 화제가 됐다.

　아무리 연출 또는 전략적 기획행보라고 해도 미국 대통령이 수행원 없이 일반 식당에서 등받이도 없는 플라스틱 의사에 앉아서 우리 돈 3천 원짜리 쌀국수를 먹는 모습은 두 나라 국민에게 큰 감동을 주었다.

　그처럼 보도사진 한 장이 대통령을 돋보이게 해서 국민에게 감동을 주는가 하면, 예상치 못했던 허점이 드러나 대통령의 이미지를 크게 떨어뜨리기도 한다.

　대통령의 의전과 홍보는 사소한 실수조차 없도록 세심하게 준비하지 않으면 안 된다.

PART 2

의전 시나리오, 그 흥미로운 프로세싱

의전의 목표는
형식이 아니라
소통이다

과거의 의전은 무척 권위적이었다. 무엇보다 형식이 중요했다. 특히 대통령 의전은 되도록 거창한 형식을 통해 오직 대통령을 부각하는 데 초점이 맞춰졌다. 하지만 의전도 시대와 환경에 따라 변화하고 있다. 의전의 개념도 권위를 내세우기보다 상대에 대한 배려와 존중을 통해 감동을 이끌어내는 것이 목표가 되고 있다.

그만큼 의전을 기획하고 수행하기가 어려워졌다. 하지만 아직도 의전은 주인공을 앞에서 안내하는 역할 정도로 단순하게 생각하는 사람들이 많다. 앞에서 설명했지만 의전은 각종 공연의 연출자, 영화감독과 같다. 행사의 준비와 기획에서부터 진행에 이르기까지 행사를 총괄한다. 따라서 행사의 성공과 실패가 의전에 달려 있다고 해도 과언이 아니다.

각종 공연이나 영화가 흥행에 성공하려면 연출자는 관객들의 욕구(need)를 잘 파악해야 한다. 그리고 그에 맞춰 작품을 선택하고 준비하고 기획하고 만들어야 한다. 권위주의에서 벗어난 오늘날의 의전도 그와 마찬가지다.

가장 먼저 국민이 무엇을 바라며 행사의 참석자들이 무엇을 기대하는지를 파악해서 그러한 요구와 기대를 저버리지 않는 의전을 준비해야 한다. 다시 말해 의전을 형식에 중점을 두는 것이 아니라 '소통(疏通)'을 목표로 해야 한다는 것이다.

지난 3월, 황교안 국무총리가 부산행 KTX 열차를 타기 위해 서울역에 도착했다. 황 총리는 평소의 다름없이 김정색 고급 세단 총리전용차를 타고 직접 플랫폼까지 진입한 것이 문제가 됐다.

현장에 있었던 사람들의 목격담과 사진이 인터넷, SNS 등에 잇따라 올라오며 "바쁜 사람들을 가로막아 불편을 겪었다."고 불평했다. 언론에서 국무총리의 '과잉의전'을 비난했다. 당황한 총리실에서는 '경호관행'이라고 해명했지만 권위주의의 잔재가 남아있는 것 같아 왠지 씁쓸했다.

물론 대통령은 기차역 플랫폼으로 전용차량을 이용해 들어간다. 그럴만한 분명한 이유가 있다. 단순히 '경호관행'은 아니다. 국가의 원수이자 행정수반인 대통령을 보호하기 위한 신변안전 조치와 국민의 불편을 최소화하기 위한 것이다. 대통령이 열차를 이용할 경우, 기차역 주변일대와 플랫폼까지 교통통제를 비롯한 갖가지 통제로, 일반인들이 오히려 더 큰 불편을 겪을 수도 있다.

국무총리실 경호담당은 이러한 의전을 '경호관행'이라며 국가의 원수에게만 해당하는 경호방식을 총리에게도 그대로 적용한 것이다. 국무총리는 대통령이 지명하는 임명직이다. 또한 테러 등에 대한 위험도 대통령과는 비교할 수 없다. 어쩌면 국무총리 경호담당자들은 지금까지 관행적으로 그렇게 해왔거나 국무총리가 그런 의전 스타일을 선호하기 때문이었을 것이다.

요즘의 의전은 VIP(주빈) 위주가 아니라 국민이나 참석자 위주로 바뀌고 있다. 한마디로 '위민의전(爲民儀典)'이라는 사실을 VIP도 제대로 인식하고 자기를 내세우기보다 국민, 참석자를 섬기는 자세를 가져야 소통이 원만해질 것이다. 그런 관점에서 요즘의 의전은 어떻게 준비되는지 대통령 의전을 중심으로 살펴보자.

공식행사는 다수의 사람이 참석하는 행사이며 공공부분에서는 삼일절, 현충일, 경찰의 날 등 국가 공식 기념일 행사가 있다. 또한 갖가지 이슈에 따른 행사로는 기공식, 준공식, 올림픽선수 격려만찬, 어린이날 기념행사 등이 해당한다. 민간 부분이 포함될 경우도 있다. 사회적 비중이 큰 기업의 창립기념일, 준공식, 혁신선포식 등도 공식적인 행사에 포함된다.

행사 의전을 위한 시나리오의 작성

　대통령 행사가 한 편의 영화라고 가정한다면 행사 시나리오는 배우가 외워야 할 대본과 같다. 대통령 행사에 있어 시나리오는 담당의전관이 작성한다. 하지만 의전관 혼자의 노력으로는 절대 완벽한 시나리오가 나올 수 없다. 다양한 분야의 많은 사람이 모여 여러 차례 회의를 통해 만들어지고 수정, 보완된다.
　특히 의전비서관실이 자체적으로 실행하는 시나리오 회의는 곧잘 열띤 토론장이 된다. 마치 학위논문 심사에서 교수들의 날카로운 질문에 논문제출자가 디펜스(방어)하는 상황과 다를 것이 없다.
　행사장소를 최종 선정할 때도 의전실 자체회의를 통과해야 한다. 대통령뿐만 아니라 행사와 관련된 모든 관계자가 행사 시나리오만 보면 궁금한 게 없을 정도로 완벽해야 한다.
　최종 시나리오는 보통 행사가 시작되기 하루 전날 주요 관계자들에게만 배포된다. 하지만 업무의 효율적 진행을 위해 일주일 전 또는 그 이전에도 미리 시나리오의 초안이 나오기도 한다.
　행사 시나리오는 추진하고 있는 행사의 마스터 플랜(master plan)이며 지도(地圖)와 같다. 모두 공동의 목적을 가지고 한 곳을 찾아가기 위해서는 이 지도가 가장 중요하다. 행사를 추진하는 과정에서 시나리오가 변경될 경우 행사를 준비하는 경호, 홍보, 주관부처 등 많은 관계자에게 혼란을 줄 수 있다.
　행사 시나리오에는 보편적으로 행사의 기본적인 개요를 비롯한 시간을 분(分) 단위로 구분한 이동계획과 행사내용 등이 들어간다. 또한 주요 참석자 인적사항, 심지어는 대통령의 동작까지도 자세하게 서술해 놓는다. 그 밖에 주요 참석자 명단, 행사장의 약도(이동선 배치도), 행사장 및 주요 참석자 좌석배치도, 기타 행사와 관련된 참고내용을 포함한다.

의전 시나리오 회의에서는 먼저 주무행정관이 행사에 대한 설명과 세부계획을 발표한다. 발표가 끝나면 여러 의전관으로부터 갖가지 질문과 지적이 쏟아진다. 그러한 지적사항들이 너무 많아 처음부터 다시 기획해야 할 경우도 있다. 주무행정관으로서는 맥이 빠지고 화가 나지만, 타당성 있는 지적은 빠짐없이 반영해야 한다.

의전 시나리오 회의는 꼭 필요한 절차다. 곳곳에 숨어 있는 오류나 함정을 경험이 풍부한 의전관들이 반드시 찾아내야 한다. 수백 명의 참석자 중에 챙겨야 할 인사(장애인, 노약자 등)가 있는지, 혹시 특별한 준비가 필요한 부분이 있는지 등은 경험의 노하우가 있어야 지적할 수 있다.

예컨대, 행사 시나리오에 따르면 대통령이 전용승용차에서 내린 뒤 영접을 받은 다음, 행사장 건물로 들어가 준비된 승강기를 타고 20층 정도의 고층으로 올라간다고 하자. 시나리오상에는 아무런 문제가 없지만 실제상황은 다를 수 있다. 대통령과 영접자 그리고 수행원들을 포함하면 최소 50여 명이 넘는 인원이 함께 움직인다. 이들이 승강기 두 대에 나눠 타더라도 한 번에 올라가기 어렵다.

따라서 도착 후 1층 현관에서 행사 주관 책임자의 간략한 브리핑 시간을 만들어 수행원들이 먼저 행사장으로 이동할 수 있도록 해야 한다. 때로는 의전관도 먼저 올라가서 도착 층에서 대통령을 기다리는 것이 좋다.

　수행원 모두가 자리에 착석할 때쯤이면 대통령은 영접자와 경호의 안내를 받으며 승강기를 타고 올라온다. 그리고 의전관의 안내를 받으며 본 행사장으로 입장할 수 있도록 하는 것이다.

　이처럼 시나리오에는 별다른 문제가 없어 보이지만 실제 상황에서 크고 작은 문제들이 발생해서 행사진행이 순조롭지 못한 경우가 많다. 만약 대통령이 영접자와 먼저 올라간다면 나머지 수행원들과 카메라 및 사진기자 등이 우선 도착해서 촬영대기를 하고 있어야 하는데 뒤늦게 도착할 수밖에 없다.

　이럴 경우 중요한 사진을 놓칠 수 있다. 또한 대변인은 대통령의 말씀을 듣고 기자들에게 잘 설명해 줘야 하는데 공백이 생기게 된다. 뿐만 아니라 수행원들이 대통령보다 늦게 입장하게 되면 어수선한 상황이 발생할 가능성이 크다.

　주무 의전관이 아무리 꼼꼼하게 시나리오를 작성해도 다른 의전관들의 질문에 만족스러운 답변을 못하는 경우가 많다. 앞에서 설명한 경우에서 다른 의전관이 "승강기가 두 대인데 나머지 수십 명의 필수수행원들은 어떻게 올라갑니까? 걸어서 올라갑니까?" 하고 질문하면 당황하게 된다. 예상하지 못했던 갑작스러운 질문에 마땅한 답변을 하지 못한다.

　시나리오 첫 회의에서 나온 지적들을 다시 수정, 보완해서 2차, 3차까지 시나리오 수정작업을 하는 경우가 흔하다. 그처럼 혹독한 과정을 거쳐 행사계획을 만들었다고 해도 행사당일 돌발상황이 발생할 수도 있다.

행사 의전을 위한 시나리오 작성에서 실무담당자는 다른 의전관계자들의 지적과 의견을 겸허하게 수용해야 좀 더 완벽한 시나리오를 만들 수 있다.

흔히 바둑이나 장기를 두는 사람보다 옆에서 훈수하는 사람이 묘수와 악수를 더 잘 찾아내고, 내가 쓴 글의 오자나 탈자를 나보다 다른 사람이 더 잘 찾아내는 것과 같다. 경험에서 오는 그들의 노하우를 잘 활용해야 시행착오를 막을 수 있다.

성공의 열쇠는 역시 '역지사지'다

다수의 특정 또는 불특정의 사람들이 대규모 행사에 초대되는 경우가 있다. 때로는 초대라기보다는 '동원'이라는 표현이 더 적당한 행사도 있다. 행사의 실질적인 가치보다 외형적으로 참석자의 숫자나 적극적인 참여도에 따라 행사의 성공여부를 판단하는 경우가 많기 때문이다.

특히 국회의원들이 자신이 관심을 두고 있는 정책에 대한 각종 공청회를 개최할 때 가장 고민하는 부분이 '인원동원'이다. 의원 보좌진들은 자신들의 인맥과 지역구의 지인들을 총동원해 참석을 독려한다.

행사 당일 의원의 지역구 주민들이 버스를 대절해서 단체로 참석하는 경우도 많다. 그래도 부족할 경우 간혹 '품앗이'로 국회의원회관 보좌진들이 동원되기도 한다. 이렇게 동원되는 행사에서는 참석자들에 대한 배려가 부족할 수밖에 없다. 그보다 조금 나은 행사는 일반적인 공식 기념식 행사일 것이다. 어쩌면 기념품 하나는 받아서 돌아올 수 있으니 말이다.

아직도 대부분의 행사가 일반 참석자 중심이 아니라 특정 인사나 귀빈을 중심으로 이루어지고 있는 것이 현실이다. 과연 행사를 진행할 때 참석자들에 대한 배려는 어떠한 것일까?

보편적으로 행사를 준비하다 보면 주최자나 행사를 준비하는 실무 담당자들은 어떻게 하면 화려하고 멋있는 행사가 되게 할 수 있을까 고민한다. 또는 행사 참석자 가운데 가장 높은 지위의 VIP와 비중 있는 주요 인사들을 만족시키기 위해 노력한다.

그와 함께 되도록 많은 사람을 참석시키려고 노력한다. 참석자가 많아야 성공적인 행사로 평가받을 수 있기 때문이다.

그러나 단언컨대, 참석자들을 철저하게 배려하는 '역지사지'의 행사를 준비하는 것이 행사를 빛낸다는 것을 알아야 한다. 행사 취지에 따라 VIP가 주인공이 될 수 있지만 참석자들에 대한 배려를 실천하는 '위민의전'의 몇 가지 실례를 살펴보자.

행사 종료는 식사시간을 피한다

메인(main) 행사가 끝나고 오찬이나 만찬으로 이어지는 경우가 많다. 이런 경우 행사 시작은 식사를 고려해서 일반적인 식사시간보다 1시간 전에 시작한다. 하지만 오찬이나 만찬 없이 행사만 1~2시간 진행하고 끝나는 경우가 더 많다. 이유는 행사의 성격에 따라 다르지만, 별도의 식사장소와 비용 등을 고려하지 않을 수 없기 때문이다.

공식행사는 보통 오전 10시 또는 오후 2시에 열리는 경우가 많다. 하지만 때로는 11시나, 오후 4시, 5시에 시작하는 경우도 있다. 행사에 따라 다르지만 대부분의 공식행사는 1시간 정도 진행한다.

물론 행사 전 또는 후에 특별공연이 있는 경우에는 더 많은 시간이 걸린다. 행사에 참석하는 많은 사람은 결혼식에 참석할 때처럼 옷차림에 신경을 쓰고, 자신이 참석하는 행사가 중요한 행사라면 평소보다 일찍 일어나서 참석준비를 하고 늦지 않도록 서둘러 행사장소로 출발할 것이다.

행사가 오전 11시에 시작한다면 대개 30분 전에는 행사장에 도착해서 사회자의 안내 멘트를 듣거나 사전 공연을 관람하며 본 행사를 기다린다. 이러한 행사의 소요시간이 1시간이라면 12시쯤 종료되는데 바로 점심시간이다. 이런 경우 주최 측은 주요 내빈들만을 위한 별도의 오찬행사를 준비하기도 한다.

하지만 나머지 일반참석자는 각자 알아서 해결해야 한다. 대형 행사장 주변은 식당이 부족하거나 있더라도 무척 붐빈다. 대단히 불편한 것이다. 행사시작 시간을 30분만 앞당긴다면 복잡한 점심시간 전에 행사를 마칠 수 있으며 그 뒤 참석자들이 각자의 일정을 잡을 수 있게 하는 배려가 필요하다. 아울러 행사 종료시간이 불가피하게 식사시간과 겹치게 된다면 간단하게 먹을 수 있는 김밥이나 샌드위치 등을 준비하는 것도 참석자에 대한 배려다.

또한 만일 지방에서 올라오는 참석자가 많은 전국적인 행사라면 너무 이른 시작과 늦은 종료시간은 피하는 것이 좋다. 행사시간은 특정한 내빈만을 고려하는 것이 아니라 일반 참석자들에 대한 세심한 배려도 함께 이루어져야 한다. 이러한 것이 요즘 의전의 기본목표인 '역지사지'다. 의전은 참석자들의 입장에서 준비해야 한다.

참석자들이 대기하는 시간을 최소화한다

행사를 주관하는 주최 측의 입장에서는 행사가 시작되기 전에 참석자들이 미리 도착해 자리를 채워주길 바랄 것이다. 특히 대통령이 참석하는 행사는 일반 행사보다 참석자들이 일찍 행사장에 도착해야 한다. 이유는 신분확인, 검문검색대 통과와 휴대품에 대한 확인절차 등을 거쳐야 참석 비표를 받을 수 있기 때문이다.

하지만 참석자 입장에서 볼 때, 행사시작 1시간 전 또는 그 이전에 도착해 자리에 앉아 기다리는 것은 지루하고 불편한 일이다. 더구나 추운 겨울이나 더운 여름의 야외행사인 경우 기다리기가 무척 힘들다.

자신에게 1분 1초가 소중하고 중요하듯 상대방의 시간도 중요하다는 것을 잊어서는 안 된다. 과거에는 대통령 행사를 준비하면서 참석자들의 도착시간을 놓고 의전과 경호 간의 의견충돌이 잦았다. 경호 입장에서는 위와 같은 참석절차를 고려해서 참석자들이 행사장에 일찍 도착하게 했다. 하지만 의전 입장에서는 행사의 규모나 종류에 따라 다르기는 하지만, 적어도 20~30분 전에만 도착하면 입장이 가능하다고 판단한다.

참석자들의 불편을 배려해서 대기하는 시간을 줄여야 한다. 또한 일찍 참석한 사람들이 지루하지 않도록 홍보영상을 틀거나 사회자가 행사와 관련해서 참석자들에게 도움이 되는 정보와 지식을 전달하는 것도 한 가지 방법이다. 가끔 사회자의 유머와 제스처가 행사장의 분위기를 활기차게 만들기도 한다.

내빈소개를 간소화한다

공식 행사에서 사회자가 개회를 선언하기에 앞서 행사에 참석한 주요 내빈들을 소개하는 것이 일반적인 절차다. 심지어 중간에 참석하는 내빈이 있을 때 진행을 멈추고 갑자기 내빈을 소개하는 경우도 있다.

권위위주의 행사에서 볼 수 있는 이런 구태의연한 모습은 없어지거나, 꼭 필요하다면 간소화하는 것이 참석자들을 배려하는 것이다. 특히 선거철이 되면 지역행사에서 유난히 내빈소개가 많다. 그 속셈은 말하지 않아도 알 것이다. 내빈소개를 행사가 끝날 무렵에 하는 것도 한 가지 방법이다.

최근에는 각종 공식행사뿐만 아니라 축제행사에서도 내빈 위주의 행사를 지양하고 본래의 취지를 살려야 한다는 목소리가 높아지고 있다. 주요 내빈들 위주로 행사를 진행하면 행사가 지루하고 행사시간이 길어질 수밖에 없다.

내빈소개에 대한 특별한 기준이 없다 보니 주최 측의 필요에 따라 여러 인물을 소개하게 되는 것이다. 내빈소개에만 20~30분 걸리는 행사도 많이 봤다. 내빈소개는 외부에서 참석한 주요 내빈, 꼭 소개할 필요가 있는 인물을 중심으로 간소화하는 것이 참석자들을 위한 배려다.

행사의 특성에 따라 반드시 소개해야 할 사람이 너무 많다면 비슷한 분야나 그룹으로 묶어 "경제계에서는…", "종교계에서는…" 하며 관련 분야나 단체이름을 소개하는 것도 바람직하다. 이어서 "일일이 소개하지 못하는 점 널리 양해해 주시기 바랍니다." 하며 내빈소개를 마무리해도 좋다.

참석자들을 위한 편의제공을 고려해야 한다

대규모 행사일수록 준비하는 과정이 복잡하고 신경을 써야 할 사항들도 많아진다. 가장 먼저 주의할 점은 메인 행사와 주빈만을 생각하기 때문에 일반 참식자들에 대해 소홀해지기 쉽다는 것이다.

수천 명이 참석하는 대규모 행사에서는 갑작스러운 사고를 대비해 의료장비와 의료진의 대기는 물론, 기존 건물에 있는 화장실 이외에 임시 화장실을 야외에 설치하는 것도 고려해야 한다.

일반 참석자들은 행사장 입구에서 본인 확인절차를 거쳐 비표를 받고 입장하는 것이 일반적이다. 대통령이 참석하는 행사의 경우에는 철저한 신원확인과 검문검색까지 받아야 하기 때문에 시간이 더 많이 소요된다.

이런 행사는 본 행사가 시작되기까지 참석자들이 대기하는 시간도 무척 길다. 공식 행사장 내에는 매점이 없는 경우가 많다. 따라서 기본적으로 꼭 필요한 물과 간단한 식사가 가능한 임시 매점의 설치까지도 고려해야 한다.

2014년 8월 15일, 프란치스코 교황(Pope Francis)이 집전한 '성모승천

대축일' 미사에서 당시 참석자 가운데 12명이 탈진증세를 보여 병원으로 이송됐다. 특히 여름 행사에서는 식수를 행사장 곳곳에 비치하는 배려가 있어야 한다.

또한 사전에 참석자 명단에서 고령자와 장애인은 없는지 반드시 확인해야 한다. 그에 따라 휠체어를 비치하거나 보조진행요원을 늘려야 한다. 우리나라 건물은 아직도 장애인 시설이 갖춰지지 않은 곳이 많다. 손님으로 초대한 만큼 정성을 다한다면 주최 측의 세심한 배려에 주최 측에 대한 감동으로 돌아온다.

겨울철 실내에서 공식행사를 진행할 경우, 행사장에 입장하기 전, 건물 로비 한쪽에 '코트 보관소'를 운영하는 것도 참석자들을 위한 배려다. 컨벤션 센터나 호텔과 같은 고급 행사장에는 대부분 코트 보관소가 설치되어 있다.

특히 회의(會議)로 진행되는 행사에서는 더욱 겉옷 보관소가 필요하다. 의자 뒤에 제각각 걸쳐 놓은 외투가 바닥으로 떨어지는 경우가 많아서 행사사진을 찍었을 때 정돈이 안 되고 어수선한 분위기를 보여준다.

내가 직접 경험한 일이다. 겨울철에 대통령이 참석하는 회의형식의 행사에서 의전을 진행하면서 앉아 있는 참석자들을 먼발치에서 바라본 적이 있다. 참석자 등 뒤에 걸어놓은 외투가 지저분하고 일부는 바닥에 떨어져 있는 데도 앉아 있는 사람은 그걸 모르는 경우가 많았다. 내 눈에 무척 거슬렸다.

그에 대한 의전팀의 논의가 있었다. 그 다음부터 겨울행사에서는 참석자들의 코트를 별도로 보관할 수 있게 했다. 행사장 내부는 깔끔함을 유지할 수 있었고 정돈된 분위기를 조성할 수 있었다. 참석자 또한 입고 있자니 덥고 벗자니 마땅히 걸어 놓을 곳이 없어 접어서 무릎이나 의자 뒤에 걸지 않아도 되었기에 불편함을 덜 수 있었다.

행사장 위치는 교통이 편리한 곳을 우선해야 한다

크고 작고 행사를 준비하는 데 있어서 가장 큰 어려움 가운데 하나는 행사규모에 적합한 장소를 찾는 것이다. 장소 선택은 행사의 의미와 상징성을 담는 것을 우선으로 하되 참석자 규모에 맞는 공간확보도 중요하다.

식사까지 포함될 경우 대규모 식당이나 케이터링(catering)힐 수 있는 공간이 필요하다. 예컨대, 우리나라 국가기념일 행사 중에 삼일절이나 광복절 행사를 들 수 있다. 흔히 실내 행사로 할 경우 주로 세종문화회관을 사용하지만 야외 행사인 경우 다양한 장소를 검토한다.

2008년 광복절과 대한민국 건국 60년 기념행사는 광화문 광장에서 열렸다. 또한 2010년 91돌이 되는 삼일절 기념행사의 경우 천안의 독립기념관에서 열렸다. 이처럼 장소는 단순히 시설만 고려하는 것이 아니라 기념행사에 걸맞은 의미를 담고 있어야 한다.

의전에서 대통령 행사를 기획하고 준비할 때 적합한 장소를 찾으면 행사준비의 절반은 진행됐다고 생각한다. 그만큼 적절한 장소를 찾기란 쉬운 일이 아니다. 더욱이 참석자의 편의까지 고려한다면 적당한 장소를 찾기란 더 어렵다.

장소에 대한 참석자들의 편의는 교통이 편리한 곳이 우선이다. 대중교통 이용이 가능하거나 주차장 시설이 잘 갖춰진 장소여야 한다. 행사의 성격에 따라 우선적으로 고려하는 조건이 다를 수 있지만, 반드시 장소에 있어서 참석자에 대한 배려는 교통편의가 최우선이라는 것을 염두에 두어야 한다.

만약 주차공간이 협소하다면 초청장을 통해 대중교통 이용을 부탁하고 특정지역 주차장을 지정해 셔틀버스 등을 운행하면 참석자들에게 큰 도움을 준다.

또한 셔틀을 이용할 때는 기계적으로 실어 나르는 운송수단에서 그치지 말고 승객들에게 따뜻한 말 한마디라도 건네는 주최 측의 정성이 참석자들에게 만족감을 준다. 이러한 것들이 모두 의전의 준비와 기획과정에서 고려해야 하는 '소통'을 위한 진정한 '위민의전'이다.

개인적인 대인관계에서도 만남, 모임 등의 약속을 정하는 과정에서 이처럼 빈틈없이 상대방을 먼저 배려한다면 만남이나 모임을 준비한 사람은 큰 호감을 받을 것이다. 그것은 아주 훌륭한 셀프 의전이다. 공식적 의전이든 셀프 의전이든, 의전은 주최자보다 참석자나 상대방의 입장을 배려하는 것이 목표여야 한다.

행사의
기획

　　국가적·사회적 공식행사, 대통령의 공식행사뿐 아니라 개인에게도 갖가지 사적인 행사들이 있기 마련이다. 자기 자신을 비롯한 가족과 친인척, 친구나 동료의 결혼식, 장례식, 어린아이의 돌잔치, 노인의 칠순, 팔순 생일잔치 등 수없이 많다.

　　이러한 사적인 행사들에는 꼭 알려야 할 사람이 있으며 초청해야 할 사람들이 있다. 갑작스러운 장례식이 아니라면 사적인 행사를 계획하고 준비하는 당사자가 있다. 경험해 본 사람들은 잘 알겠지만, 가령 결혼식만 하더라도 여러 달 동안 빈틈없는 준비가 필요하다.

　　결혼날짜 정하기, 예식장소 정하기, 사진촬영, 예물준비, 신혼여행 정하기, 그것과 관련된 확인과 예약은 필수다. 또한 결혼식에 초대할 대상자들을 선택하는 일도 만만치 않다. 그들에게 전화로 알리고, 청첩

장도 보내야 한다.

말하자면 각종 행사는 행사, 그 자체보다 준비하는 과정이 더 중요하다는 얘기다. 사적인 행사가 그 정도인데 국가적인 공식행사나 대통령 행사의 준비는 얼마나 많은 준비가 필요하겠는가. 막상 행사는 몇십 분 또는 한두 시간이지만 그 준비에는 수개월이 걸리기도 한다.

공식적인 행사 가운데서도 가장 중요하고 관심을 두는 것이 대통령과 관련된 행사들이다. 실수나 시행착오가 있어서는 결코 안 된다. 모든 준비가 완벽해야 하고 빈틈없이 수행해야 한다. 앞에서 설명이 있었지만 대통령 행사의 준비과정을 좀 더 구체적으로 살펴보겠다.

행사준비의 절반은 장소선정이다

대통령 비서실장이 주재하는 일정조정회의에서 행사가 결정되면 곧바로 의전비서관실에서 준비작업에 착수한다. 무엇보다 먼저 결정해야 하고 가장 중요한 사항이 행사장소의 선정이다. 얼핏 쉬울 것 같지만 무척 어려운 일이다.

장소가 아무리 좋아도 경호에서 안전상의 문제로 반대할 경우 채택되기 어렵다. 또한 경호에서 문제가 없다고 하더라도 홍보실에서 반대하는 경우도 있다. 그래서 장소만 결정되면 행사준비의 절반은 끝났다고 할 정도다.

대통령과 관련된 어떤 행사가 결정되면 즉시 정부의 해당부처에 통보되고 해당부처에서는 행사의 기본계획과 함께, 행사장소 후보지들을 선정해서 청와대로 리스트를 보낸다.

그 다음 청와대 의전비서관실에서는 행사취지에 맞는 가장 적합한 장소를 선택하는 작업을 시작한다. 의전비서관실만 움직이는 것이 아니다. 경호관, 홍보수석실 행정관, 해당 비서관실 행정관, 관련 부처 직원 등이 동원돼서, 함께 행사장소 후보지들을 사전답사한다.

후보장소를 사전답사할 때는 대통령 참석을 알리지 않도록 조심한다. 만약 대통령이 참석하는 행사라고 알려지면 대통령의 일정과 이동경로가 외부로 노출되기 때문이다. 이것은 경호상의 문제로 이어질 수 있기 때문에 사전답사에 참여한 관계자들이 특히 주의한다.

그리하여 행사장소가 최종 결정이 되면, 그 행사에 대통령이 참석한다는 것은 자연스럽게 알려진다. 청와대 경호실의 답사와 관할 경찰서, 주최 측 등이 모든 사항들을 체크하기 위해 수시로 방문하기 때문이다. 그렇더라도 대통령 참석이 외부에 노출되지 않도록 보안을 유지해 줄 것을 해당 건물주나 관리책임자 또는 행사담당자에게 당부한다.

행사장소 선정에서 가장 먼저 중점적으로 고려하는 것은 경호상 안전에 문제가 없어야 한다는 것이다. 경호에서는 건물들이 많은 도심보다는 외곽에 떨어진 단독 건물을 선호한다. 경호에 용이하기 때문이다. 특히 대통령이 승용차에서 내리는 하차지점을 중요시한다.

대통령이 전용 승용차에서 내린다는 것은 외부로 노출된다는 의미이며 위험할 수 있다는 가정이 성립된다. 그 때문에 미국처럼 테러 위험이 높은 국가 정상들은 야외가 아닌 실내 주차장이나 쪽문(좁은 옆문)을 통해 행사장으로 들어가는 경우가 많다.

우리나라 경호도 물론 그러한 방식을 선호하지만 건물 안으로 들어가는 실내 주차공간이 외관상 좋지 않고 보이는 이미지도 부정적이기 때문에 특별한 경우를 제외하고는 대부분 대통령이 실외의 장소에서 하차한다.

두 번째는 행사장소 내부의 공간이다. 업무보고를 하는 행사라면 회의가 가능한 공간이어야 하고, 회의공간과 가까운 곳에 회의를 시작하기 전, 대통령과 주요 참석자들이 앉거나 서서 차를 마실 수 있는 환담장소가 필요하다. 또한 대통령과의 오찬까지 계획되어 있을 경우, 참석자 전체가 동시에 식사가 가능한지 등이 고려된다. 그 밖에도 경호에서 필요로 하는 공간들이 추가로 요구되기도 한다.

마지막으로 행사취지에 맞는 장소인가를 고려한다. 행사 이후에 공개될 사진을 염두에 두고 대통령의 메시지와 잘 어울리는 곳이어야 한다. 예를 들어, 대통령이 사회복지시설을 방문한다면 시설이 너무 깨끗하고 환경이 좋은 곳보다는 오히려 허름하고 낙후되어 대통령의 위로와 도움, 격려가 필요한 곳이 적당하다. 대통령이 시설개선 등을 약속할 수 있어서 훨씬 효과적이다.

대통령이 어느 기관이나 기업을 방문할 때는 기관장 또는 기업경영자가 사회적으로 물의를 일으켰거나 비리 등의 문제점들이 없는지 반드시 확인한다. 실제 지난 2014년 9월 박근혜 대통령은 대구의 한 전문대를 방문했다. 하지만 얼마 전 전문대 설립자의 일가가 비리에 연루된 대학임이 밝혀졌다. 그리고 사회적으로 큰 혼란을 일으킨 최순실 씨가 이 대학 부설 유치원에서 부원장이었다는 것이 밝혀지면서 부정적 여론이 더욱 확산되었다. 뿐만 아니라 특정한 종교에서 운영하는지, 대통령이 방문한 뒤에 혹시 야기될지 모르는 문제의 소지가 없는지 세심하게 살펴본다.

대통령이 방문한 기관이나 기업의 대표자가 부정이나 비리, 경제범죄를 비롯한 각종 범죄에 연루되어 있거나, 사이비 종교에서 운영하는 시설이라면 아무리 행사가 잘 끝나도 부정적인 여론을 피하기 어렵다.

부정적 여론은 대통령의 지지율에 영향을 줄 뿐 아니라 국정운영에 큰 지장을 초래할 수 있으므로 실무자들은 각별히 주의해야 한다. 작은 실수도 언론에서는 크게 다룰 수 있어 항상 촉각을 세우고 살펴봐야 한다.

이미 밝혔지만 장소의 선택은 해당 의전관이 단독으로 결정할 수 있는 사안은 아니다. 그만큼 매우 중요하다고 할 수 있다. 사전 답사에서 되도록 사진을 많이 찍고 갖가지 사항들을 철저히 고려해야 의전관 전체회의를 통해 최적의 장소를 결정할 수 있다.

의전관 전체회의에서 준비된 장소가 적합하지 않다고 판단하면 다시 다른 장소를 찾아 사전답사를 계속해야 한다. 그만큼 행사준비과정에서 장소선정이 절대적인 비중을 차지하고 있다.

모든 것을 기획사에 맡겨서는 안 된다

보편적으로 공공기관이나 기업 등에서 공식행사를 준비할 때, 외부의 전문기획사를 선정해서 맡기는 경우가 아주 많다. 행사만 전문으로 하는 기획사는 행사경험이 많기 때문에 매뉴얼이 다양하며 필요한 인적·물적 자원들이 풍부하다.

그렇다고 해서 행사의 모든 것을 기획사에 맡기고 확인만 해서는 안 된다. 행사를 전반적으로 전문기획사에 맡겨 놓으면 고객(참석자)을 만족시키기 어렵고 행사의 성과가 부정적으로 나타날 가능성이 높다.

물론 공공기관이나 기업들에는 행사전문가가 없는 경우가 많기 때문에 능력 있는 행사 전문기획사를 선정해서 기획부터 행사의 모든 과정을 맡길 수 있다. 하지만 기획사의 능력을 100%로 끌어내기 위해서는 행사준비를 총괄하는 담당자가 더 많은 것을 고려해야 하고, 행사의 마스터 플랜에 대한 그림을 머릿속에 그리고 있어야 한다.

내가 청와대 의전관으로서 직접 경험한 일이 있다. 2010년 10월, 세종문화회관에서 거행된 '경찰의 날' 기념식이었다. 매년 같은 날에 열리는 연례행사 중 하나지만 대통령이 참석하는 행사이기 때문에 주무부처인 경찰청에서는 신경을 많이 쓸 수밖에 없다. 이때도 선정된 기획사에서 예정대로 행사준비를 맡았다.

행사 전날, 리허설과 최종점검을 위해 나는 경찰청 실무책임자들과 함께 행사장을 찾았다. 모든 리허설을 마치고 좌석배치를 확인한 뒤, 세종문화회관 관람석 중간에서 무대를 바라보고 있었는데 순간 무대

중앙 위에 걸려 있는 태극기가 어딘지 이상하게 느껴졌다.

나는 옆에 있던 기획사 담당자와 경찰청 담당자에게 물었다.

"저기 무대 중앙에 걸려 있는 태극기가 좀 이상하지 않습니까?"

"글쎄요? 특별히 이상한 점은 없는 것 같은데요."

"자세히 보십시오. 아무래도 이상합니다. 태극기를 어디서 제작했습니까?"

"기획사에서 만들었습니다."

"규격을 정확하게 맞춘 겁니까?"

"그럴 겁니다."

"태극기 규격을 다시 한 번 확인하고 저한테 알려 주십시오."

태극기는 태극문양과 건곤감리 4괘에 정해진 규격이 있다. 내가 보기에 무대 중앙에 걸린 태극기의 규격이 어딘지 어색해 보여 지적을 했던 것이다. 몇 시간 뒤에 행사 총괄책임자로부터 다급하게 전화가 왔다. 태극기의 전체 규격과 4괘의 규격이 틀렸다는 것이다. 역시 내 눈짐작이 맞은 것이다.

그때가 밤 9시경이었다. 무대 중앙에 설치된 대형 태극기여서 다시 제작하려면 상당한 시간이 걸릴 것이다. 결국 기획사는 현수막 제작업체에 의뢰해서 밤을 새워 태극기를 규격대로 다시 제작해서 설치함으로써 위기를 넘겼다.

만일 그냥 지나쳤다면 언론의 날카로운 눈초리를 피하기 어려웠을 것이다. 대통령이 참석한 '경찰의 날' 행사의 의미는 뒷전으로 밀리고 규격에 맞지 않는 태극기 사진을 싣고 비난했을 것이다. 그에 따라 경찰의 위신과 대통령의 이미지에 손상을 입었을 것이다.

이미 앞에서 소개했지만 2008년 베이징 올림픽 당시 여자핸드볼 경기를 관람하던 이명박 대통령이 태극문양이 거꾸로 된 손 태극기를 흔들었다가 크게 비난을 받은 사례가 있다. 태극기는 국가의 상징이자 국민의 긍지와 자부심이기 때문에 공식행사에서 빼놓을 수 없다. 잘못 만들어졌거나 잘못 사용하면 국민들의 비난을 피하기 어렵다.

행사의 기획과 준비를 전문기획사에 맡길 수 있지만, 행사를 맡은 주최 측의 총괄책임자는 더 바쁘게 움직이며 기획사의 작업과정을 하나부터 열까지 철저하게 살펴보며 혹시라도 착오가 없는지 검토하고 확인해야 한다. 기획사에 모든 것을 맡겨놓고 안심했다가는 뜻밖의 실수로 행사에 오점을 남기고 큰 곤욕을 치를 수 있다.

짜면 짤수록 나오는 행사 기획사의 아이디어

공식행사에는 퍼포먼스(performance)가 마련되는 경우가 많다. 행사의 의미를 함축하는 퍼포먼스는 행사의 하이라이트가 될 수 있다.

퍼포먼스란 착공식이나 준공식 등에서 주요 내빈들이 무대 위에 일렬로 서서 사회자 구령에 맞춰 버튼을 누르면 위에서 폭죽과 함께 축하 메시지가 담긴 현수막이 떨어지는 것과 같은 이벤트를 말한다. 또한 개관식에서 주요 내빈들이 흰 장갑을 끼고 사회자 신호에 따라 가위로 오색 줄을 커팅하는 것도 퍼포먼스다.

짧은 이벤트지만 행사에 참석한 주요 인사들이 상징적인 퍼포먼스를 통해 참석자들에게 행사취지에 맞는 메시지를 전달하는 것이다. 하지만 이러한 퍼포먼스는 진부한 올드 스타일이다. 요즘은 행사의 퍼포먼스에도 많은 변화가 나타나고 있다.

2011년 10월, 이명박 대통령은 울산광역시 울주군의 S-Oil 온산공장 확장식에 참석했다. 이날의 퍼포먼스는 오일(Oil)을 상징하는 파이프의 커다란 밸브를 주요 참석자들과 함께 돌리는 것이었다. 파이프는 오일을 상징하고 밸브는 확장과 시작을 의미하는 것이다.

또한 한 개의 커다란 밸브를 이 대통령과 수베이 S-Oil 사장, 알리 알 나이미(Ali Al Naimi) 사우디아라비아 석유광물자원부 장관이 함께 여는 모습은 적극적인 협력을 상징하는 것이기도 했다.

밸브가 열리면 축하 음향과 함께 'S-Oil 온산공장 확장 준공식, 더 큰 세상을 향한 비상'이라고 적혀 있는 배경이 바닥으로 내려가면서 참석자들에게 생생한 준공현장을 보여주며 피날레를 장식했다.

물론 처음부터 이런 기획안이 나온 것은 아니다. 처음에 기획사에서 내놓은 아이디어는 과거처럼 버튼을 누르면 현수막이 위에서 아래로 떨어지며 폭죽이 터지는 것이었다. 준공식 행사는 보통 이렇게 한다는 고정관념에서 나온 기획안이었다.

나는 행사의 취지와 걸맞은 퍼포먼스와 무대운용 시안을 다시 주문했다. 물론 한두 번이 아니라 그들의 기획안을 여러 차례 거절하며 시안을 다시 요구했다. 담당자도 꽤나 힘들었을 것이다.

하지만 기획안이 수정될수록 조금씩 좋아지는 것을 느꼈다. 그러니 욕심이 생길 수밖에 없다. 물론 얼토당토않은 것을 요구하며 억지를 부리는 것은 안 되겠지만, 행사의 목적이 잘 표현될 수 있고 의도하는 그림이 나올 때까지 주문할 필요가 있다.

전문기획사에 행사를 맡겼다면 그냥 방임하는 것이 아니라, 서로 고민하고 소통해야 더 좋은 아이디어가 나온다. 그렇게 해야 최고는 아닐지 몰라도 최선이자 최상의 결과를 도출할 수 있다.

2011년 4월, 경상북도 상주시에서 열린 '제3회 대한민국 자전거 축전'에서는 상주 시민과 함께 자전거 퍼포먼스를 펼쳤다. 대통령이 참석한 행사였지만 무대의 주인공은 당연히 상주에 사는 어린 학생들과 주부 그리고 자전거 동호인들을 비롯한 상주시민들이었다.

대통령이 자전거에 올라 페달을 밟으며 옆의 학생과 이야기하는 모습이 다정해 보였다. 과거의 행사 퍼포먼스에서는 보기 어려운 장면이었다. 대부분 국회의원이나 지자체장과 같은 주요 인사들과 귀빈으로만 무대(단상)가 채워졌을 것이다. 하지만 이날 행사의 주인공은 상주시민들이었다.

이날 퍼포먼스는 좁은 무대에서 자전거를 타고 달릴 수 없어서 정지된 스피닝 자전거를 이용했다. 물론 본행사가 끝나고 대통령이 상주시민들과 함께 실제로 자전거를 타고 상주 시내를 돌기도 했다.

2009년 8월, 인천 송도국제도시에서 열린 '인천세계도시축전' 개막식에 대통령이 참석했다. 이날의 퍼포먼스로 대통령이 각국 어린이들과 함께 세계지도의 6대양에 축전 엠블럼(별)을 부착하는 것을 구상했다.

세계도시축전은 '도시'를 주제로 한 최초의 박람회로 세계 여러 도시의 다양한 문화와 축제를 즐길 수 있는 행사였다. 80일간 400여만 명의 국내외 관람객이 찾은 대형행사였다. 미래의 도시를 보여주는 만큼 '미래'를 상징하고, 세계적 축제라는 점을 강조하기 위해 여러 나라의 어린이들로 퍼포먼스를 구성했다.

이러한 퍼포먼스의 공통점은 절대 처음부터 완벽한 시안이 나오지 않는다는 사실이다. 많은 수정과 여러 차례 회의를 거쳐야 한다. 그 결과가 기획사에 전달되어 전문가의 손길을 거치면서 만들어지는 것이다.

모든 일을 준비하는 데 있어서 편하고 쉽게 가려거든 좋은 결과를 기대해서는 안 된다. 노력하지 않고 좋은 결과를 얻을 수 있겠는가? 행사를 맡은 담당자들과 용역을 맡은 전문기획사가 머리를 맞대고 끊임없이 좀 더 나은 아이디어를 찾아내려고 노력해야 한다.

VIP의 선물에는 배려가 담겨 있어야 한다

가끔 공식행사에서 참석자들에게 작은 기념품을 나눠주기도 한다. 우산, 수건, 머그잔, 스카프, USB, 티셔츠, 점퍼 등 종류가 다양하다. 무엇이든 선물을 받으면 기분이 좋다. 그런데 기념품에 행사의 이름이나 문구들을 너무 크게 인쇄해서 좋은 물건인데도 일상에서 사용하기에 꺼려질 때가 있다.

대부분의 기념품에는 행사명칭과 행사연도와 날짜까지 크게 인쇄되어 있다. 예산을 들여 행사를 주최하고, 그것을 기념하기 위해 만든 기념품이니까 해당 행사를 강조하는 표시가 있는 것은 당연할 수 있다.

하지만 기념품이나 선물을 받는 참석자들에 대한 배려와 정성이 담겨 있다면 더욱 가치가 있을 것이다. 예컨대, 기념품이 일상적으로 사용하는 생활필수품이라면 행사를 강조하는 표시들은 되도록 작게 하는 것이 사용자들에 대한 배려가 될 것이다.

대통령이 주는 기념품과 선물도 있다. 주로 청와대에 초청받아 방문하는 각계 각 분야의 인사들 또는 대통령이 특별히 방문해서 만나는 사람들에게 제공하거나 새해, 추석 등의 명절에 각계각층의 인사들에게 보내는 선물도 있고, 경우에 따라 특정한 인물에게 보내는 선물도 있다. 그렇다면 대통령의 선물이나 기념품에는 어떤 것들이 있을까?

일반적으로 대통령을 상징하는 봉황휘장이 새겨진 손목시계, 커피잔 세트, 와인잔 세트, 수저 세트, 지갑, 넥타이 등 다양하다. 하지만 이처럼 대통령 선물의 종류가 많아도 대통령이 만나는 다양한 사람들을 모두 만족시키기는 어렵다.

'어린이날' 행사에 참석한 어린이들에게는 커피잔이나 지갑보다는 문구류가 더 적합하고, 대통령이 국군장병들을 격려하기 위해 군부대 방문했을 때는 햄버거, 피자, 치킨과 같은 특식을 제공하는 것이 더 좋은 선물이 될 수 있다.

반드시 비싼 선물만이 상대에게 감동을 주는 것은 아니다. 이명박 대통령이 외국 정상이나 총리가 우리나라를 방문했을 때 가장 많이 주는 선물은 디지털 액자였다. 외국정상이 우리나라에 도착하는 모습부터 여러 행보와 청와대 공식 환영식 행사 등을 담은 사진들을 디지털 액자에 담아 만찬 때 선물하는 것이다.

디지털 액자는 우리나라가 IT 강국임을 상기시켜 주면서도 한국에서의 소중한 추억이 담긴 가치 있는 선물로 간직될 것이다. 오바마 미 대통령과 우즈베키스탄, 페루 정상 모두 디지털 액자 선물을 받고 크게 만족했다.

대통령으로부터 선물을 받으면 다른 어떤 선물을 받은 것보다 기뻐한다. 그래서 선물을 선택할 때 더욱 신중히 해야 한다. 적절하지 못한 선물은 오히려 역효과를 가져올 수 있다.

2010년 7월, 청와대 2부속실에서는 사회를 감동시킬 따뜻한 미담(美談) 사례를 찾고 있었다. 그런 가운데 언론을 통해서 어느 할머니의 따뜻한 사연을 알게 되어 그분에게 대통령이 선물을 보내기로 결정했다.

이 할머니는 본인이 장애인 연금과 노령연금으로 월 20만 8천 원을 받아 생계를 유지하고 있었는데, 매월 1만 원씩을 3년 동안이나 불우청소년들을 위해 기부하고 있었다.

할머니에게 배달된 선물은 대통령 이름과 봉황휘장이 새겨진 손목시계였다. 하지만 당시 언론에는 '한쪽 팔 없이 홀로 살고 계신 할머니에게 손목시계를…… 청와대의 무개념 선물'이라며 비판했다. 할머니는 한쪽 팔을 잃고 혼자 사시는 분이었다.

좀더 신중하게 검토해서 선물을 결정하고, 받는 사람에 대한 세심한 배려가 있었어야 했다. 좋은 뜻으로 보낸 선물이 받는 사람의 마음을 아프게 했다면 그런 비난을 받아도 할 말이 없다. 조금만 더 배려했다면 직접 할머니를 찾아가서 가장 필요한 것이 무엇인지를 물었을 것이다. 이는 담당 실무자의 실수로 벌어진 사건이지만 결국 대통령 PI에 부정적 영향을 미쳤다.

　겨울이 오면 대통령의 행보가 평소보다 많아진다. 사회적 기업을 방문해서 근로자들을 격려할 때도 있고, 노인들이 운영하는 실버 바리스타 카페를 방문하기도 하고 독거노인 집을 방문하기도 한다. 의전은 이럴 때 대통령의 선물에 대해 고민을 하게 된다.

　그들에게 정말 필요한 물건이 어떤 것인지 직접 물어보는 경우도 있지만 감동을 주기 위해서는 주변의 가까운 분들에게 슬며시 물어본다. 그리고 대통령 이름과 봉황휘장이 담긴 벽시계와 같은 기념품과 함께, 그들이 받고 싶었던 또 하나의 선물을 준비한다. 예를 들면, 소년소녀 가장들이 제일 갖고 싶어 했던 MP3, 어린이날 어린이들이 좋아하는 학용품세트, 스님들께 드린 다기세트 등 선물은 무척 다양했다.

　우리도 일상생활에서 선물을 주고받는다. 생일선물도 있고 명절 선물도 있으며 크리스마스 등 특별한 날의 선물도 있다. 가까운 사람이 이사를 하면 이사한 집을 처음 방문할 때도 간단한 선물을 갖고 간다. 반드시 값이 비싸야 가치 있는 선물은 아니다. 상대방을 배려하고 정성과 의미가 담긴 선물을 해야 감동한다.

행사의
준비

 이미 설명했지만 행사의 주최 측, 행사 실무담당자들에게는 행사, 그 자체보다 행사를 준비하는 데 더 많은 시간과 노력을 쏟아부어야 한다. '시작이 반'이라는 말이 있듯이, 행사를 위한 준비가 완벽하면 행사는 거의 저절로 진행된다.

 행사준비에서 가장 중요한 것은 행사를 거행할 장소를 선정하는 것이라고 이미 설명했다. 참석인원의 규모나 오찬, 만찬들과 연계된다면 장소를 선정하는 것은 생각보다 훨씬 어렵다. 행사의미에 부합하는 장소, 여러 조건을 충족시켜주는 장소를 물색하지 못하면 행사가 취소되는 경우도 있다.

행사준비는 '현장'에 답이 있다

　대통령의 행사는 매주 대통령실장 주재로 열리는 일정조정회의를 거쳐 확정된다. 행사가 확정되면 바로 의전비서관실로 이관된다. 그리고 의전관이 중심이 되어 홍보, 경호, 주무 비서관실 등 실무자가 참여한 첫 회의에서 행사 콘셉트에 맞는 장소에 대한 갖가지 토론이 펼쳐진다. 토론을 통해 우선 몇 개의 후보지를 선정한다.
　후보지가 정해지면 곧바로 행사와 관련된 여러 실무담당자가 현장답사를 시작한다. 가까운 거리는 쉽게 다닐 수 있지만, 지방이나 군부대 방문 등 거리가 먼 경우는 차 안에서 많은 시간을 보내게 된다.
　현장답사가 하루에 끝나면 다행이지만 적합하지 않을 때는 며칠씩 찾아다니기도 한다. 마침내 행사 콘셉트에도 맞고, 행사가 가능한 적절한 장소를 찾게 되면 짓누르던 스트레스에서 벗어난다.
　2011년 6월 24일, 6·25 한국전쟁 61주년 '참전유공자 위로연'은 그 의미를 살리고자 서울 용산에 있는 전쟁기념관 로비에서 열렸다. 장소를 확정 짓기까지 여러 어려움을 겪어서 아직도 기억에 남아 있다.
　이명박 대통령은 행사에 앞서 항상 행사에 참석한 주요인사들과 스탠딩 환담을 갖는 것을 선호한다. 본 행사에 앞서 긴장하고 있는 참석자들의 마음을 편하게 해주고 좀 더 자연스러운 분위기를 조성하기 위한 이 대통령의 배려다.
　하지만 행사장소에서 많은 사람이 서서 환담할 공간을 찾기는 쉽지 않다. 본 행사장과 거리가 가까우면서 참석인원의 규모에 맞는 공간,

대통령 경호에 지장이 없는 공간을 찾아야 하기 때문이다. 행사 실무담당자들이 마련한 환담장소에 가보면 너무 호화롭거나 불필요하게 공간이 너무 넓은 경우가 많다.

이 대통령은 실용성을 우선하기 때문에 효율적인 공간이라면 몽골 텐트나 건물 로비 등도 전혀 문제가 되지 않았다. 결국 회의를 통해 정해진 장소 후에도, 행사의 의미를 담을 수 있는 상징성을 고려한 공간 활용 등 현장에서만 '답'을 찾을 수 있다.

참석자의 규모는 장소에 따라 정할 수 있지만, 상징성이 있는 장소 선정하기는 행사 때마다 겪어야 하는 가장 큰 고충이다. 행사현장에 행사의 의미와 상징성이 담겨 있기 때문에 행사준비에서 '현장'보다 중요한 것은 없다.

성공적인 행사를 이끄는 내비게이션 '시나리오'

시나리오(scenario)는 영화를 만들기 위해 쓴 대본이다. 따라서 의전에 있어 시나리오는 공식행사를 준비하는 모든 실무자와 관련자들이 반드시 빠짐없이 익혀야 할 일종의 대본이라고 할 수 있다.

앞서 밝혔듯이 이 시나리오에는 행사의 명칭과 일시, 장소, 참석인원, 주요 참석자, 내부 수행자, 시나리오 배포 부서, 복장, 세부계획, 행사장 약도, 주요 인사 좌석배치도, 기타 행사와 관련된 모든 참고사항을 포함한다.

행사는 어느 특정부서의 독자적인 노력만으로 완성되기 어렵다. 성공적인 행사를 만들기 위해서는 경호, 홍보, 관련 팀(부서), 기획사 등이 각자의 철저한 역할분담을 신속하고 정확하게 수행함은 물론 컨트롤타워라 할 수 있는 의전관이 연출, 감독의 역할을 책임지고 성공적으로 해내야 한다.

연출자인 의전관의 지휘에 따라 시나리오는 행사 전까지 계속 바뀔 수 있다. 물론 행사가 임박해서 변경한다면 실무자들이 큰 혼란을 겪기 때문에 행사가 임박한 시점에서는 되도록 큰 틀의 변경은 삼가한다.

행사 시나리오는 행사를 준비하는 사람들에게는 약속과 같은 것이다. 각 분야의 변경사항은 반드시 의전팀으로부터 승인을 받아야 하며, 의전팀은 회의를 통해 최종결정을 한 뒤에 변경사항을 시나리오에 반영해서 업데이트 버전을 전달한다.

최종 시나리오는 의전비서관이 VIP에게 보고하게 되면 만들어진다. 보통 행사 전날 VIP뿐만 아니라 참석 수행원들과 실무자들에게 배포되는데 행사 당일에는 되도록 수정이나 변경이 없도록 해야 하는 것은 말할 것도 없다. 실수는 용납되지 않는다. 한번 엎질러진 물은 주워 담을 수 없는 것과 같다.

공식행사는 대부분 최종으로 결정된 시나리오에 따라 철저하고 충실하게 진행된다. 대통령이 참석하는 중요한 공식행사는 생방송 또는 녹화방송으로 전국에 보도되는데 행사에 자꾸 변동사항이 생기면 방송관계자들까지 혼란을 겪게 된다.

따라서 실무자들은 행사가 진행되는 동안에도 긴장을 늦추지 않고 돌발상황에 대비하며 행사진행을 예민하게 지켜본다. 승용차를 타고 멀리 낯선 곳을 찾아가는데 내비게이션 정보에 오류가 있으면 큰 불편을 겪는다. 행사 시나리오, 행사진행표는 내비게이션과 같다. 많은 사람이 그에 따라 일사불란하게 움직이기 때문에 조금의 착오가 있어서도 안 된다. 그와 관련해서 효율적인 행사준비를 위한 몇 가지 핵심사항들을 설명하겠다.

공식행사 세부계획

공식행사에서 세부계획이란 행사 시나리오에 반드시 들어가는 핵심사항들로 가장 중요한 부분의 실행계획을 말한다. 대통령 관련 행사라면 행사 당일, 행사의 진행에 따른 행보를 시간별로 나눈 구체적인 행동지침을 표시한 시간표라고 할 수 있다. 세부계획의 구성은 시간, 행사내용, 비고(備考)의 항목으로 크게 나누어져 있다.

시간은 대통령이 행사장을 출발하는 시간과 도착시간이 정확하게 표시된다. 행사내용에는 구체적인 출발지, 도착지, 식순(式順)이 포함된다. 그와 함께 대통령의 이동수단과 소요시간이 분(分) 단위로 표시된다. 각각의 식순에는 소요되는 시간을 분단위로 표시하고, 필요에 따라 대통령의 행동에 대한 설명을 간단히 적어 놓는다.

예를 들어, '제50주년 4·19 기념식' 행사의 세부계획표 행사내용을 보면 식순에 따른 '헌화 및 분향'에서 대통령의 행동에 대한 구체적 설명은 '준비된 장갑을 착용하시고 기념탑으로 이동하심', '화환에 가볍게 손을 대고 3보 걸어가시어 헌화하심', '헌화담당 병사가 화환을 정위치에 세움', '집례관 안내로 3번 분향하시고 분향대 앞에 서심' 등을 표시해 놓는 것이다.

마지막 비고란에는 상황에 따라 많은 내용이 포함된다. 영접 및 환송자, 안내자, 사회자, 생방송 시간 등 식순에 대한 참고내용을 최대한 간소하게 표시한다.

식순과 절차의 빈틈없는 진행

일반적으로 공식행사는 VIP(대통령 또는 국무총리)가 입장하면 "지금부터 제○회 ○○○기념식을 시작하겠습니다. 먼저 국민의례가 있겠습니다. 자리에 계신 내빈 여러분께서는 국기를 향해 일어서 주시기 바랍니다."와 같은 사회자의 오프닝 멘트로 시작한다.

VIP의 입장과 동시에 행사를 시작하지 않으면 VIP가 자리에 앉았다가 일어나는 상황이 빚어진다. 또한 참석자들이 VIP에게 예의를 갖추기 위해 모두 일어섰다가 앉아야 하기 때문에 식장이 어수선해진다. VIP가 입장하면서 좌석에 앉지 않도록 곧바로 행사의 시작을 알린다.

VIP가 입장하면서 곧바로 단상을 향해 서고, 참석자들은 사회자 멘트에 따라 그대로 서서 다음 식순에 따르도록 하는 것이다. 행사 시나리오에도 '입장 후 서신 채로, 바로 시작' 등을 표시해서 VIP가 착오를 일으키지 않게 해야 한다.

대부분의 공식행사는 참석자를 지루하게 하는 경우가 많다. 이유는 불필요한 절차가 너무 많기 때문이다. 예를 들면, 앉았다 섰다를 반복하는 중복동작이나 내빈소개 그리고 주최자의 인사말이 너무 긴 것 등이 대표적이라 할 수 있다. 공식행사는 정중하면서도 진지한 분위기에서 진행하되, 불필요한 절차를 대폭 줄이는 것이 효과적이다.

VIP의 인사말과 퍼포먼스를 효과적으로 연결해야 한다

공식행사의 식순에 퍼포먼스가 들어있는 경우, 대부분 퍼포먼스를 마지막에 넣어 피날레를 장식한다. 하지만 VIP의 축사 또는 인사말이 끝나면 곧바로 퍼포먼스로 연결하면 VIP가 자리에 앉았다가 다시 무대로 나오는 번거로움을 피할 수 있다. 뿐만 아니라 행사시간을 단축할 수 있으며 행사의 의미나 상징이 담긴 퍼포먼스와 VIP의 축사내용이 연결되어 더욱 시너지 효과를 낼 수 있을 것이다.

물론 모든 행사에 적용하기에는 한계가 있다. 우선 퍼포먼스가 가능한 무대공간과 관련 장비들을 미리 설치해 놓아야 하기 때문에 무대(단상)가 산만할 수 있다.

VIP의 포상자 수여

공식행사에서 VIP가 관련자, 유공자들에게 훈장, 포상을 수여하는 절차가 있는 경우가 많다. 그럴 경우의 절차는 대체로 사회자의 호명에 따라 포상자들이 단상으로 올라온다. 이어서 한 사람씩 VIP 앞에 서서 인사하고 상을 받는다. 수상자가 많으면 이러한 절차가 길어진다.

이명박 대통령은 잘 알다시피 기업가 출신이다. 현대건설의 최연소 사장을 역임하기도 했다. 그 시절, 수출에 기여한 공로로 대통령 포상을 받게 됐다. 큰 기대를 하고 행사장에 참석했는데, 수상자 대표 몇 명만 단상에 올라 대통령으로부터 상을 받고 나머지는 장관에게 전달받게 되어 있었다. 이 대통령은 잔뜩 부풀었던 기대감도 잠시뿐, 크게 실망했었다고 회고했다.

수상자가 많을 경우, 대통령이 모두 직접 상을 수여하기는 어려울 수 있다. 하지만 상을 받는 입장에서는 대통령에게 직접 받고 싶을 것이다. 이 대통령은 자신이 실망했던 경험이 있었기 때문인지 대통령이 수여하는 포상방식에 획기적인 변화를 주었다.

수상자가 대통령 앞으로 다가와서 상을 받는 것이 아니라 대통령이 직접 수상자들에게 다가가 상을 수여하는 것이다. 그에 따라 가능하면 수상자들을 모두 단상에 올라오게 하는 것을 기본방침으로 정했다.

포상자가 많은 '세계무역의 날' 행사에서는 수상자들이 두 줄로 길게 늘어섰다. 수상자들은 객석을 향해 똑바로 서고, 대통령이 왼쪽부터 오른쪽으로 사회자의 호명에 따라 움직이며 일일이 상을 수여했다. 과거보다 훨씬 역동적이고 효율적이며 긍정적인 효과를 가져왔다.

좋은 말도 길어지면 효과가 떨어진다

행사에서 인사말이나 축사 등은 짧을수록 좋다. 연설이 짧아야 참석자들이 집중할 수 있어서 전달효과가 크다. 각종 행사에서 길게 연설하는 사람들이 적지 않다. 자신을 과시하려는 것인지 모르지만, 자기 생각과는 달리 연설이나 발언이 길어질수록 참석자들은 지루해하고 점점 귀를 기울이지 않는다.

일반적인 공식행사에서 대통령의 연설시간을 정확하게 잴 수는 없지만 대략 5~10분이 적당하다. 만일 대통령의 연설 앞에 주최 측의 인사말이나 경과보고 등과 같은 스피치가 있다면 대통령 연설은 5분 정도로 준비한다. 또한 주최 측에서는 너무 많은 사람이 단상에 올라와 발언하지 않도록 해야 한다.

예컨대, 정부 측에서 대통령과 장관이 참석했다면 장관은 발언하지 않아야 한다. 지방행사에 참석해 보면 그 지역 여야 국회의원, 기관장 등 수많은 인물이 단상에 올라와 장황한 축사를 한다. 하지만 큰 틀에서 보면 축사내용은 거의 중복된다.

행사와 관련된 홍보영상이 있다면 그 길이가 5분이 넘지 말아야 한다. 아무리 잘 만든 영상도 5분을 넘기면 지루해져서 몰입하지 못한다. 제작단계부터 철저하게 보는 사람 입장에서 흥미와 관심을 갖도록 기획을 해야 한다.

착오가 있을 수 없는 서열(rank) 계산

의전에서 절대적으로 고려해야 할 사항 가운데 하나가 주요 참석자들 사이의 서열을 지키는 것이다.

가끔 방송을 통해 볼 수 있는 북한의 열병식과 같은 대규모 행사에 참석한 주요 인물들의 좌석배치는 언론의 큰 관심을 받는다. 북한에서 주석단 좌석배치도는 곧 북한정권의 '권력서열'을 나타내기 때문이다.

권력자와의 거리가 가까울수록 서열이 높은 인물이다.

각종 행사에서 주요 참석자들이 권위의식을 버리고 자유롭게 아무 좌석에나 앉으면 안 될까 하고 생각하는 사람들도 있겠지만, 서열은 서로 간에 일종의 암묵적인 약속이라 할 수 있다.

주최 측이 그러한 약속을 지키지 않을 때 주요한 참석자들은 몹시 불쾌할 것이다. 심지어 자신을 무시한다는 생각마저 하게 할 것이다. 약속을 지키지 못할 경우는 그럴만한 납득할 수 있는 이유가 있어야 한다. 그렇지 않으면 자칫 큰 파장을 가져올 수 있다.

실제로 국내외 행사에서 의전 서열문제로 논란이 생기는 경우가 가끔 있다. 국제 행사에서 서열을 무시하는 좌석배치는 해당자뿐만 아니라 그 국가에 대한 모욕이 될 수 있어 신중히 해야 한다.

가끔 외국 대사들은 사적(私的)인 파티에서도 자신보다 상대적으로 약소국인 대사나 지위가 낮은 인사가 VIP와 가까이 배치되면 주최 측에 강하게 항의하고 퇴장하는 경우도 있다. 국제 행사에서 의전 서열은 먼저 국가원수, 행정수반이 제일 앞 순서다. 국가원수가 여러 명 참석했을 경우, 대통령 임기가 시작된 연도와 날짜 또는 영어 국명의 알파벳순으로 정한다. 하지만 이는 주최국에서 참고하는 기본적인 기준일 뿐 반드시 그런 것은 아니다.

2006년 1월 3일, 청와대에서 '신년인사회'가 열렸다. 이때 당시 윤영철 헌법재판소장은 의전에 대한 불만을 이유로 행사에 참석하지 않았는데 그 이유가 나중에 언론을 통해 알려졌다. 헌재 측의 불만은 헌재소장의 의전서열이 국무총리보다 뒤로 밀렸다는 것이다. 그보다 앞서

2003년 5월 노무현 대통령의 미국방문 결과를 설명하는 오찬행사에서는 헌재소장이 국무총리보다 앞 좌석에 배치되었다는 것이다. 하지만 당시 천호선 청와대 의전비서관은 "그 행사 역시 헌재 측의 계속된 요청으로 바꿨던 것이며 당시에도 총리실의 반발이 있었다."고 밝혔다.

이처럼 국제 행사뿐 아니라 국내 행사에서도 좌석배치는 서열에 따라 여러 의미가 부여되기 때문에 이를 준비하는 의전관은 신중할 수밖에 없다. 지금까지 관행적인 기준에 변화를 줄 때는 반드시 합당한 이유가 있어야 문제가 생기지 않는다. 아울러 사전에 상대의 이해를 구해야 논란을 피할 수 있다. 그러면 각종 행사에서 서열에 따른 좌석배치는 어떻게 이루어질까.

좌석배치의 정답은 없다

거듭 말하지만 공식행사를 준비하면서 실무자들이 가장 고심하는 부분은 바로 주요 내빈들의 좌석배치다. 그 때문에 많은 스트레스를 받기도 한다. 도대체 누구를 앞 좌석에 배치를 해야 하고, 누구를 VIP의 옆자리에 앉도록 할 것인지 고심하는 것이다.

좌석배치를 놓고 여기저기서 부탁이 들어오고, 서로 VIP와 가까운 자리를 차지하기 위해 주요 내빈 측의 실무자들 사이에 신경전이 벌어지는 것은 흔한 일이다. 이때 최종 좌석배치를 결정해야 할 의전관의 판단이 매우 중요하다. 독단적이고 일방적으로 결정하게 되면 상당한 불만과 정부에 대한 불신으로 이어질 우려가 있기 때문이다.

따라서 최대한 합리적으로 좌석을 배치하는 것이 중요하다. 상황에 맞게 명확한 기준을 세워 상대를 설득해야 한다. 모든 참석자를 100% 만족시킬 수는 없겠지만 최대한 노력해야 한다. 고민하면 흔적은 남는다. 누가 좌석배치에 대해 항의하면 충분히 설명할 수 있어야 한다.

만약 바쁘고 귀찮다는 이유로 의전관이 일방적으로 정할 경우 반드시 행사가 끝난 뒤에도 후유증이 따른다. 좌석배치에서 주요 인사 한 명의 자리가 바뀐다는 것은 단순히 한 사람의 이동으로 끝나는 것이 아니다. 한 사람의 좌석을 옮기면 줄줄이 이동해야 하기 때문에 좌석배치 전체가 도미노처럼 무너진다.

대통령이 참석하는 공식행사의 좌석배치는 대통령을 기점으로 해서 주변 존(zone)과 전체 존을 나눠서 고려한다. 대통령의 주변 존은 대개 대통령 좌석이 있는 1열부터 3열까지를 말한다. 전체 존은 행사장 전체 좌석을 말하는 것이다.

아직도 일부 행사에서는 전체 좌석을 지정하는 경우가 있는데 이는 효율적이지도 공평하지도 못하다. 더 큰 문제는 참석자가 오지 않을 경우 자리의 공백이 생기기 때문이다.

최소한 일찍 온 사람에게 지정좌석을 제외한 나머지 좌석에 대해 선택권을 주는 것이 바람직하다. 물론 사람과 사람 사이에 공백이 생기지 않도록 진행요원을 배치해 안내하도록 해야 한다. 또한 지정석은 아니지만 그룹으로 묶어 좌석을 지정해 그 안에서 자유롭게 앉는 방법도 있다.

행사 콘셉트에 맞는 주인공들은 2, 3열에 배치한다

제일 중요한 부분은 카메라 앵글에 들어오는 VIP 존(Zone)이라 할 수 있다. 중요한 행사인 만큼 방송이나 언론매체들의 카메라가 VIP(대통령)에게 집중된다. 그에 따라 VIP 존 주변의 주요 인사들이 카메라에 잡힌다.

일반적으로 VIP 우측은 의전서열에 따른 참석자 순으로, VIP 좌측은 행사 주최 측 대표 및 단체를 별도의 의전서열 순으로 좌석을 배치한다. VIP의 오른쪽이 상석이다. 이러한 개념은 서양에서도 불문율이 되고 있다. 예전에 왼쪽을 불경하게 여겨온 전통적인 인식이 있어서 오른쪽 상석의 원칙으로 발전했다고도 한다. 이유가 어찌 되었든 VIP의 오른쪽이 상석이라는 것은 세계 공통이다.

그 다음 VIP 바로 뒷자리는 그날의 행사를 의미하는 주인공들을 다양하게 선정해서 좌석을 배치하는 것이 중요하다. 삼일절의 경우 광복회와 애국지사 등도 있지만 미래에 아이들이 삼일절의 정신을 이어간다는 의미로 아이들을 앉히기도 한다. 일반 참석자지만 행사의 주인공이 될만한 사람을 앞으로 배치하는 것은 그들에 대한 배려이면서 행사와 걸맞은 의미 있는 보도사진들이 가능하다.

좌석배치의 기술

공식행사의 좌석배치에도 기술과 요령이 필요하다. 기존의 고정식 의자가 설치되어 있는 경우가 아니라면 VIP 앞줄은 좌석을 홀수로 한다. 예를 들어, 가장 앞줄 좌석이 A, B, C라면 B가 중앙이다.

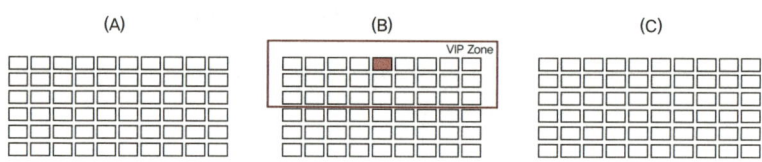

VIP 좌석 양옆은 각각 독립된 좌석으로, A, C는 좌석을 짝수, 즉 복수의 좌석으로 배치하는 것이 좋다는 뜻이다. 그래야 VIP를 중심으로 의전서열에 대한 오해를 없앨 수 있다. 물론 아주 드문 경우지만 VIP와 함께 동급의 인사라면 짝수의 좌석이 좋다.

모르면 묻는 것이 상책이다

대통령 행사를 준비하다 보면 외부에서 항의나 민원이 많이 들어온다. 자신들이 모시고 있는 대표나 상사(上司)에 대한 좌석배치 때문이다. 주로 대통령 참석 행사에는 행사와 관련된 정부의 부처와 관련 지방자치단체, 국회, 경제 5단체 등에 대해서만 좌석을 지정해 의전서열을 정한다.

정부를 비롯한 공적인 기관들은 이미 정해진 서열이 있지만, 각종 민간단체나 종교지도자들의 서열은 정하기 어렵다. 자칫 서열에 따른 좌석배치를 잘못하면 같은 분야, 같은 업종의 인사들의 불만이 크다. 그들끼리는 대략 서로의 서열을 안다. 그런데 자신보다 서열이 낮은 사람이 앞줄에 앉고 자신이 뒷줄에 앉게 되었다면 당연히 불만이 크고 실무자들에게 항의할 것이다.

　서열은 종교에서도 마찬가지다. 정부의 공식행사에서 우리가 흔히 알고 있는 5대 종단, 7대 종단의 순서가 있다. 그것이 바뀌면 종교계에서 논란이 일어난다. 서열에 따른 좌석배치가 난감할 때는 경험이 풍부한 선임 의전관들이나 관련분야의 단체 또는 전문가들에게 자문을 구한다.

　서열은 정부조직뿐만 아니라 일반직장이나 각급 학교에서도 쉽게 찾아볼 수 있다. 직원조회 때 배치되는 임원순서는 나름대로 원칙이 있다. 예를 들면, 본부의 직제 순(職制 順)과 선임팀 순으로, 그 안에서는 진급일이 빠른 자, 그것도 같은 경우는 나이순으로 앞줄에 서거나 앉는다.

　대학교 홈페이지나 원우수첩 등에 나오는 교수명단의 이름순서는 나름대로 정해진 원칙에 따르는 서열이라고 한다. 또한 민간 분야의 조직에도 의전서열이 있다. 예컨대, 우리나라 30대 대기업의 순위는 전경련에서 매출규모로 정하고 있다. 건설업계의 경우도 매년 국토교통부에서 실시하는 시공능력평가 순위에 따라 기업의 순위가 결정된다. 모든 공식행사에서 이러한 서열로 자리가 배치되는 것이 관례다.

　서열을 중시하는 문화가 우리 사회에 미치는 부정적인 영향도 있다. 하지만 의전에서의 서열은 모든 조직 간의 상호약속이라 할 수 있다. 의전에서 약속을 잘 지키는 것 또한 상대에 대한 배려라 할 수 있을 것이다.

'이 빠짐 현상'을 주의한다

가끔 중요한 행사에서 제일 앞줄에 몇몇 좌석이 비어있는 모습을 볼 수 있다. 우리가 예상하는 것처럼 앞줄은 아무나 앉을 수 없는 곳이다. 특히 공식행사라면 더욱 그렇다. 그 행사에서 가장 중요한 인사들의 좌석이다.

그럼에 불구하고 앞줄에 좌석이 배치된 주요 내빈이 교통체증이나 건강 등 갑작스러운 일로 늦거나 참석을 못하는 경우가 있다. 이럴 때 행사를 준비하는 실무자 입장에서는 무척 당혹스럽다. 급기야 행사 시작이 임박해서 비어 있는 좌석에 앉을 인사들에게 급히 전화를 하면 통화조차 안 되는 경우가 많다.

이를 예방하기 위해서는 행사 당일 반드시 주요 내빈 참석여부를 체크하는 담당자를 두어야 한다. 행사 직전의 환담 또는 비표를 교부할 때 아직 도착하지 않은 주요 내빈은 반드시 전화해서 상황을 체크해야 한다. 만약 도착이 너무 늦거나 참석이 어려울 때는 과감하게 다른 사람으로 교체해야 한다.

공식행사에서 앞자리는 그냥 단순히 1열이 아니다. 행사를 생중계 하거나 사진촬영을 할 때 가장 많이 노출되는 좌석이 바로 앞줄이다. 실무자들은 앞줄 자리에 빈 좌석이 있을 경우, 이를 '이 빠짐 현상'이라 부르기도 한다. 자칫하면 그 때문에 행사의 의미와 가치가 떨어지고 어딘지 허술해 보인다. 또한 당연히 보기에도 좋을 리가 없다.

테이블 유형에 따라 달라지는 서열순서

공식행사의 좌석배치는 앞서 설명했듯이 정답이 없다. 행사의 성격과 상황, 장소의 크기뿐 아니라 정무적(政務的) 판단까지 고려해야 하기 때문이다. 정무적 판단은 의전관(실무자)이 주재하는 실무회의를 통해 결정된다. 특히 좌석배치는 행사장의 형태에 따라 여러 가지 변수가 있다.

첫째, 공식 행사장에서 많이 볼 수 있는 좌석배치 형태는 무대, 즉 단상과 참석자들의 좌석이 마주 보고 있는 형태다. 극장이나 공연장의 형태를 생각하면 된다. 이런 경우, VIP(대통령)의 좌석은 단상의 맨 앞줄 중앙에 위치한다. 이를 중심으로 상석인 오른 쪽을 먼저 배치하고, 그 다음 왼쪽 순으로 오른쪽과 왼쪽을 번갈아 가며 서열을 정한다. 행사를 주관한 기관장 또는 행사의 주인공이나 대표자는 의전서열과는 관계없이 VIP의 왼쪽 또는 국회의장이나 대법원장 같은 주요 귀빈이 없는 경우 오른쪽으로 정한다. 행사의 주인공과 행사를 주관하는 기관장은 그 행사를 대표하는 얼굴이다. 따라서 이들에게는 의전서열과는 관계없이 우선적으로 좌석을 배려하는 것이다. 또한 주요 내빈들 가운데 정부관계자와 행사의 상징이라 할 수 있는 인사가 있을 때는 좌우로 나눠 배치한다. 예를 들어, 삼일절 기념식 행사의 경우 오른쪽은 3부, 5부 요인부터

시작해 장관 직제 순으로 이어진다. 왼쪽은 광복회장과 독립유공자들의 좌석을 배치한다.

둘째, 일반 회의(會議)의 테이블처럼 서로 마주 보고 앉는 형태다. 먼저 VIP의 정면 그리고 VIP의 우측, 좌측, 다음은 VIP 앞 좌석의 우측, 좌측 순이며, 그 다음은 처음 우측 자리의 우측부터 같은 방식으로 순번을 메긴다. 물론 일반적인 기준일 뿐이다. 만약 상대 파트너가 있는 경우 다르다. 또 폭이 넓은 테이블이라면 VIP와 대화가 가능한 우측이 상석이 된다. 보도사진에서 행사의 목적에 맞는 사진이 나오게 되면 성공적인 좌석배치다.

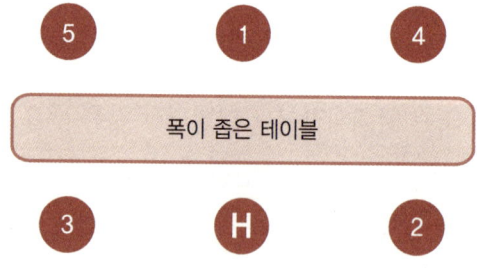

셋째, 원탁 테이블 형태다. 주로 오찬이나 만찬 또는 다과회 등과 같은 행사에서 사용된다. 이럴 경우도 위와 마찬가지로 VIP를 중심으로 서열에 따라 우측 좌측 순으로 배치한다. 이러한 좌석배치 방식은 참고일 뿐 역시 정답은 없다. 소규모로 진행되는 비공식 행사는 의전서열을 고려하지 않는 경우도 많다.

공식행사에서 좌석배치에 신중한 것은 참석자들을 배려하는 것이다. 특히 지도자급 인사들이나 관료, 공직자들은 자신의 서열에 무척

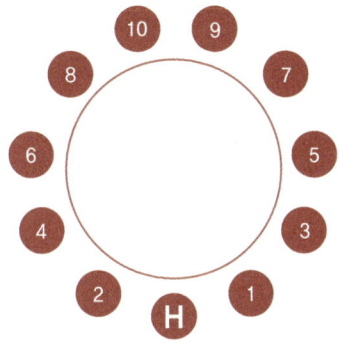

민감하다. 의전서열에 맞지 않는 좌석배치는 행사의 내용과 관계없이 부작용과 논란을 일으킬 수 있다.

기타 주요 내빈에 대한 배려

공식행사에는 서열과 관계없이 주요 내빈들이 참석하는 경우가 흔하다. 예컨대, 행사와 관련 있는 인기연예인이나 예술가, 특별한 기부자, 공로자 등이 초청을 받아 참석할 수 있다. 주최 측에서는 그들의 좌석배치에도 신경을 써야 한다. 보편적으로 그러한 주요 내빈들을 위해 지정석을 마련한다.

첫째, 주요 지정석은 직함과 이름을 표시한 스티커를 의자 등받이에 붙이면 편리하다. 복잡한 행사장에서 참석자들이 쉽게 자기 좌석을 찾을 수 있으며 진행요원은 출결상항을 쉽게 확인할 수 있기 때문이다. 의자 등받이에 붙여놓은 스티커는 참석자가 앉으면 보이지 않기 때문에 미관상의 문제도 없다.

또한 여유분을 준비해서 주요 내빈이 추가되면 곧바로 스티커를 만들어 붙인다. 주의해야 할 것은 참석자의 이름과 직함에 절대로 오탈자가 있어서는 안 된다는 것이다. 반드시 실무자들이 서로 크로스 체크를 통해 확인할 필요가 있다. 정성을 다해 준비한 행사에서 사소한 실수로 초대한 내빈을 불쾌하고 섭섭하게 할 수 있다.

둘째, 공식행사가 불가피하게 추운 겨울이나 더운 여름에 열리게 됐다면 담요 또는 그늘모자 등을 준비하고 장마철이라면 비옷도 준비해 두는 것이 좋다. 또한 될 수 있는 대로 행사시간이 길어지지 않도록 노력해야 한다.

셋째, 진행요원들은 참석자들에게 친절해야 한다. 그것 또한 참석자들에 대한 배려다. 진행요원들은 정신없이 바쁘지만 밝은 표정과 친절한 안내는 행사의 품격을 높여주고 참석자들에게 만족감을 준다.

넷째, 의전서열이 있는 주요 내빈은 아니지만, 일반 참석자 가운데 꼭 VIP(대통령)의 격려 또는 스킨십(악수)이 필요한 경우가 있다. 예컨대, 축하공연을 한 학생들, 준공식이나 개관식에서 직접 공사를 진행했던 근로자, 군부대 방문할 때 장병들, 모범단체 등 여러 가지 경우가 있다.

그냥 지나칠 수 있지만 별도의 시간을 내지 않고도 VIP가 이들에게 다가가 인사를 하거나 함께 사진을 찍는 것만으로도 그들에게 큰 기쁨을 줄 수 있다. 이럴 경우 그들을 되도록 VIP의 퇴장동선에 배치해야 한다. 가장 중요한 것은 VIP의 스타일이다. 대중과 접촉하는 것을 싫어한다면 어쩔 수 없다. 하지만 VIP의 작은 배려와 관심이 상대에게는 큰 보람이 된다.

최종 점검을 위한
리허설

　연극이나 뮤지컬 등 무대공연은 연습기간이 무척 길다. 흔히 몇 달씩 연습에 매진한다. 그리하여 공연날짜가 임박해서야 연습이 끝난다. 그 다음에는 공연할 무대에서 실제 공연과 똑같이 리허설(rehearsal)을 한다. 이러한 과정을 '드레스 리허설(dress rehearsal)'이라고도 한다. 무대의상까지 입고서 최종 연습을 하기 때문이다.
　리허설은 관객만 없을 뿐 실제 공연과 조금도 다르지 않다. 리허설을 통해 마지막 점검을 하면서 아주 사소한 것이라도 문제가 나타나면 수정하고 보완해서 완벽한 공연을 하려는 것이다.
　대통령이 참석하는 공식행사도 그와 같다. 행사를 앞두고 모든 준비작업이 끝났다고 해서 행사가 열리기만을 기다리고 있는 것은 아니다. 의전을 비롯한 경호, 홍보팀과 관련부서들은 준비작업을 마쳤어도 행사 도중에 발생할지 모를 시행착오와 돌발사태 등 예상하지 못한 차질에 대비해서 최종 점검을 위한 리허설을 해야 한다. 그러면 공식행사의 리허설은 어떻게 할까?

이미지를 그려가며 점검한다

우리가 어떤 글을 쓸 때 타이핑한 뒤, 오자, 탈자, 띄어쓰기, 맞춤법 등을 검토했어도 다시 한 번 살펴보면 오자, 탈자가 나오는 경우가 많다. 공식행사를 앞두고 시나리오에 따라 철저하게 준비작업을 진행했더라도, 행사진행 도중에 돌발상황이 벌어질 때가 자주 있다.

행사 도중이라면 그러한 돌발상황에 임기응변으로 대처해야겠지만 그 전에 리허설을 통해 사소한 시행착오라도 찾아내 수정하고 돌발상황을 가정해서 그에 대처하는 연습을 한다면 행사준비가 더욱 완벽해질 것이다. 그래서 각종 행사에도 리허설이 반드시 필요하다.

돌발상황을 예방할 수 있는 방법이 '이미지 트레이닝'이다. 이미지 트레이닝은 눈을 감고 당일 행사상황을 머릿속으로 그려보며 보완할 점이나 혹시 있을지 모르는 에러를 찾는 훈련이다. 행사 시나리오에는 문제가 없지만 이미지 트레이닝을 통해 행사현장에서 빚어질 수 있는 차질을 미리 찾아내는 것이다.

예를 들어, 대통령이 일반 참석자들과 함께 기차를 타고 행사지역의 기차역에 도착해서 행사장소까지 걸어서 이동, 대통령이 행사장에 입장하면 행사가 시작되는 시나리오를 가정해 보자.

시나리오에서는 가능한 이야기이지만 실제상황에서는 차질이 생길 수 있다. 기차역으로부터 행사장까지 대통령과 동행하는 수행원 또는 주요 참석자들이 있다면 몇 가지 변수가 있다.

이동거리가 아무리 가까워도 경호통제가 있는 상황을 고려한다면 대통령과 동행하는 일반 참석자들은 본 행사장까지 신속한 이동이 어렵고, 행사장에서도 서로 자신의 자리를 찾으려고 우왕좌왕 헤맬 수 있다. 따라서 충분한 시간확보가 필요하다. 일부는 화장실까지 다녀와야 할 사람이 있을 수 있다.

결국 입장동선이 일반 참석자들과 다른 대통령은 참석자들이 모두 착석할 때까지 기다려야 한다. 대통령을 기다리게 하는 것은 잘못된 의전이다. 따라서 시간을 조절하는 완충장치가 필요하다.

이를테면 대통령이 행사현장에 도착해서 주요 참석자 소수(10여 명)와 본 행사 전에 가벼운 환담(티타임)을 하거나 주최 측 기관장으로부터 현황을 보고 받으며 대화를 하는 것이다. 그러면 대통령의 이미지에도 좋고 행사의 분위기도 한결 부드러워진다.

리허설을 통해 행사를 완벽하게 연습한다

　공식행사에서 리허설은 본 행사에 앞서 숨어 있는 문제점, 만일의 문제점을 찾기 위해 실시하는 최종 점검의 과정이다. 시나리오가 완벽하게 짜여 있어도 실제상황에서는 여러 변수가 생길 수 있다. 순서와 순서 사이 어색한 점을 발견하기도 하고, 음향과 조명에 문제가 있을 수 있으며 기계고장이 발견되기도 한다. 퍼포먼스에서 예상한 효과가 제대로 구현되지 않을 수도 있다.
　이처럼 예상치 못한 갖가지 문제점들을 시정 보완하고, 행사가 지루하거나 늘어지지 않게 하고 순서와 순서 사이가 매끄럽지 못하다면 그것도 수정해야 한다. 더욱 중요한 것은 참석자들에 대한 배려다. 참석자들이 존중받고 있다는 느낌을 받도록 해야 한다.
　리허설은 처음부터 끝까지 본 행사와 똑같이 실시하는 경우와 약식으로 진행하는 경우가 있다. 생방송으로 중계되는 중요한 행사는 대통령을 비롯해서 단상에 올라 연설(축사)하는 주요 인사들까지 미리 연설 원고를 받아 대독을 시키면서 정확한 시간을 계산한다. 무대에서 공연하는 퍼포먼스가 있다면 공연 팀도 실제 공연과 똑같이 리허설을 한다.
　리허설을 관계자들이 지켜보면서 매끄럽지 못하거나 문제점이 있는 부분을 찾아내고 수정 보완한다. 생방송이 예정된 경우 아무리 대통령이라 해도 정확하게 시간을 지켜야 하고, 행사가 끝나는 시간도 한 치의 오차도 없어야 한다. 따라서 행사담당자들은 생방송을 할 경우, 처음부터 끝까지 바짝 긴장한다. 녹화방송과 단신보도영상은 편집절차를 거치기 때문에 사전에 조율이 가능하다.

2015년 4월 12일 국제행사가 대구에서 열렸다. '2015 대구·경북 세계 물(水) 포럼' 개막식 특별행사였다. 이날 박근혜 대통령과 포럼에 참석한 여러 나라의 정상급 인사 13명이 함께 무대에 올라 퍼포먼스를 진행하던 도중에 돌발상황이 발생했다.

퍼포먼스는 행사의 상징이자 하이라이트라 할 수 있다. 이날 퍼포먼스는 '세계 물포럼'이라는 상징성을 고려해서 세종대왕 때 장영실이 만든 물시계인 '자격루'를 본뜬 구조물이 준비됐다.

밧줄에 연결된 자격루 구조물을 대통령과 13명의 각국 정상급 인사들이 끌어당기면, 구조물 상단에 있는 힝아리에 담긴 물이 아래로 흘러내리는 과정이 보이고, 그와 동시에 개막을 알리는 북소리가 울려 퍼지는 퍼포먼스였다.

하지만 박 대통령과 주요 인사들이 밧줄을 당기는 순간, 2m 높이에 있는 자격루 모형의 조형물이 앞으로 엎어져 버린 것이다. 모두 당황할 수밖에 없었다. 박 대통령이 경호관으로부터 갑작스러운 상황설명을 듣는 모습이 고스란히 외신을 통해 전 세계에 보도되어 국제적인 망신을 당했다.

당시 여론은 정확한 진상규명을 요구했다. 문제는 사전 리허설을 제대로 하지 않은 것이었다. 대구시 관계자는 "퍼포먼스에 대해 대구시장도 사전에 몰랐다."고 말하며 조직위원회와 서로 책임을 떠미는 행태를 보였다.

이러한 사례는 리허설의 중요성을 말해준다고 할 수 있다. 국제 행사인 만큼 사전에 철저한 리허설을 통해 다양한 변수를 찾아 보완했다면 이러한 국제적 망신을 피할 수 있었을 것이다.

리허설 점검의 핵심 포인트

리허설의 종류는 실제공연과 똑같이 진행하는 드레스 리허설, 주로 방송 전에 의상과 장비를 갖추지 않고 연습하는 드라이 리허설(dry rehearsal), 음향 및 조명 등 기술적 부분을 맞춰 가는 테크니컬 리허설(technical rehearsal), 생방송 전 리허설에서는 카메라 리허설이 있다.

테크니컬과 카메라 리허설은 주로 기술적인 분야로 해당 기술자가 담당한다. '세계 물 포럼'과 같이 중요한 공식행사는 드레스 리허설을 해야 한다. 상대적으로 규모가 작은 업무보고 행사와 오찬, 만찬 행사의 경우는 드라이 리허설을 통해 사전에 예행연습을 한다.

리허설의 필요성은 이미 설명했지만 리허설에는 기본적인 체크 포인트가 있다.

VIP의 동선확인은 홍보, 경호, 행사 총괄자가 함께한다

리허설의 핵심은 사전에 현장답사와 내부 회의를 통해 작성한 시나리오 내용과 실제 상황이 같은지 맞춰보는 것이 우선이다. 먼저 VIP(대통령)는 행사장 도착지점에서 주최 측 기관장의 영접을 받으며 행사장으로 들어가, 입구 또는 실내 공간에 마련된 환담장소에서 기관장으로부터 간략한 브리핑을 들으며 환담한다.

이에 대한 시간과 동선을 체크해야 한다. 대통령과 동행한 수행원들은 먼저 행사장으로 들여보낸다. VIP가 행사장에 들어선 뒤에도 수행원들이 줄줄이 뒤따라오는 모습은 어수선한 느낌을 주고 행사 시작시간을 지연시킬 수 있다.

VIP의 동선은 되도록 짧아야 한다. 그래야 시간측정이 정확해진다. 대신 행사가 끝난 뒤의 퇴장동선은 상황에 따라 참석자들에 대한 격려가 필요한 경우에는 무대 뒤 또는 중앙 측면 출구를 사용한다.

VIP의 동선은 이동구간별 소요시간을 측정하고 이동 중 행사와 관련된 상징적인 구조물 또는 의미 있는 작품 등이 있다면, 사진촬영 포인트로 지정해 VIP가 그 앞에 멈춰, 잠시 간략한 설명을 들도록 하는 것이 효과적이다. 이때 별도의 안내자가 필요하다면 미리 큐레이터(설명자)를 배치해서 대기시켜야 한다.

VIP의 동선을 점검할 때는 반드시 홍보팀(사진촬영기자), 행사장을 담당하는 경호관, 주최 측 기획사 총괄 담당자와 동행하며 체크해야 한다. 그렇지 않을 경우 한 번에 정리할 수 있는 일을 여러 번 전달해야 하고 서로 준비하는 업무가 달라 혼란이 올 수 있다.

사회자 멘트의 점검은 필수절차다

공식행사 도중에 준비한 영상이 나오지 않는 등 돌발상황이 발생했을 때 노련한 사회자는 즉석 애드립으로 자연스럽게 분위기를 유도한다. 사회자의 임기응변이 뛰어나면 참석자들은 주최 측의 실수를 눈치채지 못한다.

규모가 크든 작든, 각종 행사에는 준비된 식순(式順)에 따라 행사의 진행을 맡은 사회자가 있다. 사회자의 역할은 매우 중요하다. 그래서 의전관은 행사가 진행되는 동안 사회자와 가까운 거리에서 행사진행을 주시하며 돌발상황에 대비한다.

사회자는 리허설에도 빠져서는 안 된다. 행사의 성격에 따라 가끔 이름이 널리 알려진 유명인사를 섭외하기도 하는데 바쁘다는 구실로 리허설에 빠지는 경우가 있다. 중요한 공식행사라면 반드시 리허설에 참석할 수 있는 사회자를 섭외해야 안심할 수 있다.

리허설 때 반드시 사회자의 멘트를 점검한다. 또한 행사 도중에 멘트가 바뀐다면 누구의 지시를 받는 것인지도 확인해야 한다. 행사준비에는 여러 분야의 많은 사람이 관여하기 때문에, 의전관이 리허설 때 사회자 멘트를 확인해도 누군가가 다시 바꾸는 경우가 많다.

일반적으로 사회자 멘트는 주최 측 또는 기획사에서 준비하는데 원고를 살펴보면 불필요한 멘트가 너무 많다. VIP를 비롯한 주요 인사들이 모두 자리에 앉아 있는데 행사의 의미에 대해 장황하게 설명하거나 여러 명의 내빈을 소개함으로써 행사진행을 늘어지게 하는 경우가 많다.

사회자 멘트는 짧고 간결하게 하도록 유도해야 한다. 또한 행사에 따라 단상에 퍼포먼스 팀이나 수상자들이 오르내리는 경우, 물리적 시간이 필요하다. 그럴 때, 사회자는 보편적으로 참석자들의 박수를 유도하는 경우가 대부분이다.

사회자는 그 물리적 시간을 이용해서 간단하게 행사의 의미, 수상자 소개 등을 하면 효과도 있고 시간의 공백을 자연스럽게 메꿀 수 있다. 의전관은 리허설을 통해 사회자의 멘트를 점검한 뒤, 같이 의논해서 그러한 방향으로 수정하도록 한다.

행사는 물 흐르듯이 자연스러워야 한다

어떤 행사든지 그 진행과정이 물 흐르듯이 자연스러워야 한다. 리허설을 통해 그렇게 실행될 수 있는지 점검을 하지만, 미리 작성된 시나리오에는 없는 시설물이나 장비가 거슬리는 경우가 있다.

2011년, 지방에서 대통령이 참석하는 공식 야외 행사가 있었다. 사전 리허설을 하며 대통령의 동선을 점검하고 야외에 설치된 무대를 바라볼 때였다. 객석에서 바라보니까 무대 뒤로 '러브텔'이란 큰 간판이 한눈에 들어오는 것이었다. 모텔의 간판이었다.

카메라 앵글에 들어오기 때문에 자칫하면 단상에 오른 대통령이 인사말을 하고 있을 때 머리 위로 '러브텔'이란 간판이 선명하게 나타날 수도 있었다. 무대의 방향을 바꿀 수 없는 상황에서 최선의 방법은 간판을 가리는 것뿐이었다.

다급하게 모텔 측과 상의해서 주변과 비슷한 색상의 현수막으로 간판을 가려 아무도 알아채지 못했다. 또한 앞서 소개한 '경찰의 날' 태극기 규격 오류에 대한 문제도 리허설을 통해 현장에서 발견할 수 있었던 것이다.

이처럼 현장에서 이루어지는 리허설은 서류나 시나리오에서 발견할 수 없는 문제점들을 확인할 수 있는 기회가 된다. 행사가 물 흐르듯이 자연스럽게 진행되어 아무런 뒷말도 나오지 않게 하는 것이 의전관을 비롯한 행사담당자들이 책임감을 느끼고 수행해야 할 일이다.

필요한 소품은 작은 협탁을 이용해 미리 준비한다

공식행사가 진행되고 있는 동안에는 긴급한 상황을 제외하고 누구도 쉽게 VIP에게 다가가기 어렵다. 가끔 행사가 진행되고 있는 도중에 VIP나 유명인사가 보좌관에게 귓속말을 하는 모습이 카메라에 잡히기도 한다. 무슨 지시를 하는지 궁금하겠지만 대개는 급한 일 때문이다.

갑자기 목이 말라 물을 찾기도 하고, 메모지나 펜을 요구할 때도 있다. 이러한 경우를 대비해서 VIP 좌석 옆에 눈에 띄지 않도록 작은 협탁을 놓는 것이 좋다. 협탁 위에는 보편적으로 행사진행표, 주요참석자 명단, 참고자료, 메모지, 펜, 물, 휴지 등을 올려놓는다.

PI와 행사의 결과 –
8가지 전략적
홍보 포인트

　　국민은 정치보다 생계와 관련 있는 경제문제에 더 관심이 많다. 따라서 대통령은 경제와 관련된 갖가지 정책을 내놓는가 하면, 경제계나 기업의 관계자들과 소통하기 위해 최선의 노력을 한다.

　　그리하여 경제와 관련된 언론보도가 많고 관련사진이 게재된다. 기업들도 사보를 통해 이러한 사실을 알린다. 자기 기업의 오너 또는 CEO가 대통령과 악수하거나 함께 있는 모습의 사진을 매우 크게 싣는다.

　　대통령이나 기업의 오너가 연단에서 축사하는 모습, 주요 참석자들과 함께 하는 퍼포먼스 장면, 또는 회의형식을 갖춘 행사라면 발언하는 모습 또는 참석자들과 인사하는 장면 등이 실린다.

　　또한 박람회나 현장방문 행사의 경우라면 대통령 또는 기업의 오너가 관람부스 앞에서 브리핑을 듣는 모습 또는 직접 뭔가를 시연하는 장면 등이 실린다. 이러한 사진들이 바로 행사의 결과물이라 할 수 있다.

'백문이 불여일견(百聞不如一見)'이라 했다. 수많은 말보다 메시지 한 줄과 그에 걸맞은 이미지 한 장(사진)이 주는 임팩트가 사람들에게 더 강렬하게 전달된다. 시각적 이미지는 사람들의 사고와 행동에 가장 큰 영향을 미친다고 한다.

오랜 시간 기획하고 준비한 행사는 한 장의 사진을 만들어 내기 위한 작업이라고 할 수 있을 만큼 사진은 행사의 결과물로 매우 중요하다. 그런데 대통령이 참여하는 공식행사의 사진이 너무 천편일률적이다. 대부분 단상의 연설대에 서서 발언하는 전형적인 모습뿐이다. 사진만 봐서는 어떤 행사인지 알 수 없을 때도 있다.

따라서 기획 단계부터 VIP의 드레스 코드(복장)와 무대배경 및 문구, 퍼포먼스 등에 큰 비중을 두고 심도 있게 고려해야 한다. 그와 관련해서 몇 가지 체크 포인트를 소개하겠다.

무대배경이 중요하다

연극에서 무대는 곧 작품의 배경이다. 연극 속에서 벌어지고 있는 사건들이 어디에서 이루어지는지를 말해준다. 그와 마찬가지로 각종 공식행사에서도 중앙에 설치된 무대는 말을 하지 않아도 그 행사가 어떤 행사인지를 알려준다.

각종 행사에서 무대의 배경에는 행사이름을 비롯해서 행사와 관련된 대형 사진 등 갖가지 상징들이 설치되고 경우에 따라서는 동영상이 흘러가기도 한다. 하지만 너무 많은 색상을 사용하거나 너무 움직임이 많으면 좋지 않다. 무척 복잡해 보이고 참석자들이 행사에 집중하는 것을 방해한다. 시선이 산만해지기 쉽기 때문이다.

따라서 '단순한 것이 최선이다(the simpler the better)'라는 원칙 아래 무대를 꾸민다. 행사장 무대의 핵심은 그 행사가 가진 메시지(카피라이팅)다. 즉, 캐치프레이즈나 슬로건 등 행사의 뜻을 표현해야 하는 것이 기본이다.

2010년 연말, 전국 자원봉사자들을 청와대 영빈관으로 초청해서 오찬행사를 가졌다. 이날 백드롭(행사장 배경)의 슬로건은 큰 붓글씨로 '더 따뜻한 대한민국'을 표현했다. 그리고 행사이름은 작은 글씨로 '2010 나눔·봉사가족 초청오찬'이라고 아래쪽에 표기했다.

여러 행사장에 가보면 무대배경에 행사이름을 가장 크게 부각시킨 경우가 많다. 단순히 딱딱한 행사이름을 부각시키기보다 참석자들에게 전달하는 메시지를 담거나 멋진 슬로건으로 강조하는 것이 더 효과적이다.

2009년 10월 16일, 인천대교 준공식 행사장의 무대배경은 인천대교를 그려 넣고 '대한민국 희망 개통식'이라는 메인 슬로건으로 사용했다. 그 가운데 '희망'을 더 큰 글씨로 표현해 대통령이 무대 중앙 포디움(연설대)에 서 있을 때 대통령의 어깨 위로 보이도록 연출됐다. 행사이름은 메인 슬로건 왼쪽 위에 작은 글씨로 표시했다.

회의형식의 공식행사에서도 무대의 배경에 해당하는 백드롭이 사용

된다. 2010년 3월 대구 시청에서 열린 자치단체 업무보고 슬로건은 '더 큰 대한민국! 대구·경북이 앞장서겠습니다'였다. 그 아래 작은 글씨로 '2010 대구·경북 업무보고'라는 행사이름을 작은 글씨로 표기했다. 대구와 경북이 대통령과 국민께 전달하는 메시지라 할 수 있다.

무대의 배경은 단순히 행사를 알리는 것이 아니라, 행사의 의미를 함축적으로 담거나 참석자 또는 대국민에게 전달하고 싶은 메시지(슬로건)로 표현하는 것이 바람직하다.

슬로건의 가장 좋은 위치는 VIP의 어깨 위

공식행사에서 가장 많이 노출되는 사진은 VIP(대통령)가 연설하는 장면이다. 축사, 인사말, 개회사 등을 할 때 VIP가 무대 중앙에 오른다. 이때 사진기자들은 무대 바로 앞에서 쉴 새 없이 카메라 셔터를 누른다.

무대배경 전체를 찍으면 인물이 작게 나온다. 따라서 VIP에게 초점을 맞추고 상반신 정도가 나오게 카메라 앵글을 잡는다. 만약 슬로건의 위치가 너무 높은 곳에 있다면 VIP 뒤로는 빈 여백만 보일 것이다. 가장 좋은 위치는 연설하는 VIP의 어깨 바로 위에 슬로건이 보이도록 하는 것이 이상적이다.

슬로건 문구는 현수막에 프린트를 하는 것보다 가급적 위치이동이 가능한 탈착식이 효과적이다. 행사담당자들이 현장에서 직접 사진을 찍어보며 슬로건 문구의 위치를 조정하는 것이 좋다.

포디움 판넬을 이용해서 행사명을 알린다

행사의 의미와 메시지를 슬로건으로 표현할 경우, 카메라 앵글이 무대 전체를 잡는 것이 아니라 VIP를 클로즈업해서 잡으면 슬로건의 일부 문구만 보일 때가 있다. 예컨대, '대한민국 희망 개통식'의 경우 '희망'이란 글씨만 보일 수 있다.

더욱이 행사명은 작은 글씨로 표시해서 클로즈업 샷에는 보이지 않는 경우가 많다. 이럴 때는 연설대 앞부분의 작은 공간을 활용하는 것이 효과적이다. 아주 심플하고 깔끔하게 제작된 포디움 판넬에 행사명을 넣는 것이다. 사진에 대한 설명을 읽지 않아도 한눈에 어떤 행사인지 알 수 있게 해준다.

행사장소의 배경을 잘 활용해야 한다

특별히 백드롭(무대배경)이나 무대설치가 필요 없는 행사장의 경우는 뒷배경을 잘 활용하면 주최 측의 홍보효과와 함께, 행사장소가 어디인지 알 수 있게 해준다.

2010년 2월, '한국개발연구원(KDI)'에서 대통령이 참석한 '비상경제대책회의'가 열렸다. 회의가 끝난 뒤 대통령이 KDI에서 강의를 듣는 외국인 대학원생들과 대화하는 시간도 마련됐다.

사진을 보면 대통령 주변에 6명의 학생이 보인다. 실제로는 그보다 훨씬 많은 외국인 대학원생들이 참석했지만 대통령을 중심으로 말발굽 모양으로 자리를 배열했다.

대통령의 뒤쪽에 학생들을 한 줄 더 배치함으로써 되도록 대통령과 가까이할 수 있도록 했다. 아울러 뒤쪽 배경이 되는 벽면에는 KDI 마크가 보이도록 했다. 당시 행사를 준비한 실무자들은 대통령의 KDI 방

문을 홍보할 수 있어서 무척 기뻐했다.

언론의 보도사진에 KDI 마크가 없었더라면 기사를 읽지 않고서는 정확한 장소와 내용을 알지 못했을 것이다. 또한 학생들을 뒷줄에 추가 배치하지 않았다면 대통령이 학생들과 거리감 없이 가깝게 앉아서 대화하는 모습을 담기는 어려웠을 것이다.

퍼포먼스는 행사의 꽃이며 상징이다

공식행사와 관련해서 보도되는 대부분 사진은 포디움(단상)에서의 연설장면과 퍼포먼스라고 할 수 있다. 특히 퍼포먼스는 행사의 꽃이자 상징이다. 홍보에 유일하게 활용할 수 있는 대표작품이기도 하다. 연설장면이 정적이라면 퍼포먼스는 동적이어서 홍보영상으로 활용하기 좋기 때문이다.

행사에 참석한 대통령은 행사의 주인공들과 함께, 무대에서 행사의 의미를 함축적으로 담은 퍼포먼스를 갖는다. 사회자 구령과 함께 움직이면서 음향효과와 폭죽 등이 분위기를 더욱 고조시킨다.

퍼포먼스에 대한 실제적인 준비는 대개 행사를 맡은 기획사에서 한다. 하지만 그냥 기획사에만 믿고 의전이나 행사담당자들이 손을 놓고 있으면 안 된다. 행사 의미와 강조하고 싶은 부분에 대해 기획사에 충분히 설명하고 시안(試案)을 최소 3개쯤 받는다.

행사성격에 걸맞은 VIP의 드레스 코드

대통령이 참석하는 행사에서 대통령이 참고하는 행사계획표 첫 페이지에 세부계획보다 먼저 표시된 것이 대통령이 착용할 드레스 코드다.

대통령이 모든 행사에서 항상 정장을 입는 것은 아니다. 에너지 절약 전도사인 이명박 대통령은 몸소 실천하는 실천형 스타일이었는데 전통적인 공식행사를 제외하고는 여름에는 노타이 차림, 겨울에는 정장 안에 조끼를 입었다.

군부대를 방문할 때는 '국군의 날'과 같은 전통적 행사를 제외하고는 가슴에 태극마크가 있는 군용점퍼를 입는다. 그것도 육·해·공군 행사에 따라 다른 점퍼를 입는다. 매년 8월에 열리는 '을지훈련' 기간 또는

중앙안전재해대책본부 방문행사에는 노란색 점퍼(민방위복)를 입는다.

이처럼 VIP의 복장 하나만으로도 행사의 의미를 나타낼 수 있다. 행사장과 성격에 걸맞은 복장은 주변 분위기와 한층 어울리게 해준다. 대통령의 복장이 행사내용과 동떨어지면 몹시 부자연스러운 결과물이 나올 수 있다.

야외 행사는 사전에 태양의 위치를 파악한다

공식행사의 장소는 실내 행사와 야외 행사로 나눌 수 있다. 두 가지 장소에는 제각기 장단점이 있다. 야외 행사는 실내 행사에 비해 큰 규모의 행사가 가능하지만 날씨라는 변수가 늘 걱정거리다. 또한 실내 행사보다 신경을 써야 할 것, 준비해야 할 것들이 훨씬 더 많다.

이를테면 태양의 위치까지 파악해야 한다. 계절마다 약간의 차이가 있지만 오후 행사의 경우 태양의 위치는 서쪽을 향하고 있다. 가끔 연설하는 대통령의 얼굴이 찌푸려지거나 눈이 작아지는 모습을 볼 수 있다. 또는 얼굴에 그늘이 생기는 경우도 있다. 태양(햇빛)의 위치를 고려하지 않았기 때문이다.

대통령이 연설대에 섰을 때 태양을 마주 보는 방향은 피해야 한다. 특히 태양이 45도 각도로 있을 때 눈이 제일 많이 부시다. 또한 무대는 주로 트러스(truss)라는 기둥을 사용해서 골격을 만들게 되는데 무대위치를 잘못 잡으면 태양이 트러스 또는 외부 장비에 비쳐 무대에 그늘이 만들어지는 경우가 있다.

야외 행사를 앞두고 장소를 선정하는 과정에서 의전관을 비롯한 관계자, 실무자들이 사전답사를 하게 되는데 세심한 의전관은 행사시간에 태양의 위치까지 파악한다. 그리하여 태양이 무대 정면을 향하게 되면 무대위치를 바꾸거나 행사장을 다른 곳으로 바꾸기도 한다.

대통령의 현장방문 행사

대통령이 참석하는 행사는 대규모 공식행사 이외에도 다양한 행사들이 있다. 현장시찰, 국가장(國家葬)과 조문, 소규모 회의, 방송출연, 위기상황 행보 등이 대표적이다. 이러한 대통령의 현장방문은 이슈에 맞아야 하며 메시지와 행동 그리고 복장까지 일치해야 PI가 제대로 구현될 수 있다.

따라서 의전은 먼저 이슈에 따른 메시지를 파악해야 한다. 아울러 메시지 효과를 극대화 시킬 수 있는 적합한 장소와 대통령의 행동계획을 준비하는 것이 중요하다. 물론 복장은 행사성격이나 현장과 어울려야 한다.

이를테면 공사현장이나 시장을 방문할 때는 점퍼를 착용하고 올림픽에 참가하는 선수들을 격려하기 위해 선수촌을 방문할 때는 운동복, 젊은 대학생들과 만나는 자리는 캐주얼, 워크숍으로 산에 오를 때는 등산복, 농번기 농촌방문 때는 장화와 작업복, 군부대 격려방문 때는 군용점퍼를 착용하는 것이다.

그 다음 대통령의 행동계획은 어떻게 기획할까? 우선 메시지나 이슈에 적합한 장소가 결정되면 대통령에게 특정한 역할을 부여하거나 메시지와 맞는 한경(분위기)을 조성할 수 있게 해야 한다. 예컨대, 군부대를 방문한다면 내무반 장병들에게 둘러싸여 편하게 침상에 걸터앉은 채 대화하는 모습, 연구소 방문 때는 현미경 등을 직접 볼 수 있도록 기획하는 것이다.

2011년 6월 비상경제대책회의 당시 물류의 택배현장에 점퍼를 입고 방문한 대통령은 택배산업 현장의 작업여건 개선을 강조했다. 이러한 메시지와 맞는 것은 일선 택배기사들과 대화하는 모습이다. 좁은 휴게실 공간에서 택배기사들의 애로사항을 청취하고 직접 택배기사들과 함께 물류창고에서 상품을 배송차량에 옮겼다. 이날 언론에는 대통령의 메시지와 함께 그러한 모습들이 보도됐다.

이러한 모습을 담기 위해서는 사전에 많은 노력이 필요하다. 우선 현장의 상황을 잘 담을 수 있는 위치를 정하고 그곳에서 대통령의 이벤트가 실시되도록 준비해야 한다.

대통령에게는 사전에 그러한 이벤트에 대해 미리 설명해 준다. 하지만 그것만으로는 안심할 수 없다. 정해진 이벤트 위치에 있는 택배기사가 대통령에게 직접 "○○를 해 보시겠습니까?" 등의 질문을 하도록 기획해서 자연스럽게 대통령의 행동을 유도해야 효과적이다.

또한 의도적으로 의전관이 직접 개입하기도 한다. 의전관은 택배기사에게 "대통령께 편하게 말씀하세요."라고 당부한다. 하지만 대통령과 처음으로 대화하는 사람들은 쉽게 말을 건네지 못하는 경우가 대부분이다.

따라서 의전관은 대통령 동선의 가까운 거리에서 이벤트를 지켜보다가 돌발상황이 생기면 직접 나서서 설명한다. "대통령님, 지금 이쪽 택배차량이 떠납니다. 가셔서 인사 좀 하시죠." 하며 이벤트를 자연스럽게 유도한다.

그러면 대통령은 "그래? 어디?" 하며 자연스럽게 운전석으로 다가가 "어디로 출발하세요? 오늘도 안전운전하세요. 졸리면 잠시 쉬었다가 운전하시고……." 등의 말을 전하고, 출발하는 택배차량을 바라보며 손을 흔든다.

　이러한 이벤트는 모두 사전에 의전팀에서 기획한 것이라고 할 수 있다. 가장 중요한 것은 대통령의 자연스러운 행동이다. 일부러 "여기에 서시고요. 이렇게 하시면 됩니다. 한 장 찍겠습니다."와 같은 행동은 한 장의 사진을 남길 수는 있지만 현장 근로자의 마음을 담을 수는 없을 것이다. 특히 현장에서 일하는 종사자들에게 방해가 되는 행동은 하지 않도록 주의해야 한다.

　대통령이 장례식장을 직접 방문하는 경우는 국가와 사회에 큰 업적을 남겨 국민에게 존경을 받은 분이 별세했을 때다. 대통령으로서 어떤 역할이 부여되는 경우도 있고 조문(弔問)과 유족들을 위로하는 경우도 있다.

　이때 의전관은 미리 도착해서 별도의 장소에서 상주와 유족들을 위로할 수 있도록 대통령과 참석인원에 맞춰 좌석을 배치한다. 그와 함께 유족들의 심리상태를 파악한 뒤, 상주와 대통령의 도착시간 등을 조율한다.

대통령 행사를 위한 제언

과거 군부독재정권 시절뿐만 아니라 문민정부 이후에도 대통령 참석 행사는 주로 대통령 중심으로 준비됐다. 대통령에 대한 안전과 편의가 무엇보다 중요했던 시절이어서 행사에 초대되는 참석자들에 대한 배려는 찾아보기 어려웠다.

대통령과 사진을 찍기 위해 몇 시간씩 기다려야 하는 경우도 있었고, 행사장에 2~3시간 전에 도착해서 자리에 착석해야 하는 경우도 있었다. 오전 9시에 서울에서 행사가 있을 경우 부산에 사는 참석자는 그 전날 올라와 서울에서 숙박해야 하는 등 참석자들의 불편은 전혀 고려하지 않는 경우가 많았다.

나는 청와대 의전관으로 일했던 경험을 바탕으로 대통령 행사에 대해 몇 가지 제언을 하고 싶다. 과거는 과거일 뿐이다. 현재의 대통령 행사를 준비하는 과정에서도 변화가 필요한 것들이 적지 않다.

대기시간 단축

행사담당자들은 행사의 참석자들이 늦을 것을 우려해서 행사시간보다 훨씬 일찍 도착하도록 통보하는 것이 관행이다. 대개 행사시간 1~2시간 전에 도착하도록 통보한다. 대통령 행사의 경우 경호의 검색대 통과절차가 있어서 더욱 그러하다.

그렇더라도 참석자들을 너무 일찍 참석시키는 것은 지양해야 한다. 경호실 입장에서는 일찍 도착해야 철저히 안정적으로 검문할 수 있다고 생각하는 측면도 있다. 하지만 지나치게 일찍 도착해서 오랫동안 무료한 시간을 보내게 하는 것은 오직 대통령이 중심이며 참석자들을 전혀 배려하지 않는 것이다.

따라서 참석자들을 위해 행사 입장시간을 정확하게 계산해서, 너무 무료하게 대기시키지 않도록 배려해야 한다. 불가피하게 대기시간을 길게 잡을 수밖에 없다면 참석자들이 지루하지 않도록 행사와 관련된 홍보 영상물이나 다과 등을 제공하면 좋을 것이다.

참석자들의 비표문제

대통령이 참석하는 행사에는 반드시 비표가 있어야 입장할 수 있다. 비표는 참석자들에 대한 신분확인의 수단이기는 하지만, 과거부터 계속 내려오는 관행인 측면이 있다. 시대가 변했지만 여전히 참석자들의 비표는 달라진 것이 거의 없다.

비표의 디자인도 과거보다 세련되게 바꾸고 핀(pin)으로 고정하는 것도 집게로 바꿔 탈부착이 쉽도록 하는 것도 참석자들을 위한 배려다. 비표를 가슴에 압핀으로 고정할 경우, 여름옷은 구멍이 생기기 쉽다.

친근한 행사환경

경호의 안전구역을 지나치게 통제하는 것도 지양해야 한다. 특히 대통령이 참석하는 행사장 주변에서 검은색 양복에 딱딱한 말투를 쓰는 사람들은 대부분 경호업무를 담당하는 사람들이다. 경호도 이제는 외모나 언행이 자연스럽고 친근한 이미지로 개선할 필요가 있다. 구태의연한 검은 양복에서 탈피해 다양한 복장과 헤어스타일, 부드러운 태도로 경호에 임한다면 훨씬 친근감을 줄 것이다.

최소의 비용으로 최대의 효과

행사장의 무대와 배경의 설치에 무조건 큰 비용을 들이는 것은 겉치레일 뿐이다. 검소하더라도 행사의 의미를 잘 나타내면 된다. 한번 사용하고 없애버리는 무대에 너무 큰 비용을 들이는 것은 예산낭비다. 최소의 비용으로 최대의 효과를 내도록 아이디어를 짜내야 한다.

행사가 끝난 뒤의 점검

대통령이 참석하는 행사에서 대통령이 행사를 끝내고 퇴장하면 곧바로 경호팀도 함께 철수한다. 경호가 해제되었다는 뜻이다. 그에 따라 행사장도 썰렁해지고 자리에서 일어서는 사람, 퇴장하는 사람들도 많다.

이런 상황에서 마지막까지 행사를 지휘하고 마무리해야 하는 사람은 행사 실무자들뿐이다. 그들도 행사 뒷정리에 몰두하느라고 참석자들에게는 거의 신경을 쓰지 않는다. 그 때문에 공을 들인 행사가 부정적인 평가를 받는 경우도 있다.

참석자들의 퇴장에는 불편이 없는지, 참석자들의 분실물은 없는지, 행사가 완전히 마무리될 때까지 최선의 노력을 다해야 한다. 그렇지 않으면 행사가 시작은 거창하지만 마무리는 흐지부지한 '용두사미(龍頭蛇尾)'가 될 수 있다.

PART 3

우리 대통령과 세계 정상의 의전 스타일

어느 나라의 최고 지도자인 국왕이나 대통령, 총리 등의 말과 행동은 항상 화제의 중심이 된다. 국내에서뿐만 아니라 국제사회에서도 그의 갖가지 행보가 보도를 통해 알려진다.

재미있는 것은 그들의 성격과 취향, 추구하는 스타일에 따라 의전이 맞춰진다는 것이다. 특히 그들의 취임식 행사는 그러한 특성을 잘 구현하고 있어서 큰 관심이 생긴다. 우리나라 역대 대통령들과 몇몇 외국 정상들의 특징 있는 의전 스타일을 살펴보는 것은 흥미로운 일이다.

취임식을 통해 본
우리나라 대통령
의전 스타일

　우리는 대한민국 건국 이래 지금까지 국민의 민주적인 투표를 통해 대통령을 선출했다. 현재의 박근혜 대통령이 제18대 대통령이며 대통령을 역임한 인물은 박 대통령까지 11명이다.
　대통령들은 각자 통치이념과 국정운영방안, 안보와 통일, 외교방침, 국민과의 소통 등에 있어서 저마다의 특징을 가지고 있다. 그러한 우리 대통령들의 특징이나 개성은 대통령 취임식 행사에서 잘 나타난다.
　지난날, 독재정권 시절에는 권위적인 대통령의 모습이 강조되었지만 문민정부가 출범하면서 권위적인 대통령 중심에서 조금씩 변화의 바람이 불기 시작했다. 물론 '대통령'이란 직함이 가진 권위는 국가의 원수, 군통수권자, 최고 정책결정자로서 부각시킬 필요성이 있을 것이다.

그럼에도 불구하고 시대의 변화에 따라 국민은 대통령의 권위적인 모습보다 서민적인 모습으로 국민에게 친근감을 주기를 기대한다. 특정 권력층이나 부유층을 위한 대통령이 아니라 국민들과 소통하는 대통령을 기대하는 것이다.

그러한 국민의 의식변화에 따라 2000년 이후부터는 대통령 행사에서 탈권위적인 모습, 국민과 함께하는 모습을 보여주기 위한 노력이 시작되었다. 대통령에 당선되면 처음으로 갖게 되는 공식행사가 새로운 정부의 출범을 알리는 취임식이다.

이제 박근혜 대통령에 이르기까지 역대 대통령들의 취임식에 나타난 대통령들의 스타일과 취임식의 변화과정을 살펴보고자 한다.

군사독재 시절, 대통령의 권위를 강조한 취임식은 취임식 행사장의 무대, 좌석배치, 대통령의 행동과 말로 잘 나타난다. 그 이후, 문민정부 시대에는 국민을 존중하고 국민과 함께하려는 노력이 참석자들에 대한 배려에서부터 나타난다.

초대 이승만, 윤보선, 최규하 대통령

초대 이승만 대통령은 1948년 7월 24일 오전 10시, 중앙청(옛 조선총독부) 정면 광장에서 헌정사상 처음으로 대통령으로 취임했다. 실외 행사로 제헌국회의원, 미군정 인사, 일반 국민 등 다수가 참석했다. 취임식순은 개회식을 시작으로 주악, 애국가 제창, 국기에 대한 경례, 묵념,

개회사, 선서, 취임사, 대통령 찬가의 노래, 주악, 만세삼창, 폐회의 순서로 진행됐다.

식순에서 '대통령 찬가'가 포함된 것이 특징이다. 아직 이 노래를 기억하는 나이 많은 어르신도 있을 것이다. 노래가사에는 대통령을 '각하'라고 표현했으며, 노래내용에는 다소 대통령을 우상화하고 신격화한 표현들도 있었다.

대통령 찬가

一(일), 그 어느 곳에 슬기었던가 원한의 거슬린 피 뛰어 솟는 곳 온땅의 믿음이 피어나리 고 정의의 불가마 밝게 안기인 우리의 대통령 이승만 각하

二(이), 그 어느 곳에 약속이던가 온하늘 사랑이 높이 솟으라 그리움에 물이 여인 내를 쌓고 평화의 너럭바위 굳이 간직한 우리의 대통령 이승만 각하

三(삼), 그 어느 곳에 결의었던가 삼천리 맑은 물결 길이 끌어 백두의 정수리 높이 보살피는데 행복의 넓은 바다 인자로 그은 우리의 대통령 이승만 각하

1960년 8월 13일 10시 제4대 윤보선 대통령 취임식이 국회의사당(현재 서울시의회 건물)에서 거행됐다. 야외가 아닌 실내 행사였다. 국회 양원(민의원, 참의원) 합동회의로 소규모 인사들만 참석한 가운데 진행됐다.

취임행사도 이승만 대통령 때보다 훨씬 간소화되었다. 이때부터 대통령 취임식에서 '대통령 찬가'가 사라졌다가 제6대 박정희 대통령 취임식 때 한 차례 다시 불렸다. 이어서 전두환 대통령 때 다시 등장했다

가 완전히 사라졌다.

1979년 12월 21일, 최규하 대통령 취임식은 장충체육관 실내에서 3천여 명이 참석한 가운데 당시의 정국 상황에 따라 검소하고 엄숙하게 진행됐다.

처음으로 치러진 대통령 취임식과 초기 행사에는 많은 시행착오가 있었을 것이다. 하지만 아쉽게도 행사에 대한 자세한 내용을 확인하기에는 한계가 있었다. 그러나 '대통령 찬가'와 그 가사내용을 통해서 당시에는 대통령이 얼마나 권위적이었는지 짐작할 수 있다.

군사정권 박정희, 전두환, 노태우 대통령

역대 대통령 가운데 가장 권위적인 대통령이 바로 군사독재 시절에 당선된 대통령들이다. 당시의 경호관계자들은 대통령이 지나가는 이동로의 양옆 건물들의 창문조차 열지 못하게 했다. 그만큼 모든 권력이 대통령에게 집중되었던 시절이다. 대통령을 경호하는 경호실도 막강한 권력을 행사하던 시기여서 대통령이 관련된 행사에서 참석자들에 대한 배려는 전혀 찾아볼 수 없었다.

박정희 대통령 취임식은 모두 다섯 차례나 거행되었다. 제5, 6, 7대 취임식은 실외 행사였고 나머지 제8, 9대는 장충체육관 실내에서 3천여 명이 참석한 가운데 거행됐다.

1963년 12월 17일에 열린 제5대 취임식 장소인 중앙청(옛 조선총독부)

건물 정면에는 '제5대 대통령 취임' 경축을 알리는 플래카드(placard)와 대통령을 상징하는 봉황휘장이 새겨진 대형 현수막이 걸렸다.

그리고 아직 임기가 시작되기 전인 취임식에서 박 대통령은 국회의장으로부터 당시 최고훈장인 무궁화대훈장을 직접 받았다. 취임사에서 "나를 대통령으로 선출해주신 국민 여러분에게 감사드리며……."라고 연설했다.

여기서 '나'라는 표현은 자신의 권위를 좀 더 높이고 자신이 중심이 된다는 의미가 담겨 있는 것 같다. 자신을 낮추고 상대방을 높이는 '저'라는 표현과는 정반대로 당시 얼마나 권위적이었는지 그 표현 한 마디로도 충분히 짐작할 수 있다. 대통령의 권위를 상징하는 봉황휘장 현수막이 취임식을 알리는 플래카드보다 훨씬 더 크게 걸려 있었다는 것도 권위적인 행사의 성격이 강했다는 것을 보여준다.

　1980년 9월 1일, 제11대 전두환 대통령 취임식은 서울의 잠실실내체육관에서 거행됐다. 기존 장충체육관보다는 규모가 크고 초청인원도 9천여 명으로 두 배 이상 늘렸다.
　의전 스타일로 본다면 역대 대통령 가운데 가장 권위적인 대통령이 바로 전두환 대통령이었다. 제6대 박정희 대통령 취임식에서 마지막으로 사용되었던 '대통령 찬가'가 전 대통령 취임식에 다시 등장했다.
　무대배경, 연설대, 테이블과 의자 등 곳곳에 금색 봉황휘장을 넣었고, 무대 상단의 현수막에는 '제11대 전두환 대통령 각하 취임'라고 표기했다. 이것은 박정희 대통령 취임식 때도 현수막에 '각하'를 표시하지 않는 것과 상대적으로 비교가 된다. 그만큼 대통령의 권위를 강조한 것이다.
　또한 무대의 높이도 5m 정도로 굉장히 높게 설치해서 자신의 권위를 과시했다. 단상 바로 아래 앉은 참석자들은 목을 뒤로 젖히고 무대를 쳐다봐야 할 정도였다. 무대에는 레드카펫이 깔렸고, 무척 큰 금색 의자 두 개와 봉황휘장이 새겨진 테이블을 무대 정중앙에 배치했다.

더욱이 황금색깔이 무대 전체 배경이었으니 얼마나 권위에 집착했는지 충분히 짐작할 수 있다. 민주화의 거센 바람이 태동하던 시기에 새로운 변화보다 전통을 중시한다는 구실로 오히려 한층 더 권위를 부각하려고 했다.

1988년 2월 25일 오전 10시, 제13대 노태우 대통령 취임식은 처음으로 여의도 국회의사당 앞 광장에서 대규모 옥외 행사로 거행됐다. 초청인원 규모는 기존 3~9천여 명 수준에서 2만5천 명으로 크게 늘어났다.

취임선서와 취임사 사이에 처음으로 예포발사와 합창이 추가되었고, 이것은 그 뒤의 대통령 취임식에서도 하나의 전통으로 이어져 오고 있다. 그 전의 대통령 취임시에서는 주로 서양음악을 사용했지만 이때 처음으로 국악이 국가의식에 도입되기도 했다.

이처럼 그 전의 권위적인 대통령 취임식보다는 새로운 변화를 시도했지만 권위적인 분위기를 완전히 지우기에는 많이 부족했다. 경축 현수막에 '각하'라는 표현은 사용하지 않았지만 야외 행사임에도 단상에는

지붕을 설치했으며 단상의 높이도 3m 정도로 높았다.

그래도 전두환 대통령 취임식과 비교하면 많은 변화가 있었다고 평가할 수 있다. 무대배경은 봉황휘장이 아니라 무궁화였다. 전두환 대통령 취임식 때 대통령 내외가 앉은 정중앙의 커다란 황금색깔 안락의자가 사라지고, 대통령 내외도 단상 위의 주요참석자들과 같은 일반의자에 나란히 앉았다. 봉황휘장 무늬는 연설대에만 사용했다.

처음으로 국민의 직접선거로 선출된 점을 고려해서 취임식 장소도 국회의사당 앞으로 정하고 참석인원도 그 전보다 3배로 늘린 것도 국민과 함께하고자 하는 모습을 보여주기 위한 것이라 하겠다. 하지만 당시 날씨는 기온이 영하여서 몹시 추웠는데 초청된 참석자들에 대한 배려가 전혀 없었다.

아무튼 군사독재 정권 시절, 당시 국민이 모두 힘들어했던 산업화시대에 대통령은 나라의 중심이며 주인이었고 국민은 땀 흘려 일하는 근로자의 모습으로 표현됐다. 즉, 국민이 나라의 주인이 되는 진정한 민주주의 국가와는 거리가 멀었다.

문민정부 김영삼 대통령

1993년 2월 25일 오전 11시, 제14대 김영삼 대통령 취임식이 국회의사당 앞 광장에서 열렸다. 노태우 대통령 취임식 때와 비슷하게

약 2만5천 명이 초대됐다. 특이한 점은 기존 취임식장에서 써왔던 '경축'이라는 직접적인 용어의 사용을 자제했다는 것이다. 실제 무대 상단에 설치된 현수막에도 '제14대 대통령 취임'으로 대통령 이름도 넣지 않고 심플하게 만들었다.

친환경적인 취임식을 추구하기 위해 초청장을 재생용지로 제작했다. 또한 과거에 실행했던 풍선 날리기와 꽃가루 뿌리기도 하지 않았다. 뿐만 아니라 대통령 이동경로 주변의 시민동원 행사도 제외했다.

하지만 무대에 지붕을 사용하고 무대배경에 커다란 금색 봉황휘장 무늬를 넣었다. 또한 황금색 봉황휘장 무늬가 앞면에 새겨진 연설대를 사용했다. 대통령이 연설대에서 취임사 하는 모습은 뒤로 보이는 커다란 봉황휘장과 어우러져 대통령의 위상과 권위적인 모습을 보여주기에 충분했다.

국민의 정부 김대중 대통령

1998년 2월 25일 오전 10시, 제15대 김대중 대통령 취임식도 김영삼 대통령 때와 같이 국회의사당 앞 광장에서 열렸다. 당시 50년 만에 여·야간 평화적인 정권교체가 이루어져 많은 관심을 받았다.

취임식의 TV 생중계 시청률이 38.6%를 기록할 정도로 국민의 관심이 그 어느 때보다 높았다. 초청된 각계 인사는 약 4만5천 명이었으며 그 전의 대통령 취임식과 비교하면 많은 변화가 있었다.

우선 단상의 지붕을 없애 국민과 함께하는 대통령의 이미지를 나타내려고 했다. 단상에는 약 800여 명이 앉도록 했으며, 기존 사각형 무대가 아닌 그리스 아테네의 직접 민주주의를 상징한 둥근 원형에서 착안해 원형무대로 꾸몄다.

과거 레드카펫을 파란색과 회색으로 색깔을 바꿔 탈권위적 모습을 보이려고 했다. 뿐만 아니라 식전행사로 진행된 '합토(合土), 합수(合水)제'를

통해 전 국민의 화합을 내세운 정부의 이미지 구현을 시도했다. 사전행사로 국악연주와 공연 등으로 참석자들이 지루하지 않도록 많은 볼거리를 제공했다. 국민과 함께하는 콘셉트로 권위적인 요소들을 배제하려고 노력한 것이다.

참여정부 노무현 대통령

2003년 2월 25일 오전 10시, 제16대 노무현 대통령 취임식이 역시 국회의사당 앞에서 개최됐다. 참석규모도 김대중 대통령 취임식 때와 같았다. 인권변호사 출신의 대통령답게 권위적인 요소들을 의도적으로 배제했다.

특히 '참여정부' 출범식의 의미를 살리기 위해서 참석인원의 절반에 가까운 2만 명은 일반국민들을 대상으로 인터넷을 통해 신청을 받아 선정했다. 각계각층의 국민대표 50명을 선정해서 주요 인사들과 함께 단상에 배치했다.

취임식 준비과정에서 일반국민의 아이디어를 접수하여 '참여정부' 취지를 살렸다. 또한 민간인 자원봉사자 200여 명도 행사장에 배치해서 국민참여 이미지를 높이려고 했다.

과거의 단상 중앙에 있는 봉황휘장 무늬가 들어간 대통령 내외의 황금색 대형 의자는 권력을 상징하기도 했다. 시대가 변화하면서

대통령 내외가 착석하는 의자는 단상 위 주요 인사들의 의자와 같은 것으로 바뀌었다.

더욱이 노무현 대통령 취임식에서는 단상과 단 아래의 의자를 모두 똑같은 종류로 배치했다. 이처럼 권위적인 요소를 배제하고 일반 국민을 참여시켜 국민이 주인공이 되도록 배려한 것이다.

이명박 대통령

2008년 2월 25일 11시, 제17대 이명박 대통령 취임식이 국회의사당 앞 광장에서 열렸다. 그동안 대통령 취임식에 초대된 인원보다 1만 5천여 명이 늘어난 역대 가장 많은 6만여 명이 참석했다. 행사에 있어 참석인원수가 단순히 숫자에 불과한 것이 아니다.

취임식 행사를 준비하는 과정에서 참석인원이 늘어날수록 챙겨야 하고 배려해야 할 것들이 늘어난다. 편의 시설은 물론, 돌발상황에 대비한 준비 등 대규모 행사는 그만큼 많은 시간과 노력이 필요하다. '국민을 섬기는 정부'의 콘셉트에 맞게 취임식에서도 국민을 배려하는 여러 모습이 눈에 띄었다.

처음으로 가족단위로 참가신청을 받아 3,885가족 10,244명이 참석했다. '섬기는 정부' 이미지 구현을 위해 무대단상에는 국민과 국민대표, 외빈을 먼저 배치했다. 대신 그동안 관례적으로 단상 위에 앉았던 장관 내정자, 청와대 수석 내정자 등은 모두 단상 아래에 앉게 했다.

특히 '국민을 섬기겠습니다'라는 대통령의 다짐을 구현하기 위해 추운 겨울임을 고려해서 행사시간을 단축하고 참석자들에게 머플러를 제공했다. 이 대통령은 취임선서 후 단 아래로 내려와 일반 참석자들과 좀 더 가까운 위치에서 취임사를 했다.

참석인원이 너무 많아 행사진행을 제대로 볼 수 없는 참석자들을 위해서 대형 LED 전광판을 여섯 곳에 설치했다. 또한 추운 겨울에 야외에 앉아 있는 참석자들을 위해 따뜻한 온수와 손난로 등 각종 편의를

제공했다.

　주한외교사절단 등 외국인 참석자들에게 영어, 일어, 중국어, 러시아어 4개 주요 언어로 동시통역 서비스를 확대했다. 영어를 못하는 영어권 이외의 외국인 참석자들까지 배려한 것이다. 이러한 노력은 세계 10위권 경제대국의 위상에 걸맞은 행사를 보여줌으로써 대한민국의 위상을 한층 높였다고 할 수 있다.

박근혜 대통령

　2013년 2월 25일 11시, 제18대 박근혜 대통령 취임식 역시 국회의사당 앞 광장에서 열렸다. 사실 행사의 의미나 규모로 볼 때 국민을 대표하는 국회의사당만큼 적당한 곳은 찾기 힘들다.

초청인원은 7만여 명으로 헌정사상 최대 규모를 기록했다. 특히 국회의사당 앞의 메인무대 이외에 광장의 잔디밭 중앙에 있는 분수대에 원형무대를 설치해서 다양한 계층의 국민과 함께하는 '참여의 장'으로 만들었다.

의사당 건물 벽면에는 대형 태극기와 '희망 아리랑'을 무대배경으로 설치해 국민대통합의 가치를 표출하는 무대를 꾸몄다. 추운 겨울 참석자들을 위해 무릎담요와 손난로를 기념품으로 나눠주는 배려도 빠지지 않았다.

노무현, 이명박 대통령과 마찬가지로 대통령이 아니라 국민이 나라의 주인인 진정한 민주주이 구현을 위해 행사를 축제처럼 만들었다. 2부 행사에서 가수 싸이가 '말춤'을 추는 대중적인 퍼포먼스까지 마련해서 국민축제 분위기를 만들려고 노력했다.

다만, 단상 위 맨 앞줄에 배치한 황금색 의자는 과거 권위적인 느낌을 갖게 한 것이 아쉬웠다. 또한 참석인원이 너무 많아서 경찰의 통제와 엄격한 신분확인 절차를 거쳐야 했던 참석자들이 불만을 터뜨리기도 했다.

대통령 취임식마다 점점 늘어나는 참석인원이 단순히 새로운 기록 경신을 위한 것이 되지 않도록 참석자들을 위한 철저한 행사준비와 실무자들의 노력이 있어야 할 것이다. 물론 그에 따른 인력과 장비, 예산이 충분히 투입해야 하는 어려움이 있을 것이다.

박 대통령의 취임식 행사 당일 오전 11시 47분부터 지하철 9호선 국회의사당역은 열차가 정차하지 않고 통과했으며 버스들은 모두 국회의사당 주위를 우회해야 했다. 이러한 교통통제에 대한 충분한 안내가 없어서, 이런 사실을 모르고 지하철에서 열차를 기다렸던 승객들이 불만을 제기하기도 했다.

대한민국 대통령의
의전을
돌아보다

국내외에 다양한 형태의 의전이 있지만 어느 나라든 자국 대통령의 의전만큼 중요한 의전은 없을 것이다. 물론 우리나라도 마찬가지다. 의전(儀典)을 이야기하면 대통령 의전을 떠올릴 만큼 의전을 대표한다고 해도 과언이 아니다.

청와대의 의전 담당부서는 말할 것도 없고 대통령의 행차에는 경호, 홍보와 정부의 관련부서, 수많은 관계기관이 동원되어 대통령 의전을 수행한다. 대통령은 국가의 상징적인 인물이자 국민이 직접 선출한 최고 지도자이기 때문에 신변보호와 안전은 물론이고, 그의 시간활용에 단 1분도 어긋남이 없어야 하는 것이다. 따라서 우리나라 대통령의 의전과 관련해서 좀 더 살펴볼 것들이 있다.

권위의 상징, 취임식 봉황휘장의 변천사

　대통령을 상징하는 봉황휘장은 대통령의 권위와 권력의 상징이기도 하다. 두 마리 봉황이 마주 서 있고 가운데 무궁화가 그려진 봉황무늬 표장은 1967년 '대통령 표장에 관한 공고'가 제정된 이후 지금까지 계속해서 사용되고 있다.

　봉황휘장은 주로 대통령이 방문하는 주요 장소, 대통령 전용 항공기와 승용차 등의 교통수단, 대통령(청와대)이 사용하는 물품, 선물 등 다양한 곳에 사용되고 있다. 대통령 첫 공식행사인 대통령 취임식에도 황금색의 봉황휘장을 사용했다. 하지만 연설대에 사용된 봉황휘장은 제14대 김영삼 대통령을 마지막으로 변화가 나타나기 시작했다. 그러한 변화는 권위주의에서 벗어나려는 의도라고 할 수 있다.

　제15대 김대중 대통령 때 두 마리의 봉황을 약간 변형시켜 만든 대통령 취임식 공식휘장을 처음으로 사용했다. 당시 공식휘장은 두 봉황으로 동과 서, 남과 북의 대화합을 기원하는 의미로 만들어졌다. 하지만 권위적 상징인 봉황과 황금색은 친서민 대통령 이미지에는 맞지 않았다.

그 뒤 제16대 노무현 대통령 취임식부터는 지금까지의 봉황휘장과는 완전히 다른 공식휘장이 등장했다. 사람과 태극 그리고 둥근 원을 활용해 '신문고' 문양으로 만들어, 위에서 보면 세 사람이 손을 잡고 큰 원을 이룬 형상이다. 이 문양은 완전함을 의미하며 각각 변화, 안정, 화합을 상징한다.

2008년 1월, 이명박 대통령은 취임식을 앞둔 당선자 시절, 청와대 봉황 무늬 표장을 없애라고 지시하기도 했다. 그 이유는 섬기는 자세로 일하겠다는 새로운 대통령의 각오와 상반되게 권위적인 봉황휘장은 대통령과 국민과의 거리감을 느끼게 하기 때문이었다.

그러니 봉황휘장은 없어지지 않았다. 다만 대통령 취임식장에서만큼은 권위의 상징인 봉황휘장이 사라졌다. 이때 취임식 공식휘장은 우리 고유의 악기인 태평소(太平蕭)와 북의 울림소리를 모티브로, 서로의 화합과 힘찬 미래로 나아가는 벅찬 울림소리가 퍼지는 역동성을 표현한 것이다.

제18대 박근혜 대통령 취임식 공식휘장은 전통 삼태극 문양과 역동의 힘과 새로운 힘을 의미하는 '회오리바람'과 시작을 알리는 울림을 상징하는 '큰북'의 형상으로 디자인했다.

경호의 변화와 문제점

우리나라의 경호수준은 상당히 높아서 국제적으로도 인정받고 있다. 경호의 세계 최고 수준인 미국과 이스라엘에 이어 세 번째쯤 될 것이라고 한다. 1974년 육영수 여사 피살사건과 1983년 미얀마 아웅 산(Aung San) 묘소 폭탄테러 사건이 대통령 경호의 수준을 끌어올리는 결정적인 계기가 되었다.

앞에서도 설명했지만, 각종 국제 행사를 성공적으로 개최한 경험을 통해 경호기법을 수출할 정도로 우리나라의 경호는 수준이 높다. 실제로 카타르 왕실경호대 요원 22명이 우리나라 대통령경호실에서 위탁교육을 받았으며 다른 여러 나라 국가경호대와 교류협력을 추진하고 있다.

대통령이 참석한 행사장에서 검은색 양복, 검은색 선글라스를 쓴 경호관들이 한쪽 귀에 무전기를 착용하고 눈빛과 손짓으로 말없이 움직이는 모습은 대통령 신변안전을 위한 행동이다.

이러한 근접 경호관들의 모습이 멋있게 보일 때도 있다. 그런가 하면 눈에 띄는 경호관들로 대통령이 권위적으로 보이는 원인이 되기도 한다. 하지만 이것은 가시적이고 가끔 TV 화면에 비치는 모습일 뿐이다.

대통령이 참석한 행사장에서 경호구역이 설정되면 그 구역 안에 있는 사람들은 경호의 통제를 받게 된다. 이처럼 엄격한 통제는 행사의 참석자들이나 통제구역 안에 있는 많은 사람에게 큰 불편을 준다.

통제구역 안에 있는 상점들이나 장사하는 상인들은 경호의 통제로 왕래하는 사람들이 적어서 손님이 줄고 시설물에 대한 안전검측까지 받게 되어 울상을 짓는다. 또한 행사 당일에는 초청된 많은 참석자의 신원확인 및 검색대(metal detector) 통과 등의 번거로운 절차와 자유로운 이동이 제한되어 불편을 겪을 수밖에 없다.

통제구역에 있는 모든 시설물과 장비 등은 철저하게 검측이 이루어지기 때문에 구역 내에 있는 사람들은 평소처럼 생활하기는 어렵다. 심지어 행사 통제구역으로 설정한 지역은 '진공상태'가 된다고 할 수 있다. 통제구역에서 해제되기 전까지는 아무것도 할 수 없었다.

문민정부 이전에는 국민보다 대통령을 우선시함으로써 일방적인 통제가 이루어졌다면, 문민정부 이후 시대의 변화와 요구에 따라 차츰 국민의 불편을 최소화하면서 경호안전을 중시하는 쪽으로 변화했다.

노무현 대통령은 "경호도 중요하지만 국민이 기본권에 제한을 받거나 침해받는 일이 없어야 한다."고 강조하기도 했다. 장소를 가리지 않고 검정 양복과 2대8 가르마에 윤기가 흐르는 경호관들의 헤어스타일은 주변의 사람들에게 위화감을 줬다. 아직도 그런 모습을 대통령 주변에서 쉽게 볼 수 있지만 예전보다는 한결 눈에 덜 띈다.

이것은 경호관들이 행사장 분위기와 어울리는 복장으로 위장을 하기 때문이다. 예컨대, 대통령이 참석한 대학교 졸업식장에서는 검은색 양복 대신 졸업가운과 사각모자를, 대통령이 병원이나 연구소를 방문할 때는 의사나 연구원처럼 흰색 가운을 입는다. 그럼에도 여전히 무표정과 2대8의 가르마는 변하지 않는 경호관의 상징이 되고 있다.

언젠가 개인적인 친분으로 잘 알고 지내는 경호관과 식사를 하게 됐다. 그는 사석(私席)이어서 검은색 양복을 벗고 면바지 차림으로 나타났지만 칼날처럼 주름이 잡힌 바지와 정확하게 나뉜 가르마 헤어스타일에는 변함이 없었다. 군대에서 '각(角)'을 중요시하듯, 경호관들은 그들 나름의 절도가 체질화된 듯하다.

사실 대통령을 완벽하게 경호하면서 주변사람들에게 절대로 불편을 주지 않을 수는 없을 것이다. 따라서 국민의 불편을 최소화하는 것이 과제라 할 수 있다. 아무리 숨기려고 해도 대통령 측근에 있는 경호관은 눈에 띈다. 뒤에서 소개하겠지만 오바마 미국 대통령은 일부 공식행사를 제외하고는 사진 속에서 경호관을 찾아보기 힘들다. 의전과 경호 그리고 홍보의 절묘한 협업이 이루어지기 때문이다. 또한 경호통제구역 안에서도 시민들이 자유롭게 왕래할 수 있다는 점에서 미국은 우리와 많은 차이를 보이고 있다.

경호와 홍보 사이에서 중심잡기

대통령마다 성격에 차이가 있으며 성향과 취향이 다르다. 그에 따라 의전 스타일도 달라질 수밖에 없다. 의전뿐 아니라 경호와 홍보의 방향도 달라진다. 그만큼 대통령 각자가 지닌 성향이 중요하다.

과거 군사정권 시절, 군대식 의전문화에 익숙한 전두환, 노태우 대통령은 모든 행사에 있어 정확성을 중요시했다. 따라서 실무자들은 실수 없는 행사를 위해 예행연습을 수없이 반복했다.

김영삼 전 대통령은 조깅 마니아였다. 국내뿐만 아니라 해외 순방

때도 조깅을 즐겼다. 그 때문에 의전실에서는 마사토(굵은 모래)가 깔린 조깅코스를 찾는 데 많은 어려움이 있었다. 아시아 국가들을 순방할 때 김 대통령은 순방국가의 사관생도들과 새벽 조깅을 함께 하기도 했다. 그만큼 조깅을 생활화했다.

김대중 전 대통령은 다리가 불편하기 때문에 실무진에서는 많이 걸어야 하는 긴 동선이나 계단을 이용하지 않도록 하는 준비가 필요했다. 계단의 사용이 불가피한 경우 슬로프(경사판)를 만들어 걸을 수 있도록 준비했다. 될 수 있는 대로 행사장과 가까운 곳에서 하차해서 행사장에 입장하도록 했다. 의전관이 가장 먼저 해야 할 일은 행사 준비과정에서 이동경로의 점검이었다.

노무현, 이명박 전 대통령은 불특정 다수가 모여 있는 장소에서 예고 없이 즉흥적으로 동선을 바꾸는 경우가 많았다. 계획된 동선이 아닌 곳에 사람들이 모여 있으면 즉흥적으로 다가가서 악수하고 인사했다.

특히 이명박 대통령은 전통시장을 방문할 때 의전을 비롯한 실무진에서 미리 정해 놓은 동선을 즉흥적으로 벗어날 경우가 많아서 예측불허였다. 이러한 대통령의 즉흥적인 행동은 경호관들을 혼란스럽게 하고 긴장시킨다. 경호관들을 밀치며 온갖 상인들을 가리지 않고 자유롭게 다가가는 대통령을 막을 수 있는 사람은 아무도 없었다.

정해져 있는 동선을 즉흥적으로 벗어나는 대통령의 돌출행동은 수행원들을 당황하게 만든다. 의전, 경호, 홍보 쪽에서 이미 준비된 동선에 맞춰 시나리오대로 임무를 수행하고 있는데 갑작스럽게 대통령의 동선이 바뀌면 준비된 모든 계획에 차질이 불가피하다.

경호관들의 혼란은 말할 것도 없거니와 의전, 홍보 모두 철저하게 준비한 계획이 어긋난다. 그렇다고 해서, 대통령의 즉흥적인 돌발행동은 오히려 자연스러운 것이어서 막을 수도 없었다.

이런 상황에서 임기응변을 발휘해서 대처해야 한다. 의전에서는 대통령이 예정되어 있지 않은 어느 사람에게 다가가 악수하려는지 재빨리 파악하고 주변상황을 민첩하게 정리해야 한다.

그것도 마구 사람들을 밀어내고 막아서며 정리하는 것이 아니다. 홍보사진을 고려하여 대통령의 행동이 자연스럽고 친서민적이 되도록 해야 한다. 말은 쉽지만 실제로는 무척 어려운 일이다. 홍보팀은 계획했던 카메라 앵글이 바뀌었지만 홍보사진에 차질이 없도록 현장에서 즉각적으로 대처해야 한다.

자칫하면 대통령의 돌발적인 행동으로 의전과 홍보가 엉망이 될 수도 있다. 대통령이 현장을 방문할 때는 대통령의 즉흥적인 행동이 있을 것을 고려해야 한다. 현장을 사전답사하면서 더욱 철저하게 다양한 경우를 가정해야 한다. 아울러 그에 대한 대비책을 미리 세워놓아야 한다.

대통령의 의전에서는 보이는 결과물도 매우 중요하다. 특히 행사 콘셉트에 맞는 사진 또는 영상을 만들어낼 수 있도록 하는 것이다. 행사를 성공적으로 마무리했더라도 잘못 찍힌 스냅사진 한 장으로 큰 곤욕을 치르는 경우도 있다. 좋은 결과물을 위해서는 의전과 경호 그리고 홍보의 삼박자가 잘 맞아야 한다. 각기 다른 악기들이 음색의 조화를 이뤄 멋진 음악을 만들어내는 것과 같아야 한다.

앞서 설명했듯이, 대통령을 보좌하는 실무자들에게는 대통령의 성향을 파악하고 반영하는 것이 무엇보다 중요하다. 의전관, 경호관, 홍보담당자 등 실무자들의 활동방향이 대통령의 성향에 따라 달라진다. 의전을 비롯한 실무자들이 권위적이고 자기중심적인 대통령에게 권위를 버리고 친서민적이고 상대에 대해 배려할 것을 건의하고 요구한다면 문책을 받을지도 모른다.

다행스럽게도 현재는 권위적이고 독단적인 성격에서 벗어나 실용주의를 추구하는 대통령이 늘고 있다. 국민과 소통하고 더욱 친근한 대통령의 이미지를 창출하려고 노력한다. 대통령의 의전, 경호, 홍보도 그러한 노력에 초점을 맞춰야 한다.

홍보는 대통령이 국민 속으로 나가가는 모습을 원한다. 반면 경호는 대통령이 검증된 사람이 아닌 불특정 다수를 만나는 것은 원치 않는다. 신변보호에 어려움이 따르기 때문이다. 어쩌면 홍보와 경호의 관계는 물과 불의 모순된 관계라고 할 수 있다. 대통령이 국민 속으로 들어가지 않고는 소통과 친서민적인 모습을 보여주기 어렵고, 경호는 그럴수록 대통령의 신변보호가 어려워지기 때문이다.

아무리 의전관이 실용적이고 탈권위적인 행사를 기획하더라도 경호의 적극적인 협조 없이는 좋은 결과를 얻어내기가 어렵다. 경호 쪽에서 대통령의 안전을 이유로 근접경호를 선호한다면, 대통령의 전통시장 방문과 같은 행사에서 경호관들이 상인들의 접근을 통제하게 된다. 아무리 노련한 사진기자도 근접 경호관을 피해 사진을 촬영하기는 절대 쉽지 않다.

이처럼 의전과 경호 그리고 홍보는 같은 목적이 있음에도 세부적으로는 업무의 특성이 크게 다르다. 성공적인 행사를 위해서는 무엇보다 이들의 삼박자가 가장 중요하다. 특히 의전이 경호와 홍보 사이에서 중심을 잡아야 한다.

박근혜 대통령의 의전 스타일

박근혜 대통령은 우리나라 최초의 여성 대통령이자 부녀가 대통령이 된 첫 사례다. 그에 따라 남성 위주로 되어 있던 청와대의 각종 시설물과 경호관도 여성 대통령 중심으로 바뀌었다. 대통령 취임식에서 국민과 함께하는 '참여의 장'으로 만들었던 것과 그 뒤의 행보는 많이 달랐다. 무엇보다 국민과 함께할 수 있는 물리적인 시간이 줄었기 때문이다.

우선 그 전에는 청와대에서 조찬과 만찬행사가 많았는데 박 대통령이 취임한 후, 국빈방문 행사를 제외하고는 거의 없다. 청와대 직원들과 소통을 위한 행사도 드물다고 한다.

외부 행사는 모두 '창조경제'와 관련된 행사에만 참석한다는 말이 나올 정도다. 대통령의 이러한 행보는 경호로서는 안전경호가 수월해서 반가워할 것이다. 하지만 대통령이 국민에게 다가가 자연스럽게 소통하는 모습을 기대하는 홍보담당자들로서는 아쉬움이 많을 것이다.

비즈니스에서 만찬은 오찬보다 훨씬 가치가 크다. 음주도 가능한 만찬을 잘 활용하면 상대에 대한 존중과 배려가 담겨 있어 전략적 비즈니스를 성사시키는 데 효과적이다. 또한 정치적으로도 대통령이 민심을 파악할 수 있으며 각계각층을 만날 수 있는 좋은 기회가 만찬이다.

조찬은 참모진들과 얼굴을 맞대고 현안들에 대해 논의할 수 있으며 그들과 자연스럽게 소통할 수 있는 기회가 된다. 박근혜 대통령은 이러한 행보를 자주 하지 않는 것으로 알려져 있다. 하지만 박 대통령의 성향이어서 참모진이 그것을 바꾸기는 쉽지 않다.

나는 외부 초청인사로 2015년 경원선(京元線) 철도 착공식에 참석한 적이 있었다. 행사에 참석하기 위해 서울역에서 준비된 열차를 타고 2시간을 달려 도착한 곳은 '백마고지'역(驛) 행사장이었다.

도착하자마자 내 좌석을 찾을 겨를도 없이 대통령이 입장하면서 행사가 시작됐다. 불과 약 25분 만에 모든 행사는 끝났다. 나를 비롯한 대부분의 초청인사는 곧바로 다시 2시간 동안 열차를 타고 서울역으로 돌아와야 했다. 초청인사에 대한 배려가 전혀 없어 아쉽고 마음이 무거웠다.

2014년, 온 국민에게 충격과 아픔을 준 비극적 사건이 일어났다. 바로 세월호 참사였다. 당시 박근혜 대통령은 경호실과 참모진들의 만류에도 불구하고 엄청난 사고를 수습하고 있는 팽목항 현장으로 향했다. 의전관 경험이 있던 나로서도 놀라지 않을 수 없었다.

당시 실종자 가족들의 심리적 상태를 고려할 때 현장행보는 대통령의 강한 결단이 아니고서는 이루어지기 어렵다. 박 대통령이 유가족, 실종자 가족들이 모여 있는 체육관에 도착해서 그들의 항의를 듣기도 하고, 장관에게 신속하고 효율적인 사고수습을 지시하는 모습은 당국의 늦장대응에 분노하는 국민의 마음을 조금이라도 달래주었다.

그러나 박 대통령의 행보는 경호에서 지켜야 할 선(線)을 넘었다. 세월호가 침몰한 현장에 배를 타고 갔다.

대통령이 육지가 아닌 바다에서 배 위에 있다는 것은 대통령의 신변 안전을 담당하는 경호의 입장에서는 매우 위험하며 만일의 돌발사태에 대비하기 위해서는 많은 인력을 투입해야 한다.

대통령이 청와대를 나와 비행기, 헬기, 기차, 자동차, 선박 등을 이용해서 이동할 때는 눈에 보이는 수행원과 경호인력뿐만 아니라, 보이지 않은 곳에서 육·해·공군과 경찰 등이 동반수행을 하게 된다.

당시 한 사람이라도 더 구조하기 위해 구조팀이 전력을 다하고 있을 때, 대통령이 직접 침몰현장에 찾은 것은 의의가 있을지는 몰라도 구조작업에는 전혀 도움이 되지 않는다.

구조자를 찾기 위해 바다 밑으로 들어갔어야 할 잠수인력도 구조보다 대통령의 경호를 위해 투입이 됐을 것이다. 또한 대통령에게 현장의 상황을 브리핑하기 위해 구조작업에 참여하고 있는 주요 인력들이 구조작업을 뒤로 미루었을 것이다.

2016년 4월, 일본 구마모토 강진 피해 지역을 찾은 일본의 아베 총리와는 대조적이다. 아베 총리는 자신을 위한 의전과 경호에 많은 인력이 투입될 것을 우려해 지진 발생 열흘이 지나서야 현장에 찾았다.

박 대통령은 배를 타고 침몰현장에 가기 전에 다급한 구조작업과 유가족, 실종자 가족들에게 무엇이 더 도움이 되는지를 먼저 생각했었더라면 하는 아쉬움이 남는다.

세월호와 메르스 사태 이후 언론들이 박 대통령의 소통문제를 제기하면서 외부 행사가 부쩍 늘어났다. 하지만 내부 소통을 위한 행보는 단 한 번뿐이었다고 한다. 박 대통령은 청와대 직원 전체가 참석한 아침조회에 단 한 번 참석했다고 한다.

    서민들의 목소리를 직접 듣기 위한 현장행보와 연말 소외계층을 찾아가 위로하고 격려하는 행보도 찾아보기 힘들었다. 노무현, 이명박 두 정부보다 국민과 함께하는 소통의 노력과 권위에서 벗어나는 노력이 좀 부족한 것이 아닌가 하는 의구심마저 갖게 한다.

세계 주요
정상들의
의전 스타일

 글로벌 시대를 맞아 세계 여러 나라 정상들이 참석하는 국제회의가 세계 곳곳에서 끊임없이 열리고, 특정한 나라들 사이의 정상회담도 갈수록 늘어나고 있다. 한 마디로 국제 외교가 무척 활발해지고 있다.
 그에 따라 우리 대통령이 해외 여러 나라를 순방하거나 대규모 국제회의에 참석하고, 특정한 국가의 초청을 받아 국빈방문을 하기도 한다. 또한 외국의 정상들이 그와 같은 목적과 형식으로 우리나라를 방문한다.
 이러한 국제 외교에서 무엇보다 중요한 것이 바로 의전이다. 어느 나라나 다른 나라의 정상이 방문하게 되면 예우를 갖추고 정중하게 맞이해서 국빈대우를 한다. 의전이 소홀하면 국가 간에 결례가 되어 외교에 큰 영향을 미치기도 한다. 의전에 한 치의 소홀함이 있어서도 안 되고, 의전이 목표하는 존중과 배려를 통해 상대방이 감동할 수 있도록 최선을 다해야 한다.

우리나라를 방문하는 외국 정상, 특히 국빈초청일 경우, 또 우리 대통령이 외국의 초청을 받아 국빈방문을 할 때의 의전은 현지에 도착할 때부터 정중하면서도 화려하게 펼쳐진다.

먼저 영접행사만 보더라도, 전용 탑승기의 문이 열리고 우리 대통령이 계단을 내려서는 순간부터 정중한 영접이 시작된다. 국빈방문이라면 방문국가 정상이 마중을 나오고 그 나라의 주요 인사들이 도열해서 환영인사를 한다.

이어서 두 나라 정상이 악대의 환영연주와 함께 레드카펫을 지나 의장대를 사열한다. 국가에 따라서 예포를 쏘기도 한다. 저녁에는 양국의 주요 인사들이 참석하는 화려한 국빈만찬이 열린다. 국제 의전은 정말 멋있다.

그러한 모습들은 양국의 매스컴을 통해 낱낱이 보도되는데, 때로는 파격적인 사진 한 장이 감동을 주기도 하고 뜻밖의 스냅사진 한 장이 양국의 어느 쪽 국민에게 분노를 사기도 한다.

또한 요즘 국제 사회에서 갖가지 끔찍한 테러가 자주 발생하고 있어서 각국 정상들의 신변안전을 위한 철통 같은 경호에 최선을 다한다. 특히 우리나라와 같이 남북이 첨예하게 대립하고 있는 분단국가나 적대국이 많은 강대국의 정상, 더욱이 미국 대통령은 항상 테러에 노출되어 있어서 무엇보다 경호가 우선한다.

우리나라도 당연히 초청된 외국 정상에 대한 의전이나 홍보보다 철저한 경호가 우선이다. 그러면서도 두 나라 정상이 모두 시대의 변화에 맞는 이미지를 구현해야 한다. 말하자면 경호와 홍보가 조화를 이루어야 하는데 이미 설명했듯이 경호와 홍보는 양날의 칼과 같아서 결코 쉬운 일이 아니다.

뿐만 아니라 각국의 정상들도 그들 나름의 성향이 있으며 선호하는 의전 스타일이 있다. 초청하는 나라에서 이러한 것들에 대한 배려가 없다면 초청된 외국 정상이 감동하기 어렵다. 여기서 세계 주요 국가 정상들의 의전 스타일을 살펴보는 것도 흥미 있을 것이다.

오바마 미국 대통령

알다시피 미국은 세계 초강대국으로서 테러의 위험성이 매우 높은 나라다. 9·11 테러와 보스턴 마라톤 대회의 테러 등이 그러한 위험성을 잘 말해준다. 또한 누구나 총기를 소지할 수 있어서 일찍이 링컨(Abraham Lincoln) 대통령부터 케네디(John F. Kennedy) 대통령과 동생인 로버트 케네디(Robert Kennedy) 당시 법무장관도 총탄에 피살됐으며 레이건 대통령도 빈틈없는 경호에도 불구하고 피습을 당했다.

이러한 역사적 경험에 따라 대통령에 대한 경호를 최우선으로 하는데도, 각종 보도사진을 보면 오바마 대통령은 항상 자유분방하고 권위를 버린 소탈하고 격의 없고 친근한 모습이다. 그만큼 의전, 경호, 홍보의 삼박자가 조화를 이루고 있기 때문이다.

2011년, 테러집단 알카에다(Al-Qaeda)의 최고 지도자 오사마 빈 라덴(Osama Bin Laden)이 미국 해군 특수부대의 작전에 의해 제거될 때, 오바마 대통령은 참모진들과 함께 제거작전의 진행과정을 영상을 통해 지켜보고 있었다. 그때 오바마 대통령은 정중앙이 아닌 뒤쪽의 낮은 좌석에 앉아 작전실황을 지켜보고 있었다.

그 모습이 담긴 영상과 사진을 전 세계 언론들이 보도했다. 그런 모습을 본 미국 국민만 아니라 각국의 국민은 오바마 대통령의 표정과 복장, 그리고 주변환경이 너무 자연스럽고, 권위나 지위를 내세우지 않는 소박한 모습에 놀랐을 것이다. 얼핏 보면 대통령이 그곳에 있는지 없는지 전혀 돋보이지 않았기 때문이다.

만약 비슷한 상황이 우리나라에도 벌어졌다면 대통령은 위기관리센터 중앙에 앉아서 국방부장관 또는 위기관리실장으로부터 실시간으로 상황을 보고받고 직접 필요한 지시를 내렸을 것이다.

오바마 대통령은 그만큼 격의가 없고 소탈하다. 시민들과의 접촉도 자연스럽다. 햄버거를 좋아하는 오바마가 직접 햄버거 가게에 들러 주문하는 모습이 언론에 여러 차례 공개된 적이 있다.

미국 사람들에게 햄버거는 누구나 부담 없이 먹을 수 있는 대중적인 한 끼 식사메뉴다. 대통령이 먹는 햄버거라고 해서 특별한 것은 아니다. 일반식당에서 보통사람들이 먹는 같은 종류의 햄버거를 주문하고, 보통사람들과 섞여 앉아 함께 먹는 모습은 더 없이 서민적인 이미지를 보여준다. 오바마 대통령의 이러한 행보는 미국 국민에게 대통령도 자기들과 크게 다르지 않다는 친근한 이미지와 공감대를 형성하게 해준다.

이처럼 오바마 대통령의 탈권위적이고 소탈한 모습은 공식 또는 비공식 행사에서 쉽게 찾아볼 수 있다. 백악관에 초청된 한 어린이가 대통령의 머리카락에 호기심이 생겼는지 만져봐도 되겠냐고 묻자, 오바마는 주저 없이 고개를 숙여 어린이가 머리카락을 만질 수 있도록 해줬다. 그리하여 오바마는 아이들의 눈높이까지 맞추는 대통령으로 화제가 되기도 했다.

이러한 대통령의 모습은 국민으로 하여금 친근감을 느끼게 하며 우리와 멀리 떨어져 있는 특별한 존재가 아니라 우리와 함께하는 사람이라는 인식을 미국 국민들에게 심어주고 있다.

2016년 5월, 오바마 대통령은 미국 대통령으로서는 처음으로 베트남을 방문했다. 이는 과거 치열한 전쟁으로 적대국이었던 베트남이 이제는 동맹국임을 보여주며 유대감과 친밀감을 나타내는 전략적 행보였다.

방문기간 중, 오바마 대통령은 베트남에서 방영되고 있는 CNN의 음식 프로그램을 진행하는 유명한 셰프, 앤서니 부르댕(Anthony Bourdain)과 함께 허름한 대중식당을 찾아 쌀국수를 먹는 모습이 화제가 됐다.

싸구려 식당에서 현지인들과 똑같이 등받이도 없는 파란 플라스틱 의자에 앉아 베트남 사람들이 즐겨 먹는 쌀국수를 먹고 맥주를 마셨다. 좁은 식당 안에 오바마가 앉은 테이블 주변에서 식사하는 베트남 사람들은 옆에 오마바 대통령이 쌀국수를 먹고 있다는 사실을 의식하지 않는 듯 태연한 모습으로 식사하고 있었다. 틀림없이 두 나라의 의전, 경호, 홍보팀에서 어떤 지시가 있었을 것이다.

그렇다면 미국 대통령은 경호가 허술하고 느슨한 것일까? 아니면 경호보다 홍보를 더 중요하게 생각하고 있는 걸까? 항상 테러 위협에 노출된 미국 대통령의 경호가 허술할 까닭이 없다. 전 세계에서 대통령 경호를 가장 중요시하며 철통같은 경호를 펼치기로 유명한 나라가 미국이다.

미국의 대통령 경호는 SS(Secret Service)라는 조직이 맡고 있다. SS는 국가의 비공식 조직으로 운영하다가 1906년 이후 합법화되었다. 미국에서는 대통령을 살해하겠다는 협박이 1년에 무려 3천 건 정도가 접수된다고 한다. 특히 오바마가 대통령으로 취임한 이후, 대통령 살해협박이 더욱 늘어나고 있는 것으로 알려졌다.

미국의 대통령 경호요원 훈련센터(James J. Rowley Training Center) 교관은 "조지 부시 대통령은 행사 때마다 참석자들과 악수하는 의전이 포함되어 있느냐고 경호관들에게 질문할 정도로 신변안전과 경호에 무척 예민했지만 이제는 상황이 많이 달라졌다."고 말했다.

그러면서 "오바마 대통령은 빌 클린턴 전 대통령처럼 의전계획에 없는 우발적인 행동을 서슴지 않는 대통령"이라며 어려움을 토로했다. 따라서 경호 훈련생들에게 오바마 대통령의 "돌발적이고 파격적인 상황에 대비할 수 있도록 긴장의 끈을 늦추지 말라."고 요구한다고 말했다.

뿐만 아니라 미국 대통령이 외국을 방문할 때는 세계에서 가장 많은 수행원과 경호장비, 차량 등 엄청난 최신 장비들을 직접 공군기에 실어 방문국가로 옮긴다. 외국 방문 당일에는 미국 대통령 전용기의 상징인 '에어포스원'을 비롯해서 모두 3대의 대통령 전용기가 움직인다.

정상들의 외국 방문 때 함께 움직이는 전용기의 숫자는 강대국을 상징하기도 한다. 미국과 러시아의 정상들이 3대의 전용기를 이용한다. 세계 10대 경제대국이라는 우리나라는 대통령 전용기를 항공사로부터 4년간 임대해서 한 대를 운행하고 있다.

2010년 11월, 우리나라에서 개최됐던 G20 정상회의 때, 미국은 행사기간에 사용할 방탄차 '올뉴 캐딜락 리무진(All New Cadillac Limousine)'을 사전에 미군 군용 수송기를 이용해 싣고 왔다. 오바마 대통령은 G20 정상회의 장소였던 서울 코엑스에 미국에서 특수 제작한 슈퍼 방탄차 '캐딜락 프레지덴셜 리무진(Cadillac Presidential Limousine)'을 타고 왔다.

대통령이 탑승한 전용차가 행사장에 도착하면 경호팀이 철통 같은 경비를 서고 승용차 도어도 경호관이 직접 연다. 전용차량의 전후면 차체와 하체 밑바닥은 수류탄과 미사일에도 내부 탑승자를 보호할 수 있도록 설계되어 있다.

백악관 경호실의 경호관들은 대통령에게 위기 돌발상황이 발생했을 때, 대통령을 에워싸며 자신들은 생명을 던지는 '죽는 훈련'에 집중하는 것으로 알려져 있다. 훈련 교관들은 '죽은 자의 10초'를 강조하며 죽는 순간이라도 10초 동안은 숨을 쉴 수 있으므로 포기하지 말고 적을 향해 총을 쏘라고 강조한다는 것이다.

미국 대통령이 차량에서 하차할 때는 정문보다는 외부의 공격 가능성이 낮은 실내 공간인 지하 주차장 또는 후문을 이용한다. 또한 행사 장소는 행사를 시작하기 전에 탐지견이 지하, 천장, 좌석 등을 빈틈없이 수색하고 건물 내부도 폐쇄 후 금속 탐지기로 철저하게 점검한다. 심지어 그 범위가 화분이나 휴지통까지 검사한다.

대통령이 사고를 당하면 국가의 재앙으로까지 이어질 수 있으므로 사고의 가능성이 있는 만일의 경우까지 대비하는 것이다. 매스컴을 통해 보이는 미국 대통령의 모습과는 전혀 다르게, 보이지 않는 곳에서는 빈틈없는 경호작업이 펼쳐지고 있다.

그렇다면 매스컴을 통해 보이는 오바마 대통령의 자유분방하고 소탈한 모습은 어떻게 만들어지는 것일까?

대통령의 성향과 관련된 의전 스타일에 따라 차이가 있지만, 공통적인 것은 의전과 경호 그리고 홍보의 삼박자 협업 시스템이 잘 이루어지기 때문이다. 또한 미국 대통령은 보이기 위한 경호를 하지 않는 것이 특징이다. 우즈베키스탄, 카자흐스탄 등과 같이 대통령의 권력이 막강한 나라는 대통령에게 보여주기 위한 경호나 의전을 한다. 권력을 과시하도록 하는 것이다.

미국 내에서 대통령이 참석하는 행사는 행사장소와 이동경로에 경호구역이 정해지면 그 구역에 대한 경호와 주변 경비는 빈틈없이 이루어진다. 하지만 경호구역 안에서는 누구라도 자유롭게 행동할 수 있다.

참석자들이 행사장에 입장할 때 신원확인 등의 철저한 검색과정을 거치고 나면, 경호구역 안에서도 자유롭게 움직일 수 있다. 행사장의 다른 건물로 이동해도 별도의 검색대를 통과하지 않는다. 대통령이 오가는 참석자들 눈앞에 나타나도 별다른 통제를 하지 않는다.

2016년 4월 말, 오바마 대통령은 백악관 출입기자단을 초청해 만찬행사를 가졌다. 이 행사에 참석했던 우리나라 기자는 한 가지 특이한 점을 관련기사에 실었다. 대통령이 참석한 행사지만 매우 자유로운 분위기가 인상적이었다는 것이다.

식사를 하는 대통령 옆으로 다가가서 기념사진을 찍는가 하면, 모두 제멋대로 움직여 무질서하고 산만한 느낌이었지만 경호관들은 전혀 나서지 않았다고 했다. 그만큼 경호구역 안에서는 자유롭기 때문에 대통령의 모습도 소탈하고 자유분방하게 보이는 것이다. 물론 그것은 보여주기 위한 것이 아니라 오바마 대통령의 진정한 모습이다.

하지만 행사장소가 결정되면 의전, 경호, 홍보 담당자들은 모든 것을 세밀하게 기획한다. 오바마는 2015년 5월 수제버거 가게인 '쉐이크쉑(Shake Shack)'을 방문해 햄버거를 맛보고는 엄지손가락을 치켜세웠다.

이어서 오바마는 "이 가게는 직원들에게 시간당 10달러 이상의 임금을 지불하고 있다고 합니다."라고 말하며 칭찬했다. 이것은 당시 대통령 자신이 추진하고 있는 최저임금 인상의 필요성을 의도적으로 강조한 것이다. 모두 의전, 홍보 시나리오에 따른 것이기도 하다.

이렇게 사회적 이슈와 국정과제에 걸맞은 행사 일정과 홍보계획을 수립하는 것은 홍보의 몫이라 할 수 있다. 그 기획행사가 실제 성공적 실행을 위해 장소 섭외와 세부계획 그리고 이를 실행에 옮기는 역할은 의전의 몫이다. 행사당일 대통령 신변에 대해 갑작스러운 돌발상황에 대비한 사전준비 및 당일 대통령의 신변보호는 경호의 몫이다.

오바마 대통령의 PI는 이처럼 의전, 경호, 홍보가 협업을 통해 절묘한 조화를 이루기 때문에 가능한 것이다. 대통령의 권위와 신변안전을 위해 지나치게 경호에 치중하는 나라에서는 보기 어려운 일이다. 그러한 삼박자의 조화가 미국 대통령을 더욱 돋보이게 하는 것이다.

메르켈 독일 총리

경제대국 독일은 의원내각제로 현재 3선 연임에 성공한 앙겔라 메르켈 총리가 행정수반이다. 유럽의 의원내각제에서는 총리가 행정수반으로서 실질적인 권력을 가지고 있다. 대통령은 국가원수로서 상징적인 의미를 갖고 있으며 국가를 대표할 뿐이다.

근래에 와서 이슬람 무장세력 IS(Islamic State)의 테러가 유럽 여러 나라에서 잇따라 발생하기 전까지만 해도, 대부분의 유럽국가들은 대통령에 대해서는 강력한 경호를 하지 않았다.

경호의 강도(强度)에 대한 판단기준은 해당 VIP가 외국을 방문할 때 상대국에게 경호에 필요한 경호요원과 장비, 방탄차량, 통제요청 등에 대해서 주문사항이 얼마나 많고 요구가 강한가에 따라 구분된다. 또한 대통령과 함께 움직이는 수행인원, 경호요원, 경호장비 등의 규모에 따라 경호의 강도를 충분히 짐작할 수 있다.

미국과 달리 독일의 메르켈(Angela Merkel) 총리는 외국을 공식 방문할 때, 상대국에 과도한 경호를 요구하지 않는 것으로 알려져 있다. 그렇다고 의전과 경호에 소홀한 것은 아니다. G20 서울정상회의 때는 의전 차량으로 아우디 방탄차량을 직접 공수해 와서 사용했다.

2014년 독일의 폭스TV 쇼 프로그램인 〈쇼핑 퀸〉의 제작진이 베를린의 '갤러리 라파예트(Galeries Lafayette)' 백화점 안에 있는 슈퍼마켓에서 촬영하다가 보통주부들처럼 평범하게 장을 보고 있는 메르켈 총리를 우연히 발견했다. 당시 방송진행자가 직접 쇼핑을 하고 계산대에 줄을

PART 3 우리 대통령과 세계 정상의 의전 스타일 **199**

섰는데 바로 방송진행자 뒤에 메르켈 총리가 섰던 것이다.

그 슈퍼마켓은 메르켈 총리가 22년 동안이나 드나들던 동네 단골슈퍼였다. 이날도 여느 때와 마찬가지로 낡은 쇼핑백을 들고 나타난 총리는 1유로 동전을 넣고 카트를 꺼내 본인이 직접 작성한 메모지를 보며 생필품들을 카트에 담았다. 채소, 밀가루, 토마토소스 등 거의 평범한 식료품들이었다.

그러한 모습이 카메라에 포착되면서 메르켈 총리의 서민적인 가정생활이 화제가 되기도 했다. 당시『빌트』지의 칼럼니스트인 프란츠 요제프바그너는 "우리의 총리는 백만장자들의 요트를 타고 빈둥대지 않는다. 그녀는 슈퍼마켓에서 줄을 서고, 거스름돈을 직접 챙긴다. 그녀는 소박하다. 멋지다."라고 소개했다.

이날 총리를 수행한 경호관은 겨우 두 명뿐이었다. 그것도 총리 뒤쪽 멀리 떨어져서 쇼핑하는 모습을 지켜보는 수준이었다. 사람들은 '사람 냄새나는 메르켈의 모습'에 총리도 우리와 같다는 생각을 하게 된다.

이러한 메르켈의 검소하고 평범한 행보는 여러 곳에서 찾아볼 수 있다.

그녀가 10년 넘게 여름휴가를 가는 곳은 이탈리아 섬 '이스키아 섬(Ischia)'에 있는 호텔이다. 그곳에서 파파라치로부터 평범한 수영복 차림의 메르켈 총리 모습이 사진에 찍혀 공개되기도 했다. 그 때문에 독일의 매스컴들은 오히려 "메르켈 총리도 할머니일 수 있다는, 우리가 지금까지 생각하지 못했던 모습을 보였다."면서 "총리도 평범한 우리 중 하나"라는 것을 강조하며 친근한 이미지를 강력하게 전달시켜 3선에 성공하는 데 긍정적으로 작용했다는 평가가 있다.

또한 메르켈 총리가 18년 동안이나 똑같은 블라우스를 입고 페스티벌에 참가한 사진이 공개되어 크게 주목을 받기도 했다. 1996년, 2002년, 2014년, 모두 같은 옷이었다. 진정으로 검소한 총리라는 사실은 의심할 여지가 없다.

실제로 G20 서울정상회의 리셉션 장소에서 내가 직접 볼 수 있었던 메르켈 총리의 인상은 친근하고 서민적인 느낌이었다. 복장이 화려하지 않고 머리도 단발머리에 단정한 옷차림이 푸근한 어머니 또는 할머니와 같은 인상이었다.

미국이 경호의 강도가 높으면서도 오바마 대통령은 탈권위적이며 소탈한 이미지로 PI 관리가 효율적으로 이루어졌다면, 메르켈 총리는 경호에 크게 집착하지 않음으로써 서민적이고 진솔한 이미지가 꾸밈없이 이루어지고 있는 것이다.

대통령 또는 행정수반이 상대국가에 방문할 때 미국, 러시아, 중국 순으로 경호경비에 대해 강하게 요구한다. 상대적으로 유럽의 국가들은 경호에 대해 상대국에 무리한 요구를 하지 않는다.

2005년 주르차니(Gyurcsáy Ferenc) 헝가리 총리가 방한했을 때 공식일정이 끝난 뒤 저녁에는 수행원 몇 명만 데리고 명동시장을 찾았다. 그는 특별한 경호를 받지 않고 시민들과 함께 걸었다. 또 근처의 호프집에 들러 여유롭게 맥주를 마시고 숙소에 돌아왔다. 명동거리를 거닐던 시민들은 그들이 헝가리 총리 일행이라는 사실조차 몰랐을 것이며 그냥 평범한 외국인 관광객들로 생각했을 것이다.

시진핑 중국 국가주석

중국은 평등성과 전통성을 중시하면서도 사회주의적 사고가 국가의 행사준비에서도 분명하게 나타난다. 정상회담의 경우만 하더라도 배석자 숫자에 제한을 두지 않기 때문에 참석자들의 숫자도 많다. 또한 직급이 낮은 직원이라도 필요할 경우 배석을 허용한다.

그렇지만 정상회담 때 상대국 정상과 주요 배석자들과 마주 보는 제일 앞 줄 좌석에는 여유가 있어도 고위직이 아니면 앉지 못한다. 그것은 중국의 전통적인 유교사상에 따라 서열을 중요하게 여기기 때문일 것이다.

시진핑 주석이 외국을 방문할 때는 전용기 2대를 사용한다. 알다시피 중국의 정치는 사회주의 체제로 정부가 강력한 권력을 가지고 있다.

따라서 경호에서도 주석에 대한 신변안전보다 중국이라는 국가의 우월성과 권위를 과시하기 위해 경호의 강도가 높은 편이다. 일반적으로 지금까지 공산국가나 사회주의국가는 의전행사에 있어서도 국민의 편의보다 국가와 지도자를 중심으로 하는 경향이 있다.

2008년 쓰촨 성에 강진이 발생해서 당시 후진타오 주석이 기차를 타고 현장을 방문했다. 열차가 플랫폼에 도착했을 때 지진으로 균열이 생긴 곳을 다급하게 메우고 그 위에 붉은 양탄자를 깔았다. 이를 발견한 후진타오 주석이 기차를 더 주행하도록 해서 양탄자가 없는 곳에 내린 일도 있었다. 중국은 G2의 국제적 위상을 의식해서인지 중국 정상에 대한 다른 나라들의 예우에 무척 민감하다. 의전격식에 있어서도 중국 주석이 방문하는 상대국에 많은 것을 요구하며, 경호에 필요한 요구사항들도 무척 많다.

중국 내 티베트 족과 같은 소수민족 등으로부터의 혹시 모를 위험 때문에 강력한 경호를 요구하는 경우가 많지만 세계 강대국임을 과시하려는 의도가 더 큰 것 같다. 중국은 주석의 외국 방문 때 파룬궁(法輪功, 기공의 한 종류인 심신수련법)에 대해 상당히 민감한 반응을 보인다. 시진핑 주석이 우리나라를 방문했을 때, 파룬궁 단체뿐만 아니라 일인(1人) 피켓시위도 보이지 않도록 조치해달라고 우리 측에 강력하게 협조를 구하기도 했다.

중국은 싱가포르, 중동국가, 콜롬비아처럼 국가행사의 진행에 있어서 의전담당자들이 모든 결정권을 갖고 있는 것이 특징이다.

아베 일본총리

　일본총리의 의전은 행사 준비과정에서부터 철저한 계획을 수립하는 것으로 잘 알려져 있다. 행사 세부계획은 우리와 비슷하게 시간대별로 작성하고 행사담당자들의 개인행동 계획을 별도로 작성해 두기도 한다.
　또한 상대에게 지나칠 정도로 세심한 배려를 보이는 것도 특징 가운데 하나다. 자신들의 주장을 강하게 내세울 때도 상대에게 조심스럽게 접근하며 집요하게 요구하지 않는다. 그것이 일본인들의 특성이기도 하다. 일본은 전통적인 격식을 중요시하면서도 서구적 문화를 선호한다.
　제2차 세계대전 이후, 신격화되어 있던 일왕의 '인간선언'으로 더 이상 일왕은 신이 아님을 스스로 인정했다. 하지만 일본 헌법 제1조에 '일왕은 일본국의 상징이며, 일본 국민 통합의 상징'이라고 규정할 만큼 일본인에게 일왕은 중요한 의미를 갖는다. 의전행사에서도 그러한 문화를 확인할 수 있다. 심지어 일왕의 사촌이라도 행정수반으로 실권을 가진 총리보다 서열을 우위에 놓기도 한다.
　한일 양국이 공동개최한 2002년 월드컵 개막식이 서울에서 열렸을 때, 이 행사에 왕족인 일왕의 사촌동생과 당시 고이즈미 준이치로(こいずみじゅんいちろう, 小泉純一郎) 일본총리가 참석했다. 행사가 끝나고 행사장을 떠날 때, 일본 측은 총리보다 일왕의 사촌동생이 먼저 승강기로 내려가도록 준비해줄 것을 우리 측에 강하게 요구했다. 이것은 일본에서 평민인 총리와 왕족의 예우가 다르며 왕족이 서열이 더 높다는 것을 말해준다.

일본은 총리가 외국을 방문할 때 강대국 수준인 전용기 2대를 운행하지만 상대국에 과도한 경호인력과 장비 등을 요구하지 않는 것이 특징이다. 일본의 총리들이 우리나라를 방문했을 때도 그러했다. 이것은 다른 의원내각제 국가들과 비슷하며 상대적으로 테러의 위협이 적기 때문일 것이다. 그러나 행사의 사전준비만큼은 매우 철저하다.

푸틴 러시아 대통령

러시아는 강대국으로서의 위상을 의식해 행사준비 과정에서 사전 정보교환에 인색하다. 블라디미르 푸틴(Vladimir Putin) 러시아 대통령이 우리나라를 방문했을 때도 그 때문에 우리 실무자들이 무척 어려움을 겪었다. 또한 행사를 그들이 의도한 대로 일방적으로 진행하는 경우가 많다.

따라서 상대방에 대한 배려보다는 자신들의 주장대로 주도하려는 경향이 강하다. 하지만 한 번 약속한 내용에 대해서는 다시 번복하는 경우는 거의 없다. 행사를 준비하는 실무자 입장에서는 이러한 태도가 일하기에 한결 편하다.

러시아 국내에서 중요한 행사를 할 때는 30차선이 넘는 중심도로를 완전히 통제하기도 한다. 과거에는 우리나라도 대통령 차량이 이동할 때 양방향 도로를 모두 전면 통제했다. 하지만 김영삼 대통령 때부터 국민의 불편을 최소화하기 위해 반대차선은 개방하기 시작했고, 그 뒤 이명박 대통령 때부터는 도로를 통제하지 않고 일반 차량도 같이 다닐 수 있도록 했다.

하지만 러시아의 경우는 아직도 양방향을 전면통제하는 것으로 알고 있다. 또한 갤러리, 음식점 등 민간구역을 대통령이 방문할 때 해당 층만 통제하는 우리나라와는 달리, 러시아는 건물 전체를 통제해 진공상태로 만든다. 이러한 모습은 국민의 편의보다 국가와 정상을 우선시 한다는 증거가 될 수 있다.

러시아도 대통령의 외국 방문에는 전용기 3대를 운행하는 국가다. 자국 내에서 여러 민족의 갈등과 마찰이 끊이지 않아 테러가 자주 발생하고, 푸틴 대통령에 대한 반대세력이 존재하기 때문에 대통령에 대한 경호는 매우 강한 수준이다.

페레스 이스라엘 대통령

이스라엘 비밀경호대 또는 숨겨진 방패로 불리는 '신베트(Shinbeit)'가 국내 보안을 담당한다. 한 치의 오차도 없는 강력한 VIP 경호로 유명하다. 그들은 이스라엘 내부의 팔레스타인인들 움직임까지 감시한다.

지하드(Jihād), 하마스(Hamas) 등 팔레스타인 과격파들의 이스라엘 극우집단에 대한 암살과 테러의 위협이 매우 높다. 지난 4월에는 예루살렘에서 버스 자살폭탄 테러가 발생하기도 했다. 이스라엘은 범인을 하마스의 대원으로 지목한 바 있다.

이스라엘처럼 적대국가, 적대세력이 많은 나라는 그에 비례한 강력한 경호조직을 가지고 있다. 이스라엘 정상이 외국을 방문할 때도 상대국에 강도가 가장 높은 경호를 요청한다.

2010년 6월 8일, 시몬 페레스(Shimon Peres) 당시 이스라엘 대통령이 3박 4일 일정으로 우리나라를 공식 방문했다. 1997년 베냐민 네타냐후(Benjamin Netanyahu) 총리가 방한한 적은 있지만 대통령으로서는 처음이었다(고령의 페레스 전 대통령은 2016년 9월 28에 별세했다. 이스라엘은 그의 장례를 국장으로 집행했다).

페레스 대통령은 서울 신라호텔에 투숙했다. 당시 이스라엘 경호책임자는 한국에 반(反)이스라엘 세력들이 있으니 이들에 대한 동향감시를 요구하고 정문이 아닌 후문으로만 이동할 수 있도록 조치해줄 것을 요청하기도 했다.

당시 국제사회에서 이스라엘의 학살에 대한 비난 수위가 높아졌기 때문이다. 더욱이 이슬람 국가들의 반이스라엘 규탄시위가 예고되어 경호의 긴장감이 최고조에 달했었다.

우리 대통령과
각국 정상들의
경호 유형

앞에서 우리나라 역대 대통령들과 외국 주요 정상들의 의전 스타일을 살펴봤지만, 의전에 못지않게 중요한 것이 경호라는 것도 알 수 있었다. 그렇다면 그들의 경호에 대한 인식은 어떠했는지 살펴보는 것도 흥미가 있을 것이다.

그것은 경호관들에게 물어보는 것이 가장 정확하다. 하지만 현직 경호관들은 그에 대해 말하기를 조심스러워했다. 그런 심정은 충분히 이해가 됐다. 따라서 나는 전직 경호관들을 개별적으로 만나 정상들의 경호에 대한 인식을 물어봤다. 그 결과 대략 세 가지 유형으로 분류할 수 있었다.

소극적 유형

이 유형에 해당하는 역대 대통령은 노태우, 김영삼, 이명박 대통령이며, 외국의 정상으로는 미국의 지미 카터(Jimmy Carter), 리처드 닉슨(Richard Nixon), 드와이트 아이젠하워(Dwight Eisenhower) 대통령 등이다. 그 밖에 아베 신조 일본총리와 앙겔라 메르켈 독일총리도 이 유형으로 분류할 수 있다.

이들의 특징은 경호에 소극적이라는 것이다. 자신에 대한 경호를 그다지 중요하게 생각하지 않고 경호의 필요성도 크게 평가하지 않는다. 그렇지만 경호담당자들의 요구는 거절하지 않고 순순히 받아들이는 것도 특징이다.

특이한 점은 경호를 받는 것에 익숙한 군 출신 노태우 대통령이 경호의 필요성을 크게 느끼지 않았다는 것이다. 당시 민주항쟁과 박정희 대통령의 암살 등으로 경호업무가 크게 강화되었음에도 노태우 대통령은 그에 대한 필요성을 절감하지 않았다는 것이다. 왜 그러했는지 의문이 아닐 수 없다.

적극적 유형

이 유형에 해당하는 우리나라 역대 대통령은 박정희, 전두환, 김대중, 노무현 대통령이며 주요 국가정상으로는 미국의 로널드 레이건(Ronald Reagan), 버락 오바마 대통령이다. 그 밖에 러시아의 블라디미르 푸틴 대통령, 중국의 시진핑 주석, 프랑스의 프랑수아 올랑드(Francois Hollande) 대통령 등이 이 유형에 포함된다.

이들은 모두 강력한 경호의 필요성을 인식하고 경호인력을 강화하는가 하면 경호에서 요구하는 사항들을 적극 수용하고 지원했다. 군 경호에 익숙한 박정희, 전두환 대통령이 적극적 유형으로 분류되는 것은 당연할 수 있지만 친서민적인 김대중, 노무현 대통령이 이 유형에 해당된 것이 흥미롭다.

김대중 대통령은 자신의 몸이 불편하기 때문에 경호에서 요구한 것을 적극 수용했을 것이다. 노무현 대통령은 경호는 반드시 필요한 것이며 경호업무의 중요성은 누구보다 전문성이 있는 경호실이 잘 안다고 생각해서 그들의 요구를 망설이지 않고 모두 수용했을 것으로 판단된다.

미국의 레이건 대통령은 경호팀에서 무거운 방탄복 착용을 요구하면 거절하지 않고 두말없이 받아들였다고 한다. 프랑스의 올랑드 대통령은 다른 유럽국가 정상들과는 차이가 있다. 의원내각제 국가와 테러의 위협이 비교적 적은 유럽국가 정상들은 외국을 방문할 때 상대국에 강력한 경호를 요구하지는 않는다. 그런데 올랑드 대통령은 달랐다.

그는 2012년 대선후보 때 연설 도중에 한 여성으로부터 밀가루 세례를 받은 경험이 있다. 그 때문에 대통령이 된 후 경호에 상당히 적극적이라고 한다. 경호의 입장에서는 당연히 '적극적 유형'의 대통령을 선호한다. 의전이나 홍보보다 경호를 최우선으로 하기 때문이다.

경호 무시형

경호의 중요성에 대한 인식은커녕, 아예 경호를 무시하는 대통령들도 있었다. 우리나라에서는 최규하 대통령이 유일하게 경호 무시형이었으며, 미국의 프랭클린 루스벨트(Franklin Roosevelt) 대통령, 존 F. 케네디(John F. Kennedy) 대통령이 이 유형에 속한다.

8개월간 대통령직을 맡은 최규하 대통령은 왜 경호를 무시했을까?

그가 국무총리로 재직하고 있을 때 10·26 사태가 일어나 박정희 대통령이 살해됐다. 잘 알려진 바와 같이 그 자리에는 차지철 청와대 경호실장도 있었지만 대통령을 지키지 못했다.

그런 까닭으로 최 대통령은 경호에 대한 불신이 깊었다고 한다. 국무총리에서 대통령으로 선출되어 청와대로 자리를 옮길 때, 청와대 경호실의 경호관들을 배제하고 당시 총리실 경호업무를 맡았던 경찰관들에게 근접경호를 맡길 정도였다고 한다.

미국의 루스벨트와 케네디 대통령의 공통점은 임기를 마치지 못하고 사망한 것이다. 특히 케네디 대통령은 1963년 11월 22일 텍사스주 댈러스 방문을 결정한 이후에 백악관 경호팀에서 행사를 취소할 것을 권유했지만 이를 무시하고 강행했다가 피살되고 말았다.

또한 케네디 대통령은 미국의 역대 어느 대통령보다 현장방문이 많았으며 사람들이 많이 모인 곳에 가는 것을 좋아했다. 그러면서도 SS(미국 경호실)에서 기획한 많은 경호수단을 무시했다고 1979년 미 하원 특별위원회가 지적하기도 했다.

PART 4

의전관(儀典官), 숨겼던 비밀노트를 열다

의전에는
숱한 비화와
뒷이야기가 따른다

　영화나 TV 드라마, 공연예술에는 캐스트(배역)와 스태프가 있다. 캐스트는 화면 또는 무대에서 보이는 주인공을 비롯한 연기자들이며 스태프는 감독, 연출자를 비롯한 미술, 음악, 조명 등 막 뒤에서 각자의 맡은 역할을 수행하며 작품의 완성을 돕는 사람들이다. 관객들로부터 주목받고 박수를 받는 것은 주인공과 캐스트지만, 스태프들의 헌신적인 노력이 없으면 결코 좋은 작품을 만들 수 없다. 스태프는 겉으로 드러나지는 않지만 작품을 완성하는 사람들이다.
　그와 비교하면 대통령은 캐스트이며 주인공이다. 하지만 막 뒤에서 묵묵히 대통령을 돕는 스태프들이 있다. 의전, 경호, 홍보가 스태프다. 이들은 대통령을 완성하는 사람들이라고 할 수 있다.

대통령의 배후에서 일하기 때문에 이들은 전면에 나서지 않는다. 특히 의전이 그렇다. 경호는 의도적이든 아니든, 외부에 노출될 수 있으며, 홍보는 그 과정이야 어떻든 대통령의 PI를 만들어 널리 알려야 하니까 그 결과가 드러난다. 하지만 의전은 그늘 속에서 맡은 역할을 수행한다.

대통령의 어떤 행사를 위해 의전이 며칠 동안 준비했는지 몇 달 동안 준비했는지 그 준비과정은 의전과 관련된 담당자들만 안다. 의전에서 마련한 행사의 세부계획이 나오기까지 어떤 과정이 있었는지 아무도 모른다. 행사에서 대통령이 의전에서 오랫동안 공들여 준비한 세부계획에 따랐는지, 아니면 그것을 무시하고 즉흥적으로 행동했는지 침석자들은 알지 못한다.

그리하여 의전에는 외부에서 모르는 숱한 비화와 뒷이야기가 따를 수밖에 없다. 하지만 대통령은 임기가 끝나면 바뀌기 마련이고 의전담당자들도 평생을 그 자리에 있는 것은 아니다.

대통령이 바뀌고 의전관이 바뀌면 영원히 묻혀버릴 비화들도 많다. 그런 아쉬움과 안타까움으로 내가 대통령 의전관으로서 경험했던 몇몇 비화들을 생각나는 대로 소개하겠다.

최고의 의전, 최악의 의전

약속을 어긴 대통령

이명박 대통령이 취임한 지 2년이 되어가는 2009년 11월 말이었다. 대통령과 주요 장관들 그리고 77개 공공기관장들이 참석하는 '하반기 공공기관 선진화 워크숍'이 과천에 있는 중앙공무원연수원에서 열렸다.

이 행사는 그동안의 추진결과를 점검하고 향후 추진방향과 과제에 대해 심도 있게 논의하기 위해 마련된 자리였다. 행사 전날, 이 대통령은 참모진을 통해 '대통령께서 워크숍이 끝난 후 그곳에서 머물며 숙박할 계획'이라고 참석자들에게 미리 알렸다.

대통령의 계획을 참석자들에게 미리 알려준 이유는 "밤을 새울 각오로 단단히 준비하고 참석하라."는 뜻이었다. 정부가 주최하는 이러한 워크숍에서는 토론이 끝난 후 대통령이 퇴장하면 각 부처의 장관들도 다른 일정을 핑계로 저녁식사에도 참석하지 않고 빠져나가는 것이 흔한 일이다.

그러한 공직자들의 습성을 잘 알고 있는 이 대통령이 "밤을 새워서라도 끝장토론을 해보자."하는 각오를 참석자들에게 전달한 것이다. 대통령이 밤을 새울 각오를 하고 참석하는데 각 부처 장관들이나 기관장들도 연수원에서 하룻밤을 보낼 준비를 하지 않을 수 없었다.

아무튼 예정대로 오전부터 워크숍이 시작됐으며 발표와 토론 그리고 휴식시간이 계속 반복됐다. 하루가 거의 지나가며 저녁식사 자리에 장관들과 공공기관장들도 참석해서 늦은 시간까지 환담했다.

일부 장관이나 공공기관장들은 이 대통령이 밤을 새울 각오를 하라고 지시했지만 늦게라도 청와대로 돌아갈 것으로 짐작하고 대통령이 퇴장하면 자신들도 귀가할 생각을 하고 있었다. 그런데 밤 11시가 넘어도 이 대통령이 연수원을 떠나지 않자 귀가를 포기할 수밖에 없었다.

밤에도 워크숍이 진행됐는데 이 대통령은 자정이 가까워질 무렵, 연수원 안에 있는 숙소로 가겠다며 회의장을 나왔다. 하지만 이 대통령은 연수원에 마련된 대통령 숙소로 가지 않고 슬며시 빠져나와 청와대 관저로 향했다.

말하자면 밤샘 끝장토론을 하겠다던 대통령이 참석자들에게 공언한 약속을 스스로 어긴 것이었다. 왜 그랬을까? 전혀 예정에 없던 행보여서 의전관이었던 나도 무척 의아했다.

어찌 되었든 대통령은 다음날 새벽 6시 30분에 청와대를 출발해 7시에 다시 회의장소인 중앙공무원연수원에 도착했다. 그리고 장관들과의 조깅 약속을 지켰다. 장관들과 대부분의 참석자들은 이 대통령이 청와대로 돌아갔다가 다시 온 것을 알아채지 못했다. 결국 빠진 사람 없이 이튿날 오후 3시에 계획된 워크숍을 무사히 끝낼 수 있었다.

나는 행사를 마치고 돌아오는 길에 어젯밤 대통령이 연수원을 몰래 빠져나간 이유를 알게 됐다. 그리고 대통령의 세심한 배려에 놀라지 않을 수 없었다. 그 당시 대통령의 정치철학과 개인성향을 잘 아는 의전비서관은 워크숍 도중의 휴식시간에 대통령에게 군장병들의 경계근무에 관해 설명했는데 대통령이 그 설명을 귀담아듣고 당초 계획을 변경했던 것이다.

대통령이 이동 중이거나 청와대가 아닌 다른 행사장에 있을 때는 우리가 알고 있는 의전, 경호 이외에도 눈에 보이지는 않는 곳에서 비상경계 근무하는 육·해·공군들이 있다. 그날 역시 행사장 옆 청계산 속에는 많은 군인이 만일의 사고를 대비해 경계근무를 서고 있었다.

만약 의전비서관이 장병들의 경계근무에 대해 보고하지 않았거나, 또 대통령이 이를 듣고도 연수원에서의 숙박계획을 바꾸지 않았다면, 많은 장병이 추위에 떨며 밤새도록 산속에서 비상경계를 서야 했을 것이다. 이 대통령은 그러한 상황을 알고, 경비를 서는 장병들을 배려해서 연수원을 잠시 떠났던 것이다.

이것은 의전비서관과 대통령의 뜻이 같았기 때문에 가능했다. 만일 대통령이 평소에 그런 것에 신경을 쓰지 않는 사람이라면 의전비서관은 경계근무를 서야 하는 장병들에 대한 이야기조차 꺼내지 않았을 것이다.

의전은 눈에 보이는 것뿐만 아니라 보이지 않는 것에 대해서도 끊임없이 검토하고 깊이 생각해야 한다. 그것은 곧 상대에 대한 배려로 이어지기 때문이다. 그리고 그 결과는 다시 행사를 주관한 대통령에게 '감사하는 마음'으로 돌아오게 된다.

외면당한 참석자들

2015년 11월, 김영삼 전직 대통령이 서거했다. 11월 26일 무척 추운 날씨에 거행된 김영삼 전 대통령의 영결식이 떠오른다. 당일 영결식은 추운 날씨에도 불구하고 국회의사당 앞 광장에서 국장과 국민장을 합친 첫 국가장(國家葬)으로 거행됐다.

행사가 끝난 뒤, 언론에 이슈가 됐던 것은 무척 추운 날씨에 얇은 단복 하나만 입고 온몸을 바들바들 떨었던 어린이 합창단의 모습이었다. 이 동영상은 이틀 만에 300만 뷰를 돌파해 당시 큰 화제가 됐다. 언론들은 '한낱 도구였던 어린이 합창단, 명백한 아동학대' 등의 표현으로 정부를 비판했다. 전체 영결식 행사가 대략 2시간 정도로 일반 행사보다 길었다. 어린이들이 합창 한 곡을 부르기 위해 2시간 이상을 추위에 떨어야 했던 것이다.

이처럼 보여주기식 행사에만 집중하면 그러한 부작용이 나올 수 있다. 이날 야외 잔디밭에 임시로 마련된 차가운 플라스틱 의자에 앉은 수천 명의 참석자를 생각해 보자. 이들은 행사장에 들어오기 전 비표 및 신분확인과 대기시간까지 합치면 최소한 3시간 이상은 추위에 떨었을 것이다.

당시 현장의 체감온도가 영하 5도를 넘었으며 주요 내빈들에게는 무릎을 덮을 담요가 제공됐지만 일반 추모객들은 그것조차 받지 못한 채 긴 시간을 버텨야 했다. 과연 이 행사는 누구를 위한 행사인가? 김영삼 전 대통령의 서거에 애도하고 슬픔을 같이 하려는 사람들 또한 중요한 사람들이다.

행사집행을 총괄한 정부는 당연히 참석자들에 대한 갖가지 배려를 준비했어야 했는데, 이 행사에 박 대통령이 건강상의 이유로 불참하자,

참석자들에 대해서는 아무도 신경 쓰지 않은 것이다. 정부의 세심한 노력이 있었다면 충분히 사전에 준비가 가능한 일들이었다는 점에서 더욱 안타까웠다.

예를 들어, 어린이합창단이 대기할 수 있는 공간으로 국회 본관 또는 무대 뒤 한쪽에 몽골텐트를 마련하고 난로를 설치했다면 어땠을까? 일반 참석자들에게도 최소한 그 흔한 휴대용 손난로와 무릎담요 정도는 제공했어야 했다. 또한 운구행렬의 행사장 도착시간과 본 행사 시작시간과의 차이를 최소화해서 대기시간을 줄여야 했다. 하지만 이날 행사에서는 참석자들에 대한 배려를 찾아볼 수 없었다.

이날 국가장 행사의 주관부처는 행정자치부다. 외교행사를 제외하면 정부의 공식행사 의전관련 주관부처라 할 수 있다. 영결식 행사를 준비하면서 일반 참석자, 특히 노약자나 장애인, 어린이 등에 대한 배려가 너무 소홀했다.

의전은 높은 사람만을 위한 것이 아니라 일반 참석자 그리고 사회적 약자에 대한 배려에서 시작되는 것이다. 이러한 배려는 참석자들의 마음속에 따뜻한 감동을 주고 다시 그 자리를 준비한 사람들에게 감사의 마음을 갖게 한다는 것을 의전담당자들이 잊어서는 안 될 것이다.

주인공은 누구인가

행사의 종류와 성격은 무척 다양하다. 그중에서도 무대를 마련해 진행하는 공식행사로는 국가 경축 및 기념행사, 준공식, 개통식 등이 있다. 어느 해 초가을쯤 청와대 의전실에서는 다가오는 '경찰의 날' 기념행사와 관련해서 행사관계자들과 회의를 하고 있었다.

  삼일절이나 광복절 그리고 경찰의 날과 같은 행사들은 그 형식에 큰 변화를 주기 어렵다. 왜냐하면 과거부터 이어져 오는 정형화된 틀이 있기 때문이다. 그래서 공무원들은 가급적 전과 동일하게 하길 바란다. 그렇게 해야 편할 뿐만 아니라, 별다른 지적도 받지 않고 사고 없이 잘 끝낼 수 있기 때문이다.

  하지만 나는 의전담당관으로서 생각이 좀 달랐다. 매년 똑같이 해오던 행사도 좀 더 고민하면 참신하게 변화시키고 발전시킬 수 있다는 생각이었다. 그렇지만 아무리 세부계획을 살펴봐도 바꿀만한 부분이 거의 없어 부였다.

  보편적으로 국경일 행사의 식순은 개회식, 국민의례, 영상물 시청, 훈포상 수여, 대통령 말씀, 공연 또는 합창, 폐회식의 틀에 박힌 순서다. 이런 경우 영상물과 공연을 좀 더 의미 있게 만드는 것 말고는 다른 큰 변화를 주기는 어렵다.

  우선 '경찰의 날' 행사에 참석하는 사람들을 살펴봤다. 전·현직 경찰관뿐만 아니라 모범 경찰관, 치안현장에서 순직한 경찰관 가족, 어머니회, 경우회, 유관단체 등이며, 경찰의 보직 종류도 특공대, 기동대 등 다양했다.

  나는 먼저 이날의 주인공은 누구인가를 생각해 봤다. 행사담당 경찰공무원들은 대통령이 참석하는 행사여서 대통령을 위한 행사로 생각하고 준비하는 경향이 있다. 그래서 대통령의 편의가 우선순위에 있다. 그러나 이날의 주인공들은 당연히 경찰관들이었다.

그날 무대에서 훈포상을 받는 경찰관들이 있었다. 하지만 격려를 받아야 할 대상에 비해서는 아주 소수에 불과했다. 그래서 우리 청와대 의전 팀은 무대에 올라갈 수 있는 훈포상 대상자를 최대한 늘리고, 모범경찰관들을 단상 위로 올리기로 했다. 또한 숨은 현장에서 고생하는 특공대원, 여성기동대원 등의 경찰관들에게도 대통령과의 환담을 마련해 격려할 수 있는 시간을 별도로 준비했다.

아울러 무대 위에 의자를 배치하고 모범경찰관들을 앉게 했다. 그리고 그들에게 설명했다. "여러분들이 경찰의 날 주인공입니다." 그들은 아마도 행사 현장의 웅장함과 무대에 앉은 멋진 자신의 모습이 담긴 사진을 아직도 소중하게 보관하고 있을 것이다. 환담장소에서도 이명박 대통령은 30여 명의 경찰관과 순국(殉國) 경찰관가족들을 위로하고 격려를 아끼지 않았으며 그들과 함께 기념사진도 찍었다.

행사가 끝나고 한 경찰관이 내게 찾아와서 "많은 경찰관이 대통령님께 격려를 받아 감사하고 기쁩니다." 하고 인사했다. 전국 경찰관은 대략 13만 명이다. 모든 경찰관에게 대통령이 일일이 직접 악수하며 격려할 수는 없지만, 되도록 많은 경찰관에게 관심을 가지고 배려와 격려를 함으로써 그들이 긍지와 자부심을 느끼게 된다면 '경찰의 날' 행사는 성공한 것이다.

가문의 영광

이명박 대통령 재임 당시, '경찰의 날' 기념행사뿐만 아니라 호남철도 준공식, 인천대교 개통식 등에서도 가장 고생하고 격려받아야 할 건설근로자들에 대한 배려가 이어졌다.

어느 준공식 행사를 준비할 때의 일이었다. 대통령상을 받는 사람이 건설사 임원들과 관계자 그리고 근로자를 포함해 대략 50여 명이었다. 그런데 주최 측에서 단상에서 대통령에게 직접 상을 받는 사람이 10명 미만인 행사계획안을 가져왔다.

이때도 나는 준공식의 주인공이 누군가를 떠올렸다. 두말할 것 없이 건설근로자들이었다. 조금 많기는 했지만 50여 명 정도라면 모두 단상에 올라 상을 받을 수 있겠다고 판단했다. 그래서 수상자들을 모두 단상에 올리기로 결정했다. 그러자 제일 먼저 행정안전부 상훈담당자들이 반대하는 것이었다. 무대(단상)의 길이가 짧다는 것이 이유였다.

나는 한 줄이 아니라 두 줄로 세우면 되지 않겠냐고 반문했지만, 여전히 반대했다. 더욱이 행사 주관사인 대기업의 임원도 대통령을 힘들게 하면 안 된다는 이유를 들어 반대했다.

"대통령께서는 본인이 힘들어도 많은 사람에게 격려가 된다면 그 길을 선택하십니다."라고 설득했지만, 실무진들은 시큰둥해 했다. 나는 회의가 끝난 뒤에 상훈담당자와 주관사 임원에게 다가가서 개인적으로 물었다. "혹시 ○○○님이 대통령에게 상을 받는다고 하면, 단상에 올라가 대통령으로부터 직접 상을 받고 싶으세요? 아니면 그냥 누가 전해 주는 것을 원하세요?"

그랬더니 한결같이 "당연히 직접 받고 싶죠." 하고 대답했다. 나는 내가 내린 결정을 바꾸지 않았다. 사실 행정안전부 상훈과에서는 수상 대상자가 많으면 일이 많아지고 혹시 실수라도 하면 큰일이 날 것을 우려해서 반대했던 것이다.

  나는 실수와 시행착오는 반복적인 연습을 통해 충분히 미리 막을 수 있다고 판단했다. 마침내 행사 당일 수상자 전원이 단상에 올라 대통령에게 직접 상을 받고 기념사진도 찍었다. 또한 근로자들의 좌석도 단상 앞쪽으로 가까이 당겨 행사를 보다 가까이에서 볼 수 있도록 조치했다.

  행사가 끝나고 수상자와 행사를 담당했던 임원이 나에게 찾아왔다. "국장님 덕분에 저는 가문의 영광이 됐습니다. 대통령님께 직접 상도 받고 함께 기념사진도 찍을 수 있다는 건 상상도 못 했습니다." 하며 감사하다는 말을 되풀이했다.

  그의 얼굴은 참으로 행복해 보였다. 틀림없이 그들은 집에서 "아빠가 오늘 대통령에게서 직접 상을 받았다."라고 가족들 앞에서 자랑스럽게 말했을 것이다. 결정은 의전담당자가 내렸지만 사실 대통령의 마인드와 가치관이 더 중요한 역할을 한 것이다. 의전관이 아무리 단상에서 전원수상을 건의했어도 대통령이 난색을 보였다면 이루어질 수 없으니까 말이다.

  대통령이 참석하는 행사라고 해서 대통령이 행사의 주인공은 아니다. 대통령 취임식을 제외하면 행사마다 진짜 주인공은 따로 있다. 행사는 대통령을 위한 것이 아니라 그들을 위한 것이 되어야 한다. 그래야 오히려 그 행사에 참석한 대통령의 이미지에도 도움이 된다.

  최고의 의전과 최악의 의전은 일차적으로 의전책임자에게 달려 있다. 대통령이 참석하는 행사를 기획하고 준비하며, 행사 주최 측과 가장 효율적인 행사, 성공적인 행사가 되도록 충분한 협의를 해야 한다.

협의가 원만하게 이루어지지 않을 때는 대통령 가까이 있으면서 그의 성향을 잘 알고 행사경험이 많은 의전담당자의 결단도 필요하다.

하지만 참석자들까지 빈틈없이 배려해서 정성껏 준비한 세부계획도 대통령이 외면하면 아무 가치가 없다. 결국 최고의 의전, 최악의 의전은 대통령과 의전관의 공동책임이라고 할 수 있다. '명장(名將) 휘하에 약졸(弱卒) 없다'는 병가의 명언이 있듯이 탁월한 대통령 밑에 탁월한 의전이 있다.

불통과 소통의 줄타기

대통령 의전이 지향하는 목표는 대통령이 국민에게 좀 더 가까이 다가가 친근감을 주고 소통하는 이미지를 만드는 것이다. 그러면서도 대통령으로서의 품위와 품격, 카리스마와 리더십이 존중되는 이미지도 간과해서는 안 된다.

어떻게 보면 이 두 가지는 이율배반적이라고 할 수 있다. 친근한 대통령과 카리스마 넘치는 강한 대통령의 이미지를 하나로 묶어내기는 어렵다. 마치 가정에서 아빠에게 자녀들에게 친근하고 다정다감한 아빠와 엄격한 아빠가 되라고 동시에 주문하는 것과 같다.

또한 국민에게 친근하고 소탈한 대통령, 항상 국민 곁에 있는 대통령의 이미지는 '소통'으로 받아들여지지만, 카리스마와 강력한 리더십은 어딘지 권위적이고 '불통'의 이미지를 줄 수밖에 없다.

그러나 대통령이 어떤 성향이며 어느 쪽을 더 선호하는지에 따라 한쪽이 더 주목받기 마련이다. 대통령의 의전도 어쩔 수 없이 대통령의 성향과 스타일에 초점을 맞춰야 하는 어려움이 있다. 그러자면 뜻하지 않게 소통과 불통 사이에서 줄타기를 하게 된다.

대통령이 참석하는 행사에서 참석자들을 배려해야 하는 것은 소통을 위한 것이다. 하지만 대통령이 참석하는 만큼, 대부분의 의전을 대통령에게 집중하게 된다. 이것은 당연히 참석자들에게 불통으로 보인다.

예컨대, 대통령이 참석하는 만찬행사에서 대통령이 육류를 좋아한다고 해서 메뉴가 온통 육류를 중심으로 짜였다고 생각해 보라. 참석자들 가운데는 채식주의자도 있고, 육류 가운데 돼지고기나 특정한 육류를 기피하는 참석자도 있을 것이다. 그들을 배려하지 않는다면 식사에 큰 불편을 겪을 뿐만 아니라, 은근히 대통령에게 불평하게 될 것이다. 실제로 그런 경우는 적지 않게 일어난다. 대통령을 보좌하는 의전은 그야말로 소통과 불통 사이에서 끊임없이 줄타기를 하지 않을 수 없다. 그러한 실례를 지적해 보겠다.

설렁탕과 비빔밥

대통령이 참석하는 행사를 앞두고 완벽한 행사계획서는 절대로 한 번에 만들어지지 않는다. 아니, 있을 수 없다고 해도 과언은 아니다. 그 까닭은 계획서에 숨어 있는 돌발변수들이 많고 아주 사소해 보이는 것들도 행사를 진행하는 과정에서 큰 실수로 이어질 수 있기 때문이다.

예를 들어, 대통령이 지방행사에 참석하기로 결정하면 대부분의 경우, 연계행사를 기획한다. 대통령이 먼 곳까지 가서 공식행사에만 참석하고 곧바로 청와대로 돌아오는 것은 비효율적일 뿐 아니라, 대통령이 연계행사를 통해 현장의 다양한 의견을 들을 수 있는 좋은 기회가 될 수 있기 때문이다.

지방행사나 연계행사에서 대통령은 그 지역의 주요 인사들과 함께 오찬행사를 하는 경우가 많다. 그 지역의 정계, 경제계, 학계, 예술계, 여성계, 종교계 등 각계각층의 주요인사들과 각종 단체 등에서 몇 명씩만 참석해도 대략 150~200여 명이나 된다.

오찬 메뉴는 참석한 모든 사람이 편하게 먹을 수 있도록 항상 단품(단일 메뉴)으로 하되, 과하지 않고 소박히게 준비하는 것이 기본이다. 또한 갈비탕이나 설렁탕처럼 음식에 고기가 들어가는 경우 채식주의자들을 위해 반드시 다른 메뉴도 함께 준비하는 것이 의전의 상식이다.

언젠가 대통령이 참석하는 지방행사의 오찬에 그 지역의 스님이 두 분이 참석했는데 참석자 명단을 검토하면서도 의전관과 지역의 행사실무자들이 스님 참석을 미처 파악하지 못했던 적이 있었다.

그 오찬행사의 단품 메뉴는 갈비탕이었다. 스님들을 배려하지 않고 갈비탕을 제공했다면 스님들이 얼마나 곤혹스러워했을까? 의전관으로서 상상만 해도 가슴이 철렁하는 일이었다. 대통령과 마주 앉아 난감해서 어쩔 줄 몰랐던 스님들은 대통령에게 친근감이나 좋은 인상을 받기 어려웠을 것이다. 그처럼 사소한 실수 하나가 대통령의 소통과 불통을 판가름한다.

행사 당일은 무척 바쁜 날이다. 행사관계자들이 정신없이 움직이느라 스님들의 참석을 대수롭지 않게 생각했다. 다행히 대통령 의전관이었던 내가 육류를 피하는 두 분의 스님이 참석한 것을 파악하고 메뉴를 떠올리며 아차! 하는 생각이 들었다.

역시 다행이었던 것이 아직 오찬행사가 시작되기 전이었다. 나는 곧바로 식당으로 달려가 주방장에게 갈비탕 말고 다른 메뉴가 가능한지 물었다. 하지만 이미 준비가 끝나서 다른 메뉴는 없으며 준비할 여유도 없다는 것이었다.

그때 내가 머리에 떠올린 것이 비빔밥이었다. 비빔밥에 들어가는 식재료는 웬만한 식당에는 항상 준비가 되어 있다. 주방장도 몇 그릇의 비빔밥은 가능하다고 했다. 나는 고기를 뺀 비빔밥을 더욱 정성스럽게 준비해달라고 부탁했다. 혹시라도 급하게 준비하느라고 소홀한 흔적을 보일까 걱정한 것이다.

마침내 오찬행사가 시작됐고 참석자 전체의 메뉴인 갈비탕이 차려지기 시작했지만 두 분 스님 앞에는 비빔밥이 놓였다. 누가 보더라도 아주 깔끔한 그릇에 먹음직스럽게 담은 각종 채소와 그 위에 고추장, 그리고 고기 대신 준비한 버섯들이 특별해 보였다.

대통령이 참석하는 행사에서 음식의 선택은 매우 중요하다. 더욱이 상대가 못 먹는 음식 또는 식재료가 있는지에 대한 세심한 검토가 필요하다. 외국정상 간의 행사에서는 외교적 결례로 확대될 수도 있다. 한국의 문화와 전통을 소개하고 싶은 의욕이 앞서 상대가 못 먹는 식재료를 넣을 경우 난감한 상황이 벌어질 수 있다.

예를 들면, 힌두교도들은 소를 신성하게 여기기 때문에 소고기를 먹지 않는다. 또 이슬람 사람들은 돼지를 더럽게 생각하고 돼지고기를 먹지 않는다. 이처럼 종교마다 나라마다 금기하는 음식들이 있다. 자칫하면 잘못된 음식 선택으로 외교적으로 중요한 협상을 그르칠 수도 있다.

대통령이 주최하는 오찬이나 만찬 행사에서 반드시 사전에 고려해야 할 것은 상대가 좋아하는 음식을 선택하고 못 먹거나 기피하는 음식을 미리 파악해서 식단에 올리지 않는 것이다. 외국의 정상을 초청할 때는 그 나라의 역사와 문화, 종교 등을 자세히 살펴보고 외국 정상의 기호와 취향까지 사전에 파악해야 한다.

또한 음식은 국제 관계에 있어 외교적 정치적 수단으로도 사용되기도 한다. 2007년 평양에서 열린 남북정상회담 때, 우리 측에서 주최한 답례만찬의 메뉴는 남북화합을 상징하기 위해 전주비빔밥을 준비하기도 했다.

이러한 음식선택은 셀프 의전에도 적용된다. 자신보다 상대방이 좋아하는 음식을 선택하는 것이 호감을 얻는다. 또한 아이의 돌잔치, 가족의 생일잔치 등을 집에서 준비할 때 음식에 정성을 들여 초청한 손님들에게 만족감을 줘야 한다. 손님들이 돌아갈 때 "맛있게 잘 먹고 갑니다."라고 진정으로 고마워할 수 있어야 한다.

대통령 행사, 외교행사, 개인적인 행사 등 행사의 종류를 가릴 것 없이 음식준비는 몹시 중요하다. 그것은 상대에 대한 배려가 기본이다. 음식이 만족감을 주면 소통이 자연스럽게 이루어지고, 음식에 배려가 없으면 불통으로 인식된다.

자줏빛 막걸리와 포도주

대통령이 주최하거나 참석하는 행사에서 식사와 함께 따라오는 술의 선택도 매우 중요하다. 술은 부드러운 분위기를 만들어 주고 상호 간의 소통에 큰 도움을 준다. 만찬에서는 으레 참석자들의 건배가 있기 마련이다. 하지만 각종 행사에서 술을 못하는 사람에게 억지로 권하는 것은 큰 결례가 된다.

2008년 6월 마티 반하넨(Matti Taneli Vanhanen) 핀란드 총리가 우리나라를 공식방문했을 때는 공식 오찬행사에서 반하넨 총리의 술잔에는 포도주 대신 사과주스를 따랐다. 반하넨 총리가 전혀 술을 못하는 분이었기 때문이다. 하지만 양국 정상의 두 술잔은 모두 화이트 와인색으로 아무도 눈치채지 못했다. 참석자 누구에게나 양국 정상의 기분 좋은 건배로 보였으며 분위기도 화기애애했다.

만약 상대가 술을 좋아한다면 어떤 술을 선호하는지 확인하고 그에 맞게 준비해야 한다. 또한 상대가 술을 못한다면 건배를 대신할 수 있는 음료수를 미리 준비해야 한다. 일반적으로 와인색과 비슷한 포도주스가 술을 대신하는 음료로 가장 많이 사용된다.

국내 행사의 경우, 만찬을 제외하고는 대부분 술을 사용하지 않는다. 지역의 유명한 특산주라고 하더라도 음주의 부정적 이미지가 행사의 취지를 흐리게 할 수 있기 때문이다.

잠깐 생각해 보자. 평일 낮에 대통령이 오찬행사에서 참석자들과 건배하는 모습이 언론을 통해 보도됐다면 어떻겠는가? 대수롭지 않게 생각하는 국민도 있겠지만 많은 국민이 "대통령이 낮부터 술이나 마시고……." 또는 "근무 중에 술 마시는 대통령은 직무유기"라는 등의 부정적 말과 댓글들이 쏟아질 것이다. 더구나 나라가 위기관리 상황에 있다면 한층 더 그럴 것이다.

따라서 오찬행사에서는 술을 준비하지 않는다. 다만 건배사가 필요한 경우 이를 대신 할 수 있는 포도주 정도를 준비한다. 만찬의 경우도 술의 선택은 가벼운 와인이나 특별한 의미가 있는 과일주, 전통주, 특히 우리나라 전통 막걸리가 건배용으로 선택되는 경우가 많다.

이명박 대통령은 쌀 소비촉진을 위해 쌀을 이용해서 다양한 제품을 개발하라고 강조하는 등 실제로 쌀 소비에 많은 관심을 두고 있었다. 2009년 8월 "쌀 소비를 늘려야 농민들이 산다."면서 대통령 자신도 앞으로 쌀라면을 먹을 것이라고 했다. 아울러 거듭해서 쌀 가공식품 확산을 통해 쌀 소비 대책 마련을 지시하기도 했다.

그 때문인지 돌이켜 보면 이 대통령 재임 시절, 저녁행사에서 유난히 막걸리를 많이 마셨던 것 같다. 이명박 정부의 쌀 소비 확산 정책으로 막걸리의 종류가 다양해졌고, 일본 등으로 수출이 확대되는 등 전국적으로 막걸리 인기가 높았다.

이 대통령의 쌀에 대한 관심은 한류 바람과 함께 일본 시장에서 선풍적인 인기를 끌었다. 2009년 10월, 청와대에서 열린 주한 외교단 초청 다과회에서도 막걸리 칵테일을 건배주로 사용했다. 마치 레드와인을 와인잔에 담은 듯한 자줏빛 막걸리가 무척 인상적이었다.

어느 날 청와대 본관에서 대통령주재 장관회의를 마치고 모두 구내식당으로 저녁식사를 하기 위해 이동했다. 저녁식사와 함께 막걸리가 식탁에 올랐는데 이 대통령은 막걸릿잔을 들며 쌀 소비를 증대시켜야 한다고 장관들에게 강조했다.

그 다음부터 정부행사에 다양한 막걸리들이 사용되기 시작했다. 그런데 막걸리는 잔에 부어서 곧바로 마시지 않으면 침전물이 생기는 단점이 있어서 외교행사에서는 제한적으로 사용할 수밖에 없었다.

사실 분위기를 조성하는데 술보다 좋은 것은 없다. 특히 우리나라가 그렇다. 어떤 모임에서든, 여럿이 함께 식사를 하든, 처음에는 분위기가 경직되어 좀처럼 입을 여는 사람이 없다가 술이 오가야 드디어 말문이 트이고 활기찬 분위기가 만들어진다. 공식적인 만찬행사에서도 술이 있어야 농담도 하고 웃음꽃이 피어 기대했던 어떤 성과를 얻기도 한다.

하지만 술은 실수의 원인이 되기도 한다. 과음을 하게 되면 감정변화가 심해져서 사소한 문제로 시비가 붙고, 뜻하지 않은 다툼이 벌어지기도 한다. 실제로 대통령이 참석한 만찬행사에서 만취한 사람들이 분위기를 망쳐놓는 경우도 있었다.

따라서 대통령이 참석하는 만찬행사에는 테이블 위에 술병을 놓는 것을 피한다. 서빙하는 종업원들이 잔에 따라주는 술만 마시는 정도다. 술의 도수도 약한 것으로 정한다.

그처럼 의전은 여러 가지 경우를 고려해야 한다. 소통과 불통은 배려의 부족에서 결판이 난다. 아주 사소한 것을 소홀히 했다가 행사의 성과를 거두지 못하고 대통령의 이미지를 그르치는 실수가 언제 어디서든지 도사리고 있다.

선물과 기념품

대통령의 기념품이나 선물도 대통령의 이미지를 만드는 데 큰 영향을 미친다. 받은 사람과 못 받은 사람의 감정이 엇갈리고, 꼭 받을 것으로 기대했던 사람이 못 받으면 대통령에게 은근히 불만을 느끼게 된다.

그것은 선물을 못 받았다고 불평하는 것이 아니라 대통령이 추구하는 각종 정책을 부정적으로 비판하거나 주변사람들에게 대통령 험담을 하는 것이다. 자칫하면 소통하는 대통령이 아니라 불통의 대통령이 된다. 따라서 선물을 받을 사람들에 대한 배려가 중요하다. 그것 또한 의전에서 해야 할 일이다. 또한 선물은 금전적 가치보다 주는 사람의 정성이 담겨 있어야 한다.

대통령 관련행사에서 대통령의 선물은 일반적으로 대통령 이름과 대통령을 상징하는 봉황휘장이 새겨진 기념품들이다. 각국 정상들도 선물을 교환하는 것이 외교적 관례다.

우리나라를 공식방문하는 외국의 정상이나 국제적, 외교적으로 큰 비중을 차지하고 있는 주요인사들에게 대통령이 선물을 준다. 우리 대통령이 외국을 방문했을 때도 마찬가지다. 정상들의 선물교환은 값이 비싼 것보다 자기 나라의 전통과 문화가 담긴 의미 있는 선물이다. 선물을 금액으로 환산했을 때 정해진 기준이 있다.

앞에서도 설명했지만 우리 대통령은 한국의 발전상을 상징적으로 담은 IT 기술과 전통 공예기술이 접목된 나전칠기 디지털 액자와 같은 선물을 많이 준비한다.

　우리나라를 공식방문한 외국의 어느 정상이 첫날부터 방문기간 동안의 행보를 사진과 영상에 담아 그 정상이 좋아하는 음악과 함께 정성껏 만들어 선물한 적이 있다. 그 정상은 한국의 발전된 IT 기술과 숨은 정성에 깜짝 놀랐고 액자에 담긴 본인의 사진을 보며 감동했다. 그리고 선물에 대한 깊은 감사의 마음을 표현했다.

　서울 G20 정상회의 때 일이다. 회의를 마치고 나오는 오바마 대통령에게 줄리아 길라드(Julia Gillard) 호주 총리가 함께 사진 찍을 것을 즉석 제안했고, 바로 단둘이 기념사진을 찍은 일이 생각난다. 이렇게 생생한 모습을 최고의 해상도에 담은 디지털 액자는 그야말로 최고의 선물이 되어, 상대국 정상을 감동시키는 큰 역할을 톡톡히 하고 있다.

　외국 정상들로부터 받은 대부분의 선물은 대통령 개인소유가 아니라 행정자치부에 이관되며 대통령기록물관리법에 의해 국가기록원에서 보관 관리하고 있다. 대통령 기록전시관과 청와대 앞 사랑채 그리고 청남대에 방문하면 역대 대통령들이 외국정상으로부터 받은 각종 선물을 볼 수 있다. 각국 정상들의 선물을 보면 그 나라의 문화와 전통을 느낄 수 있을 것이다.

대통령 선물의 선택은 상대에 대한 깊은 배려가 있어야 한다. 국내 행사에서 참석자 전원에게 선물이 전달되는 경우가 많다.

예를 들어, 연말연시 취약 계층의 어려운 이웃을 초대해 그들을 위로하고 격려하는 자리에 300여 명이 초대되었다고 하자. 여기에는 성별은 물론이고 소년소녀가장부터 독거노인 그리고 장애인까지 다양한 사람이 포함되어 있다. 이처럼 다양한 참석자들을 모두 만족시킬 선물을 한 가지로 통일하는 것은 쉬운 일이 아니다.

만약 일방적으로 손목시계를 선물하면 무난할 것 같지만 그렇지 않다. 받는 사람에 대한 세심한 배려가 부족한 것이다. 앞을 못 보는 시각 장애인이나 팔이 없는 장애인, 아직 손목시계가 별로 필요하지 않은 어린이들에게는 반가운 선물이 될 수 없다. 어린이들에게는 학용품, 장애인에게는 겨울에 따뜻하게 입을 수 있는 점퍼나 목도리가 더 낫다.

이러한 세심한 배려가 없는 일방적인 나눠주기식 선물은 불우한 취약계층을 위로하고 격려하기 위해 마련한 행사가 오히려 그들에게 마음의 상처를 줄 수 있다. 그것은 의전담당자의 단순한 실수에서 끝나지 않고 대통령의 국정운영에 부담으로 작용할 수도 있다.

따라서 의전 실무회의에서 청와대 행사에 참석할 대상자들을 세심하게 분석하며 대통령 선물을 무엇으로 할 것인가를 논의한다. 물론 참석자 각자에게 맞는 각각의 선물을 맞춤형식으로 준비하기는 어렵다.

따라서 큰 틀 안에서 선택하게 된다. 기존의 대통령 선물목록에서 선택하고, 그 선물이 맞지 않는 참석자가 있다면 역시 기존의 선물목록에서 다른 종류의 선물을 주기도 한다. 대통령의 선물 하나까지도 소통과 불통의 경계를 넘나든다. 대상자들에 대한 철저한 배려가 의전의 기본이며 소통을 이끄는 길이다.

"어디서 왔어요?"

청와대 관람은 청와대 홈페이지를 통해 예약하면 누구나 가능하다. 주말은 토요일만 격주제로 운영되기 때문에 주로 평일에 관람객들이 많이 몰린다. 특히 봄과 가을에는 관람객이 밀려 3개월 전에 예약해야 한다. 주로 단체관람이 많으며 아무래도 청와대라는 특성상 보안문제가 있어서 모든 관람객은 신분확인 절차와 검색대를 통과해야 하는 번거로움을 감수해야 한다.

이런 일이 있었다. 지방에서 올라온 단체관람객들이 관람을 하지 못하고 버스 안에서 30분 넘게 기다리고 있었다. 그 까닭을 알아보니, 그들 가운데 한 명이 범칙금 약 60만 원을 오랫동안 미납한 상태였다. 그는 근처의 경찰서에 가서 범칙금을 모두 완납하고서야 청와대를 관람할 수 있었다. 함께 온 관람객들에게 무척 미안했을 것이다.

각종 범칙금이나 세금을 체납하면 청와대를 관람할 수 없다. 신원확인 절차에서 경찰에게 적발되면 관람이 제한된다. 대개 청와대 관람 신청자들은 이러한 사실을 모르고 신청했다가 낭패를 본다.

청와대 관람은 춘추관에서 검색대를 통과하면서 안내를 맡은 여성 경찰관이 인솔하며 설명을 시작한다. 먼저 춘추관에서 짧은 홍보영상을 시청한 뒤 녹지원, 소정원, 본관, 대정원, 영빈관까지 청와대 내부 주요시설을 둘러보게 된다. 소요시간은 대략 1시간 이내지만 보안검색대 통과와 신원확인 절차 등으로 1시간 반 이상은 소요된다.

특히 녹지원이 관람객들에게 가장 인기가 있다. 여러 가지 이유로 지금은 사라졌지만 과거에는 녹지원에 꽃사슴까지 있어서 기념사진을 찍기에 아주 좋다. 지정된 장소를 제외하고는 원칙적으로 청와대 안에서의 사진촬영은 금지되어 있지만 경비원들의 눈을 피해 사진 찍는 관람객들이 많다.

관람객들은 운이 좋으면 대통령과 마주친다. 흔치 않은 경우여서 관람객들에게는 이른바 '대박'이다. 대통령이 차량으로 관저에서 본관으로 또는 영빈관으로 이동하다가 관람객들과 마주칠 수 있다.

이명박 대통령은 아주 바쁜 일정만 없다면 항상 차를 세울 것을 지시한다. 관람객들은 전혀 예상치 못했다가 대통령과 마주치면 환호성을 지른다. 이 대통령은 주저하지 않고 관람객들에게 다가가 악수하며 "어디서 왔어요?" 하며 말문을 연다. 그들이 기념사진을 찍고 싶어 하면 기꺼이 응해 준다. 이러한 대통령의 행보도 스스럼없는 국민들과의 소통이다.

청와대 직원들의 건강검진 시스템 개선

이명박 대통령은 재임 시절, 특별한 오찬 일정이 없을 때는 비서동 건물인 위민 2관의 지하식당을 자주 찾았다. 대개 대통령의 즉흥적인 결정이어서 의전관들은 서둘러야 한다. 식당에 재빨리 통보하고, 미리 식당에 내려가서 대통령이 식사할 식탁을 확보하고 대통령과 함께 식사할 직원을 물색한다.

참모들과 함께 식당에 도착한 이 대통령은 손수 배식판에 음식을 담아 들고 준비된 식탁으로 간다. 사실 대통령과 함께 식사한다고 해서 특별한 것은 없다. 다만 대통령이 앉는 테이블에는 항상 물수건, 수저, 젓가락 그리고 물잔 등이 미리 준비되어 있다. 그것은 대통령 검식관의 역할이다.

대통령이 먹는 모든 음식과 음료수는 항상 문제가 없는지 검식관이 먼저 먹어본다. 검식관은 현장에서 바로 체크할 수 있는 휴대용 키트도 가지고 다닌다. 혹시라도 대통령이 먹을 음식에 유해물질이 없는지 확인하기 위해서다.

그것을 제외하면 여느 평범한 식사자리와 다를 것이 없다. 점심식사를 마치면 이 대통령은 같은 테이블에 앉아 식사를 함께한 직원들과 청와대 안내소(연풍문)에 있는 카페인 '파랑가'로 이동하는 경우가 자주 있었다. '연풍문'은 주로 청와대 직원들이 이용하는데 이곳에서 외부 인사를 만나거나 회의를 하기도 한다. 과거에는 꼭 면회소 같은 분위기였는데 이 대통령 시절 리모델링을 하고 카페가 들어와서 현대식으로 모두 바

뀌었다.

이 대통령은 이곳에 오면 비서관들과 행정관들을 비롯한 청와대 직원들과 차를 마시며 자유롭게 환담한다. 런던 올림픽 때는 이곳에서 직원들과 함께 모여 우리나라 선수들의 활약을 TV로 시청하며 응원하기도 했다.

의전관이었던 나도 대통령 바로 옆에 앉아서 차를 마신 적이 있다. 그때 나는 위암 초기 진단을 받아 수술을 하고 업무에 복귀했을 때였다. 몸무게가 무려 15킬로가 줄어 부쩍 마른 나에게 대통령은 "괜찮아, 위장은 금방 적응하니까 잘 먹고 운동 열심히 하면 금방 회복될 거야." 하며 격려했다.

그리고 이 대통령은 청와대 직원들의 건강검진을 강화하라는 지시를 내렸다. 청와대 직원들은 '월화수목금금금'이라고 할 정도로 격무에 시달렸다. 새벽에 출근하면 퇴근시간도 없었고 주말도 없었다. 따라서 건강에 이상이 오는 경우가 많았다.

그때까지 청와대 직원들의 건강검진은 2년에 한 번이었으며 검진수준도 수박 겉핥기식으로 형식적이었다. 그런데 이 대통령의 특별지시가 있고 난 뒤, 건강검진은 2년에서 1년에 한 번으로 변경되었고 검사 수준도 정밀검사 수준으로 상당히 향상되었다. 그때 바뀐 건강검진제도는 지금도 계속 이어져 오고 있다. 당시 청와대 직원들은 나를 보면 "이 국장님 덕분에 청와대 건강검진 시스템이 크게 개선됐습니다." 하며 고마워했다.

그 밖에도 이 대통령과 청와대 직원들 사이에 커피 타임은 자주 있었다. 행사를 마치고 청와대로 돌아오는 길에 삼청동 인근 카페에서 차를 마시기도 했으며 다른 외부 행사를 마치고 돌아오면서 청와대 분수대 앞에 있는 '사랑채' 카페에 들러 직원들과 함께 커피를 마시기도 했다. 그처럼 이 대통령은 직원들과 격의 없이 소통했다.

3시간 동안의 사진촬영

새로운 대통령이 취임하면 대통령실장 주재로 조례를 한다. 대개 새 대통령 또는 대통령실장의 인사말과 함께 더욱 열심히 일하자는 다짐을 하고 끝난다.

그런데 이명박 대통령 취임 때는 달랐다. 의례적인 인사가 끝나고 직원들과 단체로 기념촬영을 하게 됐을 때, 이 대통령이 직원 한 사람씩 단독촬영을 하자고 제안한 것이다. 청와대 직원들에게는 깜짝선물이자 큰 선물이었다. 대통령과 단둘이 사진을 찍다니, 오래오래 보관할 값진 사진이 아닐 수 없었다.

하지만 의전에서는 걱정하지 않을 수 없었다. 그 자리에 참석한

400여 명의 직원과 일일이 사진을 찍으려면 상당한 시간이 걸리기 때문이다. 일부 참모들은 난색을 보였지만 이 대통령은 자신의 제안을 바꾸지 않았다. 직원들뿐 아니라 경호실 직원들까지 대통령과 단독사진을 찍었다.

사진촬영에 무려 3시간 가까이 걸렸다. 당시 이 대통령은 칠순에 가까운 나이였는데 꼬박 3시간을 꼼짝도 안 하고 서서 웃는 얼굴로 사진을 찍었다. 가끔 물을 마신 것이 전부였다.

당시 모든 직원은 대통령과 함께 국정의 중심에서 일한다는 것에 큰 긍지와 자부심을 느꼈다. 임기 초 찍은 기념사진은 돈으로는 환산할 수 없는 소중한 선물이 되었다. 이 대통령은 직원들의 시기를 높여주기 위해 그런 힘든 제안을 했을 것이다. 여러 대통령을 모셨던 경호관들도 그런 경우는 지금까지 전혀 없었다고 했다.

그 뒤에도 매년 한 차례 이 대통령은 청와대에 새로 들어온 직원들과 개별촬영을 해줬다. 대통령과 대통령을 보좌하는 직원들의 소통은 국민과의 소통으로 이어질 수 있다.

이 대통령은 어느 공개행사를 통해서 "공무원이 적극적으로 일하다가 실수한 것에 대해서는 책임을 묻지 않겠다."며 공무원들이 소신과 사명감을 가지고 적극적으로 일하도록 직접 독려했다. 그에 따라 감사원에서도 이례적으로 적극행정 면책제도를 도입해서 공무원들이 사후 책임을 우려해 자신의 해당업무 이행을 꺼리는 일이 없도록 했다.

경호처장 만류에도 운동장을 한 바퀴 돌다

'농협 50주년 농업인 한마음 전진대회'는 과다한 행사비용으로 언론의 비판을 받았지만 당시 참석한 농업인들은 상당히 만족했던 행사다. 현장 분위기가 활기가 넘쳤고 행사도 원활하게 진행됐다. 과연 예산을 많이 들여 호화롭게 진행했기 때문일까? 그렇지 않다.

행사 당일 대통령은 본 행사 입장에 앞서 이벤트 행사장인 '열린 장터'에 방문했다. 그리고 지갑에서 5천 원을 꺼내 비닐봉지를 구입한 뒤, 직접 과일을 사서 그 안에 가득 담았다.

이 이벤트는 '농업인의 날'에 대통령이 농업인들과 함께하는 모습과 각종 특산물을 홍보하기 위해 계획됐다. 만일 그러한 이벤트 장소가 없었다면 언론에서는 대통령이 단상에서 연설하는 모습만 보도했을 것이다.

의전실은 대통령의 메시지와 좀 더 어울리는 콘셉트 사진이 필요했다. 그래서 각 지방의 특산농산물을 사용해 대통령의 메시지와 함께 전달하기 위해서 장터를 마련했다. 그리고 일반 참석자들에게도 과일과 채소를 싸게 살 수 있도록 했다.

대통령은 장터를 돌며 사과와 배를 직접 비닐봉지에 넣고 판매하는 농업인들을 격려했다. 행사장에서는 귤을 직접 까서 대통령 입에 넣어 주는 농민들도 있었다. 이벤트는 대통령의 PI를 만드는 데 긍정적인 효과가 있었다.

본 행사에서 이 대통령은 축사를 했다. 행사가 끝나자 대통령은 자리에서 일어나 주요참석자들과 일일이 악수하며 경호의 안내를 받아

출구 쪽으로 걸어가고 있었다. 하지만 대통령은 출구로 나가지 않고, 4만여 명의 농업인들이 관중석을 가득 메운 운동장 트랙을 한 바퀴 돌며 농업인들에게 일일이 손을 흔들었다.

예정에 없던 일이었다. 원래 계획은 자리에서 출구 쪽으로 짧게 이동하며 손을 흔들며 인사하는 정도였다. 그런데 대통령이 넓은 운동장을 한 바퀴 돌다니, 의전관이나 경호관들도 전혀 예상하지 못한 일이었다. 무엇보다 불특정 다수가 모인 넓은 야외 공간이어서 경호관들은 긴장하지 않을 수 없었다.

이 대통령이 운동장을 10분의 1쯤 돌았을 때, 갖가지 상황을 우려한 경호처장이 대통령의 앞을 막으며 출구를 가리켰다. 이제 그만 퇴장하시라는 것이다. 하지만 이 대통령은 경호처장의 내민 손을 밀치며 계속해서 관중석을 향해 손을 흔들며 걸어나갔다. 관중석에서 농업인들의 박수와 환호가 쏟아졌다.

대통령이 운동장을 반쯤 돌았을 때, 경호처장이 다시 "이제 그만 나가셔야 할 것 같습니다." 하고 저지했지만 대통령은 "이렇게 멀리서 많은 분이 오신 것을 보고 어떻게 그냥 가겠나?" 하며 기어이 운동장을 한 바퀴 돌며 농업인들을 격려했다. 대통령의 퇴장은 예정시간보다 무려 1시간이 지체됐다. 하지만 이 대통령이 국민과 소통하려는 의지를 분명하게 보여준 행보였다.

출퇴근하는 대통령

청와대에는 대통령 집무실과 관저가 있다. 집무실은 대통령이 공식적으로 업무를 처리하는 공간이고, 관저는 대통령과 그 가족들이 생활하는 공간을 말한다. 쉽게 말하면 집무실은 공적인 공간이고 관저는 사적인 공간이다. 일반적으로 대통령은 집무실로 출근해서 업무를 처리하고 외부 행사에도 참석한다. 그리고 하루의 일정이 마무리되면 관저로 퇴근한다.

그런데 나는 최근 박근혜 대통령이 출퇴근을 하지 않고 주로 관저에서 일한다는 얘기를 듣고 놀랐다. 물론 관저에도 사무공간이 있고 회의 공간, 환담할 수 있는 공간도 있으며 소규모 연회가 가능한 공간도 있지만 청와대 본관의 공식 집무실을 사용하는 것과 사적 공간을 업무장소로 이용하는 것은 큰 차이가 있다.

흔한 말로 공과 사의 구분이 없으면 곤란하다. 현직 대통령을 비난하려는 생각은 전혀 없지만 그분은 요즘 말로 '재택근무'를 하는 것이 아닐까? 자칫하면 온갖 음해에 시달리기 쉽고, 불통의 대통령으로 인식되기 쉽다.

이명박 전 대통령은 매일 아침 7시에 규칙적으로 본관 집무실로 출근했다. 그 때문에 참모들도 새벽출근을 해야만 했다. 이 대통령은 참모들의 불편을 듣고 7시 40분으로 자신의 출근시간을 늦췄다.

김대중, 노무현 대통령도 규칙적인 시간은 아니었지만 본청 집무실로 출근했다. 하지만 현직 대통령은 본관 집무실에는 외빈 또는 공식적인 행사가 있을 때에만 나오신다는 얘기를 들었다. 그 밖에는 모두 관저에서 업무를 처리해 '대통령이 잠자리에서 일어나시면 출근이고 주무시면 퇴근'이라는 말까지 나온다.

박근혜 대통령은 지금까지 단 한 차례도 '위민 2관' 지하식당에서 직원들과 함께 식사한 적이 없는 것으로 알려졌다. '연풍문'에서 직원들과 환담하거나 격려를 한 적도 없다고 한다. 오죽하면 청와대 행정관들이나 비서관들조차 청와대 안에서 대통령 얼굴을 한 번도 본적이 없다는 넋두리까지 나올까.

'수신제가 치국평천하(修身齊家治國平天下)'라는 말이 있다. 먼저 자기 자신을 잘 다스리고 가족이나 주변사람들과 소통해야 나라를 잘 다스리고 천하를 태평하게 할 수 있다는 말이다. 대통령이 청와대 직원들과도 소통하지 못한다면 어떻게 국민과 소통할 수 있을까? 그래서 현직 대통령이 '불통의 아이콘'으로 불리는 것이 안타깝다.

소통과 불통은 백지장 차이이며 동전의 양면과도 같다. 아주 사소한 것 한 가지로 국민과 소통하는 대통령이 되기도 하고 불통의 대통령이 되기도 한다. 대통령의 소통은 줄타기처럼 아슬아슬한 것이다. 중요한 것은 대통령의 진정성이 어디에 있는가 하는 것이다.

대통령의 유별난 실천의지

내가 청와대 의전관으로 이명박 대통령을 보좌하면서 가장 강렬하게 느꼈던 인상은 누구보다 실천의지가 강한 분이라는 사실이다. 근검절약을 생활화하면서 쌀 소비 촉진, 에너지 절약 등을 강조했고 먼저 대통령 자신부터 실천했다. 말만 앞세우고 실천하지 않는 것을 무척 싫어했다.

이 대통령은 기업인 출신이다. 특히 '하면 된다'는 강한 신념으로 말보다 행동의 실천을 앞세우며 항상 불도저처럼 밀어붙였던 현대그룹 고(故) 정주영 회장과 함께 일하면서 스스로 익혀 체질화된 것이 아닐까 하는 생각이 든다.

어찌 되었든 이 대통령의 강한 실천의지는 본받을만한 장점이지만 대통령을 보좌하는 입장에서는 그만큼 많은 고충을 겪을 수밖에 없었다. 대통령은 어떤 사안에 대해서 지시로만 끝나는 것이 아니라, 그것이 제대로 실행되고 있는지 반드시 확인하는 성격이어서 더욱 힘들고 애로사항이 많았다. 그 몇 가지 일화를 소개하겠다.

밤낮없이 컴컴한 위민관

내 주변의 사람들은 내가 청와대에서 일한다고 하면 우리나라 최고, 최신의 시설에서 무척 안락하게 일하는 줄 안다. 또한 회전의자에 앉아 이것저것 지시만 하는 우월적 지위에서 위세를 부리며 편안하게 일하는 줄 안다.

하기는 TV에서 보이는 청와대는 항상 푸른 기와집의 상징인 본관이나, 외국정상의 공식 환영식이 열리는 대정원, 또는 600년이 넘은 커다란 금송(金松) 두 그루가 있는 녹지원 등이 대부분이니까 그렇게 생각하는 것이 당연할지 모른다. 뿐만 아니라 대통령중심제 국가에서 청와대는 최고의 권력기관이라는 상징성이 있으니 더욱 그럴만하다. 하지만 실제의 사정과는 큰 차이가 있다.

청와대에서 행정관들이 일하는 건물을 '위민관(爲民館)'이라고 하는데 국민을 섬긴다는 큰 뜻이 담겨 있다. 비서동(秘書棟)은 위민 1, 2, 3관, 세 개의 동으로 나뉜다. 3개 동은 서로 가까이 있으며 3층 정도 되는 건물이다.

내가 청와대에서 일하던 2008년 초, 위민관에서 일하는 행정관들은 그곳을 '창살 없는 감옥'이라고 부르기도 했다. 청와대에서 대통령의 업무를 보좌하는 행정관들은 아침 일찍 출근하면 상황에 따라 특정한 업무를 수행하고 있는 행정관을 제외하고는 누구라도 위민관이 있는 건물에서 벗어날 수 없다.

매일 검문검색을 받고 출근하지만 가까이 보이는 아름다운 녹지원에도 들어갈 수 없었다. 다른 곳으로 이어지는 모든 통로에는 게이트가 있는데 그곳의 경호경비 근무자들이 특별한 사유가 없으면 이동을 통제한다.

청와대 행정관들은 매일 해 뜨기 전에 출근해서 별을 보며 퇴근한다. 물론 행정관들의 온갖 불편이 내부 건의를 통해 차츰 개선된 것들도 있다. 예를 들면, 청와대 안에 있는 산책로가 항시 개방되어 직원들이 자유시간에 이용할 수 있게 됐다.

또한 전기자전거를 배치해서 신속한 이동이 가능하게 됐고, 여성들 구두의 가느다란 힐이 보도블록 사이에 자주 끼어 조심해서 걸어야 하는 불편을 겪었는데 그곳을 흙으로 메워 개선했다.

하지만 내부 시설은 너무 낡아서 직원들의 근무환경은 매우 열악하다. 실제로 내가 마지막으로 일한 곳은 위민 3관이었는데 입구 로비에 임시로 마련한 작은 사무공간에서 집무할 정도였다. 겨울에는 매서운 칼바람이 문틈으로 밀려들어 두꺼운 점퍼를 입지 않고는 근무할 수 없었다.

비서동이 있는 위민 1관에 별도의 대통령 집무실을 만들었다. 본관에 있는 대통령 집무실과 비서동과의 거리가 너무 멀어서 참모진들과의 신속한 소통이 어려워 이를 보완하기 위해서였다. 이 집무실에서 대통령 라디오연설 녹음과 각종 회의를 열기도 한다.

가끔 비서동 건물에 근접경호관들의 모습이 눈에 띌 때가 있는데 그것은 대통령이 위민관 어딘가에 있다는 신호다. 이명박 대통령은 일 년에 적어도 한 차례 이상은 행정관들이 일하는 사무실을 하나도 빠짐없이 모두 방문했다.

일 년에 한 차례 방문하는 것이 뭐, 그렇게 대단한 일인지 의아해하겠지만 모든 사무실을 다 돌려면 일주일이 넘게 걸린다. 이 대통령이 위민관을 찾아오면 한 번에 2~3개 정도의 비서관실을 방문했다. 사무실 안을 둘러보며 직원들을 격려하고, 수석비서관실에서 수석과 짧은 대화를 나눈다. 근무 중 예고 없이 대통령이 사무실로 들어서면 직원들도 순간 당황한다.

이명박 대통령 시절, 전력소비의 가파른 증가로 전력수급 문제가 심각했던 적이 있었다. 정부차원에서도 대책을 발표하고, 대통령이 직접 나서 "우리 생활에서 전기를 아낄 수 있는 방법이 많다."고 하면서 "저도 최근 실내온도를 낮추고 내복을 챙겨 입었습니다. 처음엔 불편했지만 금방 익숙해졌고 지금은 너무 따뜻하고 편안합니다." 하고 장관회의에서 말하기도 했다.

그 뒤 대통령실이 먼저 솔선수범해야 한다며 그 일환으로 사용하지 않을 때는 본관 내부의 형광등을 끄고, 점심시간에는 자동소등이 되도록 했다. 그 덕분에 실내가 어두워진 틈을 이용해 하던 일을 잠시 접어 놓고 의자에 기대어 짧은 꿀잠을 청할 수 있었다. 청와대 행정관들은 항상 수면부족에 시달린다. 개인 온열기는 절대로 사용할 수 없었으며 사무실 형광등도 두 개 중의 하나는 뺐다.

어느 날, 본관 2층 집무실을 나와 퇴근하던 대통령이 이곳저곳의 위쪽을 바라보며 "왜 저 불은 켜놓고 있는 거야? 행사도 안 하는데, 절약해야지. 여기도, 저기도……." 하는 것이었다. 원래 대통령이 본관에 있을 때는 실내복도의 전등을 모두 켜놓는 게 일상이었다.

그 뒤로 청와대 본관에는 대통령이 집무실에 있어도 2층으로 올라가는 계단의 전등을 제외하고는 큰 샹들리에를 포함해서 모든 전등을 껐다. 한 경호관은 대통령이 불필요하게 켜진 전등을 보거나 회의장에서 나올 때는 입버릇처럼 불을 끄라고 지시한다고 했다.

실제로 이 대통령은 업무보고에서 "나는 밝은 전등불 밑에 있으면 마음을 졸인다. 끄고 싶은 마음이다."라고 에너지 절약을 강조했다. 전기뿐 아니라 조금이라도 절약할 수 있는 것은 무엇이든 절약을 생활화했던 대통령이었다.

한 번은 대통령이 위민관 3층 사무실 직원들을 격려하고 내려가다가 대통령이 동행하는 총무비서관에게 "아니 계단이 너무 어두운 거 아닌가?"라고 물어볼 정도였다. 이 같은 대통령의 에너지 절약 의지로 청와대 위민관은 늘 여름엔 찜통이었으며 겨울에는 항상 냉장고 같은 추위에 떨어야 했다.

추운 날씨에도 에어컨 가동?

2010년 3월 이명박 대통령은 대전충남지역의 업무보고를 받기 위해 대전을 방문했다. 이 대통령은 해마다 연초에 지방을 방문하며 업무보고를 받는다. 물론 방문지역은 매년 다를 수 있지만 해마다 빠지지 않는 행사였다.

대통령이 지방에 방문하면 그 지역의 현안사업 그리고 각종 민원이 쏟아진다. 그 때문에 대통령이 지방을 방문할 때, 참모들은 대통령이 전해 줄 선물준비에 무척 바쁘다.

선물이라고 해서 대통령 이름이나 봉황휘장이 새겨진 기념품을 말하는 것이 아니다. 대통령이 어느 지방을 방문하면 무엇인가 지역주민들에게 좋은 소식을 전해줘야 한다. 이를테면 그 지역의 숙원사업을 중앙정부에서 지원하겠다는 약속과 같은 선물이다.

이날 대통령은 대전역 플랫폼에 도착해서 많은 시민의 환영을 받으며 준비된 버스로 이동했다. 대전역 앞과 대통령의 예정된 이동로 주변에는 수백 명의 주민이 집결해서 플래카드를 흔들며 대통령의 방문을 환영했다.

그들 일부는 이 대통령을 옹호하는 내용의 피켓을 들고 있었다. 아직 꽃샘추위가 남아 있는 차가운 날씨에 아침 일찍 대전역에 나온 사람들은 대부분 여당 지역협의회 당원들이다.

이러한 모습은 대통령이 지방을 방문할 때 흔히 있는 일이다. 그 때문에 일정이 지연되기도 한다. 대통령의 도착을 기다리고 있는 지역주민들을 배려해서 대통령이 그들과 악수하고 손을 흔들다 보면, 보통 20~30분은 지연된다. 그래서 경호와 의전은 이러한 상황을 미리 대비해서 항상 행사 세부계획에 겉으로 드러나지 않는 시간여유를 이동시간에 넉넉하게 잡아 놓는다.

마침내 이 대통령이 환영인파를 지나서 업무보고 장소에 도착했다. 이어서 주요참석자들과 가볍게 차를 마시며 환담하고 업무보고 회의실로 이동했다. 대통령이 환담하는 동안 다른 참석자들은 모두 자리에 앉아 준비된 영상을 보거나 사회자의 안내멘트를 들었다.

이때 경호관들은 바쁘게 움직인다. 검식관(檢食官)은 대통령이 회의 중에 마실 물이 제대로 준비되어 제 자리에 놓여 있는지 다시 한 번 확인하고, 의전관은 행사진행에 차질은 없는지, 대통령의 테이블에 필요한 자료들을 빠짐없이 갖춰 놓았는지, 사회자, 주요 참석자들의 도착여부 등을 확인한다.

그러한 상황은 별로 특별한 사항들이 아니며 일반국민들도 쉽게 이해할 수 있을 것이다. 하지만 대통령이 참석한 회의장의 실내온도를 체크하는 검측 경호관이 있다는 사실은 잘 모를 것이다. 검측관은 회의 도중에도 수시로 대통령 좌석 근처에서 실내온도를 체크한다.

대통령이 직접 에너지 절약에 앞장서서 솔선수범을 하고 있는 만큼, 실내의 온도 체크는 매우 중요했다. 실내온도가 올라가 덥게 느껴지면 대통령이 그에 대해 지적할 것이 틀림없으니까 적절한 실내온도를 유지해야 한다. 이 대통령은 겨울철에는 내복과 조끼를 항상 입고 있어서 온도가 높아지면 금세 알아차린다. 그렇다고 너무 온도를 낮추면 참석자들이 추워서 행사에 집중할 수 없다.

내가 생각해도 에너지 절약을 외치는 대통령이 실내온도에 신경을 쓰지 않게 적절한 온도를 맞추기는 정말 어려운 것 같았다. 언젠가 온도 담당경호관이 이런 말을 했다.

"온도 맞추기는 정말 힘들어요. 장내가 비어 있을 때 온도와 사람들이 들어왔을 때의 온도가 그때그때 달라서 애로사항이 많아요."

행사장의 실내온도는 쉽게 조절하기 어렵다. 온도를 높이든 낮추든 상당한 시간이 소요된다. 행사를 시작하기 전 분명히 딱 맞는 온도였는데 참석자들이 몰려 들어와 자리를 채우면 잠시 후 온도가 막 올라간다는 것이다. 사람들 몸에 지닌 열 때문일 것이다. 온도 검측관의 애로가 충분히 짐작이 간다.

대전충남지역 업무보고에서는 그 때문에 문제가 생겼다.

나는 업무보고가 진행되고 있을 때 행사장의 뒤쪽에 서 있었다. 그런데 어디선가 갑자기 찬바람이 불어오는 것이었다. 누군가 문을 열었다는 생각이 들어 행사장의 창문들을 둘러봤지만 열려 있는 창문은 없었다.

도대체 어디서 찬바람이 밀려드는지, 혹시 열려 있는 문이 있으면 빨리 닫아야겠다는 생각으로 주변을 계속 찾아다녔다. 실내온도를 맞춰 놓을 뿐 아니라 온기를 유지해야 에너지 낭비를 줄일 수 있으며 대통령의 지적을 피할 수 있다고 생각했다.

그러다가 행사장과 연결된 작은 방문이 열려 있는 것을 발견하고 그곳으로 들어갔다. 순간 깜짝 놀랐다. 벽 한쪽에 있는 커다란 에어컨이 이 추운 겨울에 작동하고 있는 것이었다. 그리고 그 옆에는 온도를 검측하는 경호관이 서 있었다.

"아니 지금 뭐하는 겁니까?" 하고 물었더니 그는 "지금 장내온도가 적정수준보다 높게 올라가 내리는 중입니다."라고 대답했다. 나는 어이가 없어서 "아니 그러면 창문을 살짝 열면 될 것이지 이 겨울에 에어컨을 가동하는 게 말이 됩니까?" 하고 되물었다.

"창문은 경호상 열어 놔서는 안 됩니다."

"어찌 되었든 대통령께서 이 설 아시면 가만히 계시겠습니까?"

나는 당장 에어컨 가동을 중단할 것을 요구했다. 그가 난감해하자, 담당 경호부장을 찾아가 항의했다. 그러자 경호부장의 지시로 즉시 에어컨 가동을 중단시켰다. 즉각 확인한 것이 다행이었다. 만약 대통령이 한겨울에 에어컨을 켰다는 사실을 알게 되면 어떤 표정일지 상상조차 할 수 없었다.

경호관들에게는 '상명하복'의 군대식 문화가 있다. 위에서 지시하면 무조건 주어진 임무를 수행해야 하는 것이다. 검측관은 수단을 불문하고 적정온도를 맞추는 것이 자신의 업무에 충실하는 것이라 생각했을 것이다.

자신도 모르게 대통령 전용열차에 오른 사람들

2009년 11월 말, 전국철도노동조합의 파업사태가 장기화되면서 KTX를 이용하는 국민이 큰 불편을 겪은 일이 있었다. 그런 와중에 12

월 2일 '제3차 지역발전위원회'가 경상북도 도청에서 열렸다. 대통령이 참석하는 행사였다.

　대통령이 지방에 갈 때 주로 이용하는 교통수단은 기차와 버스다. 헬기를 이용할 수 있지만, 이 대통령은 KTX를 이용하기로 결정했다. 헬기보다 시간이 더 걸리고 버스로 갈아타는 불편함이 있지만, 저탄소 녹색성장의 국정기조에 맞춰 헬기이용을 최소화하기 위해 기차를 이용하기로 한 것이다.

　KTX에는 대통령 전용열차가 있다. 이 전용열차에는 일반적으로 수행원과 경호인원만 탑승한다. 열차에 빈칸이 있어도 경호상의 이유로 일반승객은 탑승할 수 없다.

　대통령이 기차로 이동할 때는 될 수 있는 대로 행사참가를 위해 서울에서 같이 이동하는 장차관이나 주요인사들도 대통령 전용열차를 이용해서 함께 갈 수 있도록 안내한다. 전용열차에 빈칸 객실이 여유가 있어서 대통령 일행만 타고 가는 것은 낭비가 될 수 있기 때문이다.

　그런데 당시 철도노조의 파업이 장기화되면서 철도 이용객의 불편이 급증하자, 대통령 전용열차에 일반인도 탑승시키라는 이 대통령의 지시가 출발 전날 내려왔다. 대통령이 기차표를 못 구하는 일반승객들을 배려한 것이지만, 이를 급하게 준비해야 하는 의전이나 경호, 실무자들은 그 준비에 정신이 없었다.

　행사 당일, 대통령 전용칸을 제외한 나머지 객실에 이 대통령의 배려로 일반승객들이 탑승했다. 일반승객들이 탑승해야 하니까, 처음으로 대통령 전용열차가 일반 플랫폼에서 승객들을 태우고 출발하게 됐다. 대통령도 처음으로 전용 플랫폼이 아닌 일반승객들이 이용하는 플랫폼으로 이동해서 일반승객들과 인사하며 전용칸에 탑승했다.

이 대통령이 TV 뉴스를 통해 철도노조 파업으로 일반승객들이 큰 불편을 겪고 있다는 사실을 알고 그와 같은 지시를 했지만, 참모진과 경호에서는 경호상의 문제가 발생할 수 있다며 반대했다. 하지만 이 대통령은 완강했다. "철도 파업 때문에 열차를 못 타는 국민이 수없이 많을 텐데 어떻게 모른 척할 수 있어?" 하면서 거듭해서 지시했다.

그날 운 좋게 KTX에 탑승한 대부분의 승객들은 그 열차가 대통령 전용열차인줄 몰랐을 것이다. 열차가 조금 깨끗하다는 느낌은 받았겠지만 일반 기차와 크게 다르지 않기 때문이다.

대통령 전용열차는 서울에서 출발해서 행사장이 있는 지방역까지 논스톱으로 달린다. 그런데 이날은 대통령 전용열차가 처음으로 중간에 정차하는 기록을 남겼다. 일반승객들이 탑승했으니까 그들의 승차와 하차를 위해 중간역에서도 멈출 수밖에 없었.

대통령과 수행원들, 동행한 장차관들은 불편했겠지만 국민의 편의를 위해 감수해야 했다. 의전과 경호팀도 무척 힘들었다. 만약의 사태에 대비해서 출발부터 도착까지 잔뜩 긴장해야만 했다.

"이거 가져가세요."

어느 해 연말, 정부 각 부처의 업무보고를 마치고 이 대통령과 각 부처의 공무원들이 식당으로 이동했다. 메뉴는 고기가 넉넉히 들어 있는 설렁탕이었다. 식사를 끝낸 대통령이 식당을 나서면서 식탁 위에 먹다

남은 음식들을 계속해서 쳐다봤다. 대통령의 표정이 밝지 못했다.

의전관은 직감으로 대통령이 무엇인가 못마땅해 하는 것을 감지했다. 아니나 다를까, 얼마 후 의전비서관을 통해 오찬행사 때 주의해야 할 지침이 내려왔다. 대통령이 식당에서 참석자들이 남기고 간 음식을 보고 "음식 아까운 줄 모른다."며 앞으로 모든 음식준비는 남기지 않도록 분량을 조절하고 검소하게 차리라는 지시였다.

사실 대통령이 참석하는 행사에서 오찬이나 만찬이 계획되어 있으면 주방이 바빠질 뿐 아니라 여러 가지 신경을 써야 한다. 그러다 보니 양이 많아지고 음식이나 반찬 종류도 많아지기 마련이다. 뷔페의 경우 셀프배식으로 하는데 본인이 먹을 만큼만 가져가는 것이 아니라 먹고 싶은 것을 모두 접시에 담으니 다 먹지도 못하고 결국 음식을 남기는 경우가 많았다.

대통령의 지시가 있었던 뒤, 국빈행사와 같은 특별한 행사를 제외하고는 음식의 가짓수를 대폭 줄였다. 그런데 지방행사에 참석하면, 대통령과 함께 식사한다는 부담감으로 지자체에서는 그 지역의 각종 특산물과 갖가지 종류의 음식을 지나치게 많이 준비하는 경우가 대부분이다.

따라서 의전관은 오찬 준비에 대한 지침을 전달하며 되도록 간소하게 차려줄 것을 부탁한다. 또한 의전관이 직접 메뉴를 꼼꼼히 검토해서 음식 가짓수가 너무 많으면 몇 가지를 지적해서 빼도록 한다.

그 뒤부터 각 부처의 구내식당에 '잔반 제로 저울'이 생겼다. 뷔페처럼 자율적으로 배식한 식사를 끝내면 반드시 빈 그릇을 저울에 달아야 하는 것이다. 음식을 많이 남기면 저울에 빨간불이 들어온다. 그러면

벌금통에 자발적으로 벌금을 내야 했다. 녹색불은 '통과'라는 뜻이다.

이 저울은 청와대 구내식당에도 곳곳에 배치되어 있다. 이 저울을 사용하면서 음식과 반찬을 남기는 분량이 크게 줄어들었다. 이 대통령의 절약정신이 돋보이는 것이다.

대통령 참석 행사가 점심시간 직전인 11시 30분경에 끝나는 것으로 계획되어 있을 경우, 대통령이 참석자들과 함께 점심식사를 하는 공식 또는 비공식 오찬을 연계행사로 준비한다.

어느 날 이 대통령이 과천 중앙공무원연수원에서 행사를 마치고 돌아오는 길에 수행원들과 식사를 하겠다며 양재동의 어느 설렁탕집을 찾았다. 모두 식사에 열중하고 있을 때 대통령이 식당 아주머니에게 "이거 가져가세요." 하는 것이었다.

식당 아주머니는 대통령이 식사를 하고 있으니까 쉴 새 없이 다가와서 부족한 것이 없는지 확인하다가 깍두기 그릇이 비어가는 것을 보고 새로운 깍두기 그릇을 가져다 놓은 것이다. 대통령은 "설렁탕을 거의 다 먹었는데 새 반찬을 갖다 주면 밥 한 공기를 더 먹게 돼요. 그렇지 않으면 잔반이 생기잖아요. 그건 낭비예요." 하면서 깍두기를 가져가라고 말한 것이다.

어쩌면 그냥 지나칠 수도 있겠지만, 작고 사소한 실천이 세상을 변화시킨다는 것을 깨달았다. 세상을 바꾸는 일은 큰일들로만 이루어지는 것은 아니다. 대통령의 작은 실천이 세상을 바꿀 수 있다.

이명박 대통령과 시장주의(市場主義)

이명박 대통령은 민생을 살피고 격려하는 데 관심이 컸던 대통령이다. 그리하여 민생현장을 방문하는 경우가 많았으며, 특히 서민들과 직접 부딪칠 수 있는 전통시장을 자주 찾아가 '시장주의자'라는 말까지 나올 정도였다.

2009년 9월 가을, 추석과 관련해서 대통령의 행보를 논의하기 위해 대통령 일정 실무자 회의가 열렸다. 이명박 대통령은 취임 이후 설날과 추석에 빠지지 않는 행보가 전통시장 방문이었다. 그 밖에도 지방을 방문하면 연계행사로 시장을 들러 상인들을 격려하는 행사가 많았다.

이날 회의에서도 여러 가지 대통령의 추석행보에 적합한 안건들이 나왔다. 명절에도 쉬지 못하고 국방의무를 다하는 최전방 GOP의 국군 장병들을 위로하는 행보, 톨게이트에서 쉬지 못하고 고생하는 현장직원들을 격려하는 행보, 우리나라에 와서 일하는 외국인 근로자들이 모여 사는 지역 방문 등이 거론되었다.

또한 명절이 더 외롭게 느껴질 독거노인과 소년소녀가장들을 위로하고 격려하는 행보, 치안을 담당하는 일선 경찰서 방범대 방문 격려 행보, 교통상황에 만전을 기하도록 지시하고 직원들을 격려하기 위한 도로상황센터 방문 등 여러 안건을 검토하였다.

물론 이때도 어김없이 추석 물가점검과 상인들 격려를 위해 전통시장 방문도 포함되었다. 전통시장 얘기만 나오면 가장 싫어하는 것이 경호담당자들이었다. 시장에 장보러 오는 불특정 다수를 모두 검문검색을 할 수 없기 때문이다.

따라서 경호에서는 당연히 대통령의 전통시장 방문을 반대했지만 뜻밖의 일이 벌어졌다. 홍보담당자들까지 대통령이 전통시장을 너무 많이 다녔다며 "이제 시장은 제발 그만 가셔야 한다."며 반대하고 나섰던 것이다. 민생을 챙기는 대통령, 친서민적인 대통령, 국민과 소통하는 대통령 이미지를 부각해야 하는 홍보팀이 반대한다는 것은 의외였다.

말하자면 대통령 일정 실무자 회의에서 대통령의 전통시장 방문을 모두 반대하여 대통령의 추석명절 행보에서 제외한 것이다. 이 대통령도 그에 대해 별말이 없었다. 그런데 추석을 얼마 남겨놓지 않고 대통령이 전통시장을 방문하겠다며 적절한 시장을 검토하라는 지시가 내려왔다. 그리하여 결국 이 대통령은 서울 남대문 시장을 방문했다. 이 대통령은 그야말로 시장주의자였다.

자꾸 그러시면 그만두겠습니다

그날 이 대통령은 남대문시장 안에 있는 새마을금고에서 '비상경제대책회의'를 주재하며 서민생활과 밀접한 생활필수품과 관련된 불공정행위를 철저히 감시하도록 지시했다. 이어서 추석 물가점검과 상인들을 격려하기 위해 시장 안의 여러 상점을 방문하며 그들의 애로사항을 듣고 격려했다.

추석을 앞두고 있어서 시장이 무척 붐볐다. 대통령이 5m 이동하는데 10분 이상이 걸리는 것 같았다. 경호관들이 대통령의 신변보호를 위해 이동로를 확보하고 일반인과의 접촉을 최대한 줄이려고 애썼지만 불가능한 일이었다.

상인들과 일일이 다 악수하며 경호안내에 따라 예정된 이동경로로 가다가도 건너편의 상인들이 "대통령님, 이쪽으로 오세요." 하고 손을 흔들면 즉흥적으로 방향을 바꿨다.

대통령이 상인들과 악수하는 동안, 경호업무를 맡은 여성경찰관들은 대통령이 지나갈 예상동선에 서 있는 사람들에게 손뼉을 치고 두 손을 보여 달라고 친절하게 말한다. 손뼉을 치고 두 손을 보여라? 혹시 손에 흉기를 들고 있는지 확인하기 위해서다. 대통령의 시장방문은 그만큼 위험성이 크기 때문에 경호에서 달가워하지 않은 것이다.

하지만 이 대통령이 전통시장을 자주 찾은 것은 보여주기 위한 행보가 아니라 대통령 스스로 시장에 큰 애착이 있었기 때문이다. 언젠가 대통령이 전통시장을 방문하고 청와대로 돌아왔을 때, 경호처장이 대통령을 찾아가 너무 자주 전통시장을 방문하면 신변안전을 책임지기 어렵다며 사의를 표명했다는 이야기가 청와대 안에 퍼졌지만 그 후로도 이 대통령은 임기가 끝날 때까지 시장방문을 계속했다.

전통시장에서 대통령의 인기는?

전통시장에서 이 대통령의 인기는 대단했다. 대통령 지지율이 아무리 떨어져도 전통시장 안에서만큼은 대통령의 인기가 식지 않았다. 돌이켜 보면 그만한 이유가 있었던 것 같다. 지금도 전통시장에서 유통하고 있는 '온누리 상품권'이 좋은 예라고 할 수 있다. 2009년 7월, 중소기업청에서 침체된 전통시장의 경기활성화를 위해 처음으로 온누리 상품권을 만들었다. 2010년 2월 설날을 앞둔 국무회의에서 이 대통령은 장차관들에게 "전통시장 온누리 상품권이 많이 활용될 수 있도록 힘써 달라."고 특별히 당부하기도 했다.

그 이후로 전통시장 상품권의 유통량은 꾸준히 증가했다. 집계된 온누리 상품권 판매금액만 하더라도 2015년 10월 기준으로 약 7,000억 원에 이른다. 온누리 상품권의 개발이 시장상인들에게 큰 도움이 되고 있어서 이 대통령의 인기가 식지 않았다.

이 대통령은 틈만 나면 예정에 없이 도매시장, 전통시장을 방문했다. 한 번은 청와대에서 가장 가까운 종로구 통의동에 있는 통인시장에 방문했다. 그러자 국무총리와 행정자치부 장관도 통인시장에 방문하는 웃지 못할 일이 생기기도 했다.

2008년 3월, 어느 주말에 이 대통령은 서울 서초구 양재동에 있는 '농협 하나로마트'와 재래시장인 광진구 자양동 골목시장을 잇따라 방문했다. 장바구니 물가를 대통령이 직접 챙기겠다는 의지에서 나온 행보였다.

이날 이 대통령은 재래시장에서 상인들과 식사를 함께 하며 "재래시장이 대형마트와의 경쟁에서 이기려면 차별화 정책이 필요하다."며 "재래시장 고유의 문화전통을 추가하고 발전시켜 관광명소로 만드는 등 특색 있는 노력을 해야 한다."고 강조했다.

또한 대통령과 함께 식사를 하게 된 상인 한 명이 "재래시장이라는 어감이 안 좋은 것 같습니다."라고 말하자 이 대통령은 "일리가 있는 말이다."며 '전통시장'으로 이름을 바꾸는 것을 검토하라고 참모들에게 즉석에서 지시했다. 그 결과 지금은 재래시장이 아니라 '전통시장'이 공식 명칭이 되고 있다.

"평소에는 잘 됐는데, 오늘은 1근도 못 팔았습니다."

전통시장 상인들에게는 명절은 일 년 중 가장 큰 대목이다. 명절이 다가오면 시장이 크게 붐비기 때문에 대통령의 시장방문은 대체로 명절 일주일 전에 이루어진다. 만약 명절 연휴가 너무 임박해서 방문을 하게 되면 상인들에게 격려가 되는 것이 아니라 오히려 장사하는 데 방해가 될 수 있다.

명절 대목을 보는 상인들에게는 대통령의 방문보다 손님들에게 물건을 하나라도 더 파는 것이 중요하다. 또한 대통령의 시장방문은 시장을 찾은 손님들에게도 큰 불편을 줄 수 있다. 경호팀에서 최소한의 통제를 하더라도 교통통제, 거리통제가 불가피하기 때문이다.

따라서 대통령의 전통시장 방문은 될 수 있는 대로 사람들이 적은 시간대로 정한다. 그렇다고 너무 이른 시간에 방문하면 문을 열지 않은 상점들이 많다. 가장 좋은 시간대는 상점들이 막 문을 열고 사람들이 모이기 시작할 때다. 그 시간대가 시장마다 조금씩 차이가 있어서 사전 답사를 통해 파악한 뒤에 결정한다.

시장에는 다양한 먹거리 상점들이 있다. 특히 부침과 튀김, 순대, 떡볶이, 어묵, 잔치국수 등 먹거리 가게들이 많다. 의전관은 경호관과 실무담당자들과 함께 대통령이 방문할 시장을 사전에 답사를 하면서 대통령이 지나갈 이동동선을 결정하게 된다. 너무 좁은 곳은 상인이나 오가는 사람들에게 불편을 줄 수 있어 피한다.

현장방문에서도 가장 중요하게 고려하는 것은 시장상인들과 시장을 방문하는 시민들이다. 대통령 방문으로 말미암아 그들에게 피해가 가는 않도록 하는 것이 최우선이다.

최근 중국에서 있었던 일이다. 중국의 서열 2위인 리커창 총리가 쓰촨 성 청두 시내에 있는 시장을 방문했다. 경기침체의 실정과 물가관리에 큰 관심을 갖고 민생현장을 찾은 것이다. 상인들을 격려하며 시장을 돌던 총리가 어느 정육점에 들어섰다.

"고기가 아주 좋군요. 장사는 잘됩니까?" 하고 주인에게 묻자, "평소에는 잘됐는데 오늘은 한 근도 못 팔았습니다." 하고 퉁명스럽게 대답했다.

"아니, 왜요?"

"당신이 오는 바람에 손님들이 시장 안에 들어오지 못합니다."

정육점 주인이 불만이 가득한 표정으로 대답했다. 리커창 총리는 미안한 생각이 들었다.

"그럼 내가 4근을 사겠습니다." 하며 총리가 지갑을 꺼내려 하자, 주인이 다시 말했다. "고기를 팔 수 없습니다."

총리가 의아해서 그 이유를 물었다. 그러자 정육점 주인은 "당신이 오는 바람에 고기 썰 칼을 모두 걷어 갔습니다." 하며 노골적으로 불만을 드러냈다.

리커창(Li Keqiang, 李克强) 총리의 시장방문을 앞두고 경호를 맡은 청두 공안당국이 여러 날 전부터 시장을 특별경호구역으로 정해 철저하게 봉쇄하고, 위험요소를 제거하기 위해 칼이나 망치, 꼬챙이 따위를 모두 수거했던 것이다. 이런 웃지 못할 사연은 보도가 통제되다가 SNS 등을 통해 전 세계에 알려졌다. 대통령의 격려방문도 자칫하면 격려가 아니라 폐를 끼치고 손해를 주는 방문이 될 수 있다.

검식관의 고통

대통령의 어느 전통시장 방문이 결정되면 의전관이 먼저 해당 시장을 현지답사한다. 시장에 가서 그냥 둘러보는 것이 아니라 대통령이 방문할 가게를 선정해서 포인트 지점으로 표시한다.

대통령이 수많은 가게를 모두 방문할 수는 없다. 그렇다고 특정 가게만 방문하는 것도 문제가 있다. 따라서 시장상인회 회장의 안내를 받으며 이동 동선에 따라 대통령이 방문하기 좋은 위치에 있는 가게들을 선정한다. 한복가게, 떡집, 과일가게, 분식집, 건어물상회 등 방문할

10여 개 정도의 포인트 지점을 정해 놓는다.

그 다음 하루 전쯤 포인트 지점 가게 주인들에게 대통령 방문을 설명하고 애로사항이나 하고 싶은 말을 준비하도록 일러준다. 하지만 대통령이 현장에서 시나리오에 표시된 가게만을 방문한 적은 거의 없다. 그보다 훨씬 더 많은 가게를 방문하게 된다.

어쩌면 포인트 지점을 미리 선정해 놓는 것이 무의미할 수 있다. 하지만 대통령이 시장을 방문하기에 앞서 기자들에게 예정된 대통령의 위치를 설명해야 청와대 출입기자들도 서로 나눠서 취재준비를 하기 때문에 포인트 지점을 미리 정하지 않을 수 없다. 뿐만 아니라 경호처에서도 포인트 지점을 일아아 시실에 대한 안진짐김을 힐 수 있으므로 빼놓을 수는 없다.

대통령의 전통시장 방문은 참모들에게 무척 힘든 일이지만 가장 힘든 사람은 대통령이 먹을 음식의 이상여부를 확인해야 하는 검식경호관일 것이다. 대통령이 먹고 마시는 모든 음식과 액체는 반드시 검식관이 미리 시식하는 것이 원칙이다.

검식관은 단순히 맛과 간을 보기 위해서가 아니라, 외부의 테러에 대비해서 독극물이나 유해물질이 들어 있는지 등을 확인하는 것이다. 대통령의 외국방문 때도 검식관은 필수 수행원에 포함된다.

외국의 정상들 중에도 먹는 음식에 민감해서 철저하게 관리하는 경우가 있다. 러시아의 푸틴 대통령은 요리사가 아닌 경호관이 음식의 준비부터 시식까지 담당하는 것으로 알려져 있다. 히틀러(Adolf Hitler)는 검식관이 철저하게 확인한 음식만 먹었고, 조지 부시 대통령도 자신이 먹을 음식은 백악관 주방에서 요리해서 지정 웨이터가 가져다주는 것 이외에는 아무것도 입에 대지 않았다고 한다.

대통령이 영빈관이나 외부 특정장소에서 식사하는 경우, 검식관은 주방에 들어가서 음식 조리과정을 지켜보고 직접 시식한다. 독극물을 감식할 수 있는 간이 측정기를 갖고 있어서 반드시 직접 체크해 본다.

하지만 전통시장은 다르다. 시장에는 갖가지 먹거리가 넘쳐난다. 상인들은 대통령이 가게 앞을 지날 때마다 이것저것 자기들이 만드는 먹거리를 권하며 직접 입에 넣어주기도 한다. 이명박 대통령은 주저 없이 그것들을 받아먹으며 "정말 맛있다."라며 참모들에게도 권한다.

이 대통령은 국화빵 가게를 지나갈 때면 자신이 국화빵 전문가라며 과거의 추억을 떠올리고 직접 만드는 시범을 보이기도 했다. 이런 대통령을 모시는 검식관은 정말 고달프다.

내가 어느 검식관에게 물어봤더니 어쩔 수 없이 대통령 이동경로에 있는 먹거리는 모두 먹어본다고 했다. 그러면서 너무 배가 불러 힘들다고 하소연하면서 제발 대통령의 전통시장 방문을 줄여달라고 부탁하기도 했다. 눈에 띄지 않는 곳에서 묵묵히 자신의 책임완수에 최선을 다하는 프로정신을 가진 사람이 검식관이다.

탈(脫)권위와 실용주의

대통령과 사진찍기

이명박 대통령은 사진을 찍는 것에 무척 관대했다. 누구라도 대통령과 사진을 찍고 싶다고 하면 기꺼이 받아들였다. 뿐만 아니라 대통령 스스로 다가가 함께 사진 찍자고 제의하는 경우도 무척 많았다.

이 대통령이 어느 행사에 참석한 뒤 그곳에서 참석자들과 함께 식사를 할 때 반드시 직접 찾아가서 격려해 주는 사람들이 있다. 바로 좁은 주방 안에서 식사를 준비한 요리사들이다. 이 대통령이 식사한 식당의 종업원들은 거의 틀림없이 대통령과 사진을 찍고 악수한 경험이 있을 것이다. 사진촬영 장소도 주방 앞이나 식당 안이었다. 이 대통령은 가끔 주방 안에까지 들어가서 종업원들을 격려하기도 했다.

그러한 이 대통령의 성격을 잘 아는 의전관들은 대통령이 식사를 끝내고 일어설 즈음, 주방 종업원들에게 "대통령님과 인사하고 싶은 분은 나오세요. 의상은 지금 입고 있는 옷 그대로요." 하며 미리 불러낸다.

한결같이 놀라서 "네? 정말요?" 하면서 반가워한다. "대통령님과 사진 찍고 싶은 분은 편하게 말씀하세요." 하는 말까지 덧붙인다.

그런 귀띔을 해주면 대통령에게 실례가 되지 않겠냐고 걱정하는 종업원들도 있다. 물론 경호관들 입장에서는 반갑지 않은 일이다. 대통령이 사람을 가리지 않고 사진을 찍다 보면 돌발상황이 발생할 수도 있고 시간이 지연되기 때문이다. 그에 따라 경호상의 문제는 없는지 대통령이 식사하는 동안에 미리 주방을 찾아가 확인한다. 어느 때는 경호관들이 대통령과의 사진촬영을 위해 주방종업원들을 데리고 나오기도 했다.

식당뿐이 아니다. 어디를 가거나 그곳에 있는 사람들이 "대통령님, 사진 찍고 싶어요." 하면 "그러죠.", "이쪽으로 오세요." 하는 것이 이 대통령이다. 그에 따라 의전관은 재빨리 사진 찍기 좋은 곳을 찾아야 한다.

2009년 11월 신종플루가 한창 만연할 때 백신접종 첫날, 이 대통령은 마포에 있는 한 초등학교를 방문했다. 어린이들과 교사들을 격려하기 위해 어느 교실에 들어섰는데 한 어린이가 "대통령님, 저하고 사진 찍어요." 하는 것이었다.

그러자 이 대통령은 "그래? 어디서 찍을까?" 하며 주변을 둘러보자 어린이들이 일제히 "저도요! 저도요!" 하고 앞다퉈 이 대통령 옆으로 다가왔다. 그때 교실에는 의전관과 경호관이 한 명씩 들어갔었는데 급히 사진 찍을 곳을 마련해야 했다. 공간이 좁아서 이 대통령은 여러 차례에 나눠서 어린이들과 사진을 찍었다. 물론 미리 계획된 촬영은 아니었다.

그러면 이 대통령은 왜 그처럼 사진 찍기에 관대할까? 그럴 이유가 있다.

언젠가 어느 벤처기업을 방문했을 때, 이 대통령은 자청해서 그곳의 직원들과 사진을 찍었다. 마침 벤처기업 사장이 자신이 개발한 제품을 들고 있었다. 그것을 본 이 대통령은 "다시 한 번 사진을 찍읍시다." 하면서 "나를 팔아서 장사가 잘되면 기업도 커지고 국가에도 좋은 일 아닌가?" 하는 것이었다.

전통시장에서도 상인들이 요청하면 단 한 번 거절하지 않고 함께 사진을 찍는 것도 장사가 잘되라는 이유였다. 대통령과 찍은 사진을 가게 안에 걸어놓으면 그만큼 가치가 올라갈 것이다. 이 대통령은 자신이 아무리 많이 사진이 찍혀도 그 사진이 국민의 생업에 도움이 되기를 배려하는 심정을 깃고 있었다.

"제발 있는 그대로 놔두세요."

대통령의 민생현장 방문이 결정되면 의전관이 사전답사하면서 대통령이 방문할 예정인 건물책임자에게 항상 "제발 있는 그대로 보여 주세요. 청소하시는 건 좋지만 새로 페인트를 칠하거나 새 걸로 교체하시면 절대 안 됩니다." 하며 신신당부한다.

왜냐하면 대통령이 방문한다는 사실을 알게 되면, 모든 걸 새것으로 교체하거나 새로 페인트칠을 하는 경우가 많기 때문이다.

건물주인들 입장에서는 "대통령이 오시는데……." 하며 조금이라도 잘 보이고 깨끗하게 보이고 싶은 마음이 있을 것이다. 또한 그것이 대통령에 대한 예의라고 생각할 수 있다. 그래서 그냥 그대로 두겠다고 했다가도 이곳저곳을 손질하는 경우가 많다. 하지만 너무 준비가 지나치면 방문행사를 그르치기 쉽다.

깨끗하게 손질된 모습이 보이면 대통령이 나오는 사진에 주변배경이 너무 깨끗하기 때문에 어딘지 자연스럽지 못한 느낌을 준다. 그러면 대통령 PI에 도움이 되지 않는다.

특히 대통령이 군부대를 방문할 때 이런 현상이 두드러진다. 군복무한 남성들은 잘 알겠지만 군부대는 별(사단장)이 뜬다고 해도 사병들이 총동원되어 사단장이 지나갈 거리의 풀을 뽑고, 건물은 물청소를 하고, 더러운 외벽은 새로 페인트칠을 한다. 공연히 장병들이 생고생을 하는 것이다.

사단장 방문이 그 정도니 대통령 방문이라면 오죽하랴. 의전에서 사전에 제발 있는 그대로 놔두라고 당부를 해도 방문할 군부대는 큰 소동이 빚어진다. 여러 날 동안, 장병들을 총동원해서 부대와 부대주변을 거의 리모델링한다.

이 대통령이 어느 부대를 방문했을 때 사전에 답사했던 대통령의 이동경로가 달라진 모습이 보였다. 사전답사 때는 나무가 거의 없었는데 잘 자란 나무들이 줄지어 서 있는 것이었다. 대통령이 지나갈 길이 너무 썰렁하다며 사병들을 시켜 다급하게 나무들을 옮겨 심은 것이다.

장병들을 위로하고 격려하기 위한 대통령 방문이 오히려 장병들을 크게 고생시키는 결과가 된다면 장병들은 대통령 방문을 달가워하지 않을 것이다.

어떻게 이런 의자에?

앞서 얘기했듯이 행사준비 과정에서 행사의 콘셉트에 잘 어울리는 장소를 선정한다. 때로는 허름한 곳을 찾기도 한다.

어느 날 리허설을 하기 위해 현장을 들렀더니 행사장 앞 중앙에 의자 하나가 눈에 띄었다. 가까이 가서 보니 팔걸이가 있고 쿠션이 좋은 의자였다. "이거는 무슨 의자입니까?" 하고 물었더니 실무자들이 "대통령께서 앉으실 의자입니다."라고 대답했다.

나는 곧바로 "대통령은 참석자들과 똑같은 의자에 앉습니다. 다른 참석자들과 똑같은 플라스틱 의자로 바꿔주세요."라고 말했다. 그러자 실무자는 "그래도 대통령께서 앉으시는 의자인데…… 딱딱해서 많이 불편하실 수 있습니다."라며 걱정했다.

사실 내가 봐도 마른 체구에 연세도 많은 대통령이 등받이도 없는 플라스틱 의자에 앉는 것은 불편할 것 같다는 생각이 들었다. 하지만 대통령의 뜻에 따라 다른 사람과 차별해서 권위적으로 보이는 것은 무조건 지양해야 하기에 어쩔 수 없는 일이다. 그것이 이명박 대통령의 스타일이었다.

행사준비에 돈 펑펑!

대통령과 관련된 모든 행사는 의전실에서 세운 기본원칙에 따라 준비한다. 이명박 대통령 시절에는 세 가지 원칙이 있었다. 첫째, 행사장소는 최대한 기존 시설물을 활용하고 검소하게 한다. 둘째, 국정기조

'녹색성장'에 걸맞도록 최대한 친환경제품을 사용한다. 셋째, 모든 것을 참석자 중심으로 준비한다는 원칙이었다.

하지만 대통령이 참석하는 행사로 결정돼 청와대 의전실로 행사 세부계획이 올라올 때면 대부분 이미 행사준비가 진행되고 있을 때가 많다. 따라서 아무리 예산을 줄이고 검소하게 하려고 해도 이미 기획사와의 계약이 체결된 상태여서 수정하기에는 어려움이 있다.

2011년 9월 농협중앙회에서는 농협 창립 50주년을 맞아 대규모 행사를 준비하고 있었다. 장소는 상암동 월드컵경기장으로 결정되었고 대략 4만여 명의 농민들이 전국 각지에서 집결할 예정이었다.

참석자가 4만여 명이라면 대규모 행사라 할 수 있다. 나는 행사준비 과정에서 행사기획안을 보고 깜짝 놀랐다. 행사가 너무 사치스럽게 계획되어 있었기 때문이다. 의전실에서 주최 측에 행사 기본지침을 전달했는데도 불구하고 잘 반영되지 않은 것이다.

불안한 마음으로 행사 며칠 전, 행사장을 찾아 무대공사와 준비상황을 둘러봤더니 너무 거창하고 화려했다. 넓은 관중석에는 대형 현수막이 걸렸는데 일반 현수막보다 20배쯤은 커 보였다. 대형 현수막의 제작비는 얼마냐고 물었더니 한 개 만드는 데 천만 원 정도라고 했다. 되도록 기존시설을 이용하고 검소하게 준비한다는 청와대 의전실의 기본원칙과는 거리가 멀었다.

나는 몹시 화가 나서 농협 임원과 실무자들에게 항의했다.

"불과 몇 시간 진행하는 행사에 이렇게 돈을 많이 쓰면 되겠습니까? 자기 돈으로 한다면 이렇게 흥청망청 쓸 수 있겠습니까?"

그들은 대꾸하지 못했다.

"차라리 이 돈 아껴서 시골에서 올라오는 분들에게 도시락 주지 말고 좀 더 맛있는 음식을 대접하라."고 말했다. 행사 주최 측은 이미 편성되어 있는 예산을 모두 집행하려고 했을 것이다. 아울러 이미 예산의 대부분을 집행했을 것이다. 하지만 나는 주장을 굽히지 않았다. 결국 행사는 화려한 무대시설을 대폭 줄이고, 현수막들도 작게 만드는 등 그런대로 검소하게 준비됐으며 행사도 성황리에 끝났다.

그러나 행사가 끝난 뒤, 일부 언론에서 '농협, 50주년 행사에 33억 원 돈 잔치'라는 비판적인 기사가 실렸다. 우려했던 것이 드디어 터지고 만 것이다. 당시 국회 농림수산식품위 송훈식 의원은 보도 자료를 통해 농협 창립 50주년 기념사업 예산내역을 분석한 결과를 공개했다. 송 의원이 "당초 농협은 창립 50주년 기념사업 행사비로 실제 집행액의 2배가 넘는 68억 원의 지출계획을 세웠다가 외부 비판을 의식해 행사를 그나마 축소해서 치렀다."고 지적했다.

행사의 기술은 비용을 최소화하고 효과는 극대화하는 데 있다. 돈을 많이 써야 반드시 성공적으로 행사를 치르는 것은 아니다. 이처럼 언론과 야당에서 제기한 농협의 돈 잔치라는 비판은 결국 행사에 참석한 대통령의 PI에도 부정적 영향을 미치게 된다.

그 밖에 기억나는 에피소드

정성껏 화장한 할머니

2011년 5월 농촌은 한창 모내기 철이었다. 이명박 대통령은 충북 충주시 주덕읍 화곡리 마을을 찾았다. 농가의 농민들을 격려하고 농업인들의 애로사항을 직접 듣기 위해서다. 농가 방문은 거의 매년 있는 행사였다.

현장에 도착한 대통령은 주민들과 함께 모내기를 하고, 새참도 먹으며 환담을 한 뒤, 근처 마을회관으로 이동해서 마을주민 40여 명과 함께 점심을 먹으며 농민들의 애로사항을 듣는 것으로 행사가 준비됐다.

대통령이 모내기를 하는 동안 의전관은 한발 앞서 다음 행사를 준비해야 한다. 나는 미리 준비상황을 점검하기 위해 마을회관으로 향했다. 가는 길에 옆을 둘러보니 할머니들이 당산나무 아래 앉아서 담소를 나누고 있는 모습이 보였다. 무척 자연스러워 보였으며 농촌풍경과 잘 어울렸다.

나는 순간적으로 대통령이 마을회관으로 걸어가는 길에 마을 어른들에게 잠시 인사를 하는 것이 좋겠다는 생각이 들었다. 대통령이 큰 나무 그늘 아래에서 동네 어르신들과 함께 앉아 정겹게 이야기하는 모습이 농민들의 애로사항을 듣는 이미지에 아주 적합하다는 생각이었다.

나는 할머니들에게 가까이 다가가서 인사를 하고 자초지종을 말씀드렸다. "곧 이 길로 대통령께서 지나가실 겁니다. 혹시 대통령께서 오시면 편하게 인사하시고 하고 싶은 말씀 있으시면 아무거나 말씀하세요."라고 공손하게 말씀드렸다. 할머니들은 이 작은 마을을 대통령이 방문했다는 사실에 놀라며 내 말대로 하겠다고 기뻐했다.

예정대로 대통령이 모내기를 끝내고 마을회관을 향하고 있을 때 할머니들의 모습이 보였다. 그런데 조금 전에 본 할머니들의 모습이 아니었다. 진하게 화장을 했으며 몇 분은 새 옷으로 갈아입고 있었다. 영락없는 도시 할머니들 모습이었다.

내가 할머니들에게 다가가서 당황한 표정을 짓자 할머니들은 "대통령이 오시는데 예쁘게 하고 있어야지." 하는 것이었다. 대통령과 할머니들의 만남은 예정대로 이루어졌다. 그런대로 의미 있는 장면을 연출할 수 있었나. 또한 대통령이 농민들과 자연스럽게 환담하는 모습은 담아내지 못했지만 대통령에게 예의를 갖추려는 할머니들의 마음은 충분히 이해한다.

강대국 정상들의 힘겨루기

2010년 11월 역사상 처음으로 우리나라에서 가장 큰 규모의 외교 행사가 열렸다. 세계 주요국가 20개국의 정상들이 한자리에 모인 '서울 G20 정상회의'였다. 세계의 이목이 집중된 이 대규모 정상회의에서 나는 강대국 정상들의 힘겨루기를 직접 목격할 수 있었으며 강대국들의 경쟁의식이 얼마나 치열한지 실감할 수 있었다.

이 대형행사가 더욱 의미 있는 것은 G20 행사가 정례화된 이래, 우리나라가 처음으로 의장국을 맡았다는 것이다. 행사 첫날, 서울 용산에 있는 국립중앙박물관에서 환영 리셉션이 열렸다. 리셉션 준비를 맡았던 나로서도 무척 긴장되고 설레는 순간이었기에 잊히지 않는다.

정상들이 도착해서 리셉션 장소까지 이동하는 과정은 TV로도 생중계되었지만 대략 이러했다. 리셉션 시간이 가까워지면서 각국 정상들이 차량으로 경호관들의 호위를 받으며 국립중앙박물관 건물로 향한다. 이어서 G20 준비위원회 관계자들의 영접을 받고 에스컬레이터를 이용해서 넓은 외부 공간으로 올라온다.

그와 함께 단정하게 한복을 차려입고 기다리던 초등학생 남여 두 명이 청사초롱을 밝히며 레드카펫을 따라 로비로 안내한다. 레드카펫 양쪽으로 국군 전통의장대가 도열해 예를 갖춰 정상들을 맞이한다.

건물로 들어선 정상들은 호스트인 이명박 대통령과 영부인과 악수를 하고, 간단한 인사말을 나눈 뒤 기념촬영을 한다. 인사를 마친 정상은 리셉션 공간에서 다른 정상들과 이야기를 나누며 정상들이 모두 다 모일 때까지 기다리게 된다.

각국 정상들의 도착순서는 의전서열의 역순(逆順)이다. 국제기구 대표, 정상대리 참석자, 초청국 정상, 정부수반 총리, 대통령 순이다. 정상 대

부분이 시간에 맞춰 예정된 순서에 따라 입장했다.

그런데 정상 3명이 리셉션 예정시간이 돼도 도착하지 않았다. 바로 미국과 중국, 러시아의 정상들이었다. 할 수 없이 맨 마지막에 입장해야 할 브라질 대통령이 먼저 입장하게 되는 돌발상황이 발생했다.

리셉션 예정시간이 넘었지만 미국, 중국, 러시아, 3개국 정상들은 여전히 도착하지 않았다. 이 대통령 내외분은 기자들 앞에서 나머지 정상들을 맞이하기 위해 계속해서 기다리고 있어야 했다. 무척 어색한 시간이었다. 무려 1시간 이상을 서 있었으니 다리도 아팠을 것이다. 뿐만 아니라 행사장 밖에 부동자세로 도열한 전통의장대 군인들과 청사초롱을 들고 있는 아이들도 무척 힘들었을 것이다. 생중계하는 방송사들도 변화가 없는 시간을 채우느라 애를 먹었다.

우리 측 경호관이 확인한 결과 그 세 나라 정상들이 숙소를 출발한 지 30분이 넘었다는 데도 그들은 도착하지 않았다. 나는 당시 경호관의 이야기를 듣고 너무 황당했다. 3개 강대국 정상들이 시간이 지나도 나타나지 않는 것은 서로 마지막 주인공이 되려고 일부러 도착을 늦추고 있다는 것이었다.

즉, 서로 늦게 입장하려고 기 싸움이 팽팽했던 것이다. 이러한 국제행사에서 강대국인 미·중·러 정상들이 행사장에 마지막으로 입장하려고 숙소에서 일부러 늦게 출발하는 경우를 종종 볼 수 있다는 것이다.

정상들 간에도 서로 이처럼 보이지 않게 견제를 하며, 자신이 주인공으로, 혹은 세계 최강임을 늦게 등장하는 것으로 과시하는 것이었다. 아무튼 결국 3명 중 가장 먼저 나타난 정상은 미국 그 다음으로 러시아, 중국 순이었다.

가장 먼저 입장한 정상은 적어도 1시간 30분 이상을 리셉션 장소에서 지루하게 기다렸을 것이다. 행사가 성공적으로 끝난 것이 그나마 다행이었다.

대통령이 무릎 꿇은 사연

모든 일에는 쉬운 일이 있는가 하면 어려운 일도 있기 마련이다. 대통령이 참석하는 행사를 준비하면서 어려운 행사 가운데 하나가 종교 행사다. 어떻게 생각하면 가장 쉬운 행사일 수도 있다. 청와대에서는 행사기획에 크게 관여하지 않고 큰 변화 없이 매년 비슷한 날에 비슷한 일정으로 치러지기 때문이다.

이명박 대통령이 독실한 기독교인 것은 잘 알려진 사실이다. 매년 대통령 내외가 참석하는 '국가조찬기도회'가 2011년 3월에도 코엑스 홀에서 열렸다. 조찬행사로는 상당히 규모가 큰 행사였다. 라운드 테이블로 테이블당 9명 정도가 앉았으니까 모두 3,500여 명이 행사에 참가했다.

종교인을 위한 행사여서 종교를 존중하는 차원에서 의전관이 크게 관여하지 않는다. 다만 사전답사와 현장점검 그리고 리허설 등의 필요한 사항들이 차질 없는지 확인하고 준비했다. 크게 문제 될 것은 없어 보였다. 담당의전관이었던 나는 행사가 끝날 때까지 만일에 대비해 행사가 잘 보이는 곳에서 진행과정을 지켜보고 있었다.

예상하지 못했던 사고의 시작은 당시 한국기독교총연합회 대표회장이 단상에 올라오면서 부터다. 그는 연설대 앞에 서서 준비된 연설을 했다. 연설을 하면서도 중간중간 "우리 다 같이 통성기도를 합시다." 하며 목소리 톤이 커지기 시작했다.

무척 넓은 공간이지만 3,500여 명이 꽉 채운 곳에서 맨바닥에 무릎 꿇고 앉아 기도할 거라고는 전혀 예상하지 못했다. 대표회장의 연설은 예상시간을 훨씬 넘기면서 계속 통성기도를 강조했다. 그러다가 더 큰 목소리로 "우리 다 같이 이 자리에 무릎을 꿇고, 하나님 향한 죄인의 고백을 기뻐하고 진정으로 원하시는 하나님 앞에 죄인의 심정으로 1분 동안 통성 기도를 합시다."라고 말하는 순간에도 라운드 테이블에 둘러앉은 신도들은 크게 움직이시 않았다.

그런데 잠시 뒤 연단에 앉은 김윤옥 여사가 먼저 무릎을 꿇으면서 단상 단하에 앉아있던 모든 참석자가 일제히 맨바닥에 무릎을 꿇기 시작했다. 대통령도 결국 같이 무릎을 꿇었다.

그러한 광경을 처음 보는 나는 순간적으로 '큰일 났구나.' 하는 생각이 들었다. 제일 먼저 머리에 떠오른 것은 영상과 사진이었다. 나는 곧바로 지원 나온 춘추관 직원들에게 요청했다. 기자들에게 협조를 구해 대통령 내외가 무릎 꿇고 있는 장면을 보도되지 않도록 해달라고 했다. 모두 분주하게 움직였다. 하지만 이미 현장은 인터넷으로 생중계되고 있었다.

다음 날 언론에는 대통령 내외가 무릎 꿇고 기도하는 사진이 1면에 도배되었다. 이러한 모습이 담긴 사진을 바라본 국민은 종교를 떠나 불편한 심기였을 것이다. 사실 그 자리에는 여야대표들도 참석했고 이들

모두 무릎을 꿇고 통성기도를 했다. 하지만 언론의 관심은 오직 대통령에게만 집중됐다.

사실 국가조찬기도회의 취지는 나라를 걱정하는 마음에 드리는 예배였다. 따라서 어쩌면 이러한 모습이 종교인들에게는 자연스러울 수도 있다. 실제 일부에서는 "대통령도 사람이다. 무릎도 꿇을 수 있다.", "종교적으로 봤을 때 충분히 이해된다."는 얘기도 나왔지만 고개를 숙인 대통령의 모습이 국민의 마음을 불편하게 했던 것은 사실이다.

"몇 층이지?"

이명박 대통령 몸은 약간 마른 체격이다. 그래서인지, 아니면 대기업 CEO 출신이어서인지 좀 차가워 보인다는 이야기를 많이 들었다. 나는 대통령이 원래 살이 잘 안 찌는 체형일 수도 있지만, 운동 마니아이기 때문이 아닐까 생각한다. 일주일에 한 번 이상은 꼭 테니스를 한다. 또한 계단걷기를 즐긴다.

청와대 본관은 2층으로 되어 있지만 로비가 높은 편이어서 일반건물 3층 높이와 비슷하다. 대통령 집무실은 2층인데, 이 대통령은 외국정상을 위한 의전을 제외하고는 절대로 엘리베이터를 이용하지 않았다.

의전관이 행사장소를 선정할 때, 5층 이하의 건물은 반드시 계단을 체크했다. 행사장소가 3층인 경우 엘리베이터는 비상시 이용으로 준비하고, 계단 이용계획을 우선으로 고려했다. 3층이 넘으면 엘리베이터 이용을 우선했다.

언젠가 6층에서 행사가 있었다. 나는 미리 준비한 대로 대통령을 엘리베이터 쪽으로 안내했다. 그런데 이 대통령은 옆의 계단을 보더니 "몇 층이지?" 하고 물었다. 내가 6층이라고 하자 대통령은 곧바로 계단으로 향했다. 의전관인 나와 수행원들은 대통령의 뒤를 따라 계단을 이용해서 6층까지 올라갈 수밖에 없었다.

이런 일은 국내행사뿐 아니라 해외에서도 발생했다. 일본 요코하마에서 열린 APEC 정상회의에 참석한 이 대통령은 다른 정상들과는 다르게 계단을 이용해서 오르내렸다.

요즘 KBS에서는 건강을 위해 계단을 걷자는 캠페인을 벌이고 있는데, 평소 계단걷기를 좋아하는 대통령의 생활습관이 건강유지의 비결이기도 하나. 하지만 이 대통령이 계단을 애용한 까닭은 투철한 에너지 절약정신 때문일 것이다.

자기관리와
배려의 노하우,
셀프(self) 의전

의전을 얘기하면 당연히 대통령 의전, 국제 외교에서의 의전 등 공식적인 의전을 먼저 생각하게 된다. 그러나 자기 자신을 관리하기 위한 개인적, 사적(私的) 의전, 즉 '셀프 의전'도 있다는 것을 앞에서 밝혔다.

지금까지 전반적으로 대통령 의전, 해외 정상들의 의전 등 공식적인 의전에 관해서 설명했다. 특히 내가 이명박 대통령 시절, 청와대 의전관으로 일했던 경험을 바탕으로 이 대통령과 관련된 의전의 갖가지 비화, 뒷이야기들을 폭넓게 살펴봤다. 그와 함께 셀프 의전에 대해서도 틈틈이 소개했다.

하지만 셀프 의전에 대해 좀 더 관심을 가져야 할 필요성을 느꼈다. 사실 공식적인 의전은 우리의 실생활과는 밀접한 관계가 없기 때문에 큰 영향을 미치지 않는다. 그러나 셀프 의전은 격식과 절차가 있는 것도 공식화되거나 체계화된 것도 아니지만 저마다 지성을 가진 인격체로서 자기 발전을 위한 의무이자 도리라고 할 수 있다.

셀프 의전으로 행복한 자신의 미래를 꿈꾼다

셀프 의전도 추구하는 목표에 있어서는 공식적인 의전과 다를 바 없다. 상대방에 대한 존중과 배려를 통해 감동을 주고자 하는 것이다. 그러기 위해서는 철저한 '자기관리'가 필요하다.

자기관리란 무엇인가? 한 마디로 줄이자면 '올바른 정신'과 '올바른 몸가짐'이다. 결코 새로운 것이 아니다. 이미 예전부터 수많은 선현이 한결같이 우리에게 일러준 가치 있는 삶의 태도다.

그렇다면 좀 더 구체적으로 자신의 실생활에서 어떠한 행동들에 자기관리(self care)가 필요할까? 상담학자이자 목사이기도 한 임학순이 쓴 책 『자기관리』에서는 시간, 마음, 태도, 비전(목표), 스트레스, 건강, 돈, 인간관계, 갈등, 성(性) 등의 관리를 자기관리로 설명하고 있다.

시간관리만큼 중요한 것은 없다. 하루 24시간을 어떻게 쓰느냐에 따라 사람마다 그 성과의 차이는 무척 크다. 오늘 할 일을 내일로 미루지 않는 등 오늘에 충실해야 한다. 과거는 이미 지나간 날들이고 미래는 아직 오지 않은 날이다. 내일이 오면 그날 또한 오늘이다. 오늘에 충실해야 자신의 삶이 풍요로워진다.

마음관리, 태도관리는 항상 평상심을 유지하는 것이다. 스스로 자신의 감정을 잘 다스려야 한다. 요즘 감정조절장애가 사회문제가 되고 있듯이, 너무 욕망과 탐욕에 집착하지 말아야 하며 자기중심적인 분노를 조절할 수 있어야 한다. 자기만 옳다는 독선에 빠져서는 안 된다. 옳고 그름만 있는 것이 아니라 '다름'도 있다는 것을 인정해야 한다. 다른 사람은 얼마든지 나와 다를 수 있다.

스트레스와 갈등은 다양하고 복잡한 현대인들의 생활에서 피할 수 없는 '마음의 짐'이다. 인간관계에서 오는 개인적 스트레스와 갈등은 어쩔 수 없다고 하더라도 사회적, 공적인 스트레스, 갈등에서는 벗어날 수 있어야 한다. 내가 사회적 분노를 한다고 해서 사회가 하루아침에 달라지지 않는다.

스트레스로 말미암아 불만과 분노가 가득하면 자기도 모르게 과격해진다. 자신의 감정을 조절하지 못하고 우발적인 행동을 하기 쉽다. 흔히 말하는 충동범죄가 그 때문에 일어나는 것이다. 아주 사소한 시비가 자칫하면 자신의 인생을 망친다. 자기관리에 실패하는 것이다.

자기관리에서 결코 빼놓을 수 없는 것 하나가 '성적(性的) 관리'다. 성(性)은 모든 생명체의 본능이지만 우리는 인간이기 때문에 본능대로만 행동해서는 안 된다. 우리는 법과 제도 그리고 윤리도덕을 가지고 있다. 온갖 성범죄, 외도와 불륜 따위가 그러한 인간만의 규율과 질서에서 벗어나는 데서 발생한다.

결론적으로 말하면 자기관리는 '자기통제'를 필요로 한다는 것이다. 우리는 그 어떠한 형태의 통제도 싫어한다. 통제는 억압과 구속이기도

하다. 누구나 온갖 통제에서 벗어나 자유롭고, 내 마음대로 행동하고 싶어 한다.

하지만 자기관리에 성공하려면 스스로 자기 자신을 억압하고 구속하는 통제가 있어야 한다. 예컨대, 금연도 자기통제다. 흡연하고 싶은 자신의 욕구를 스스로 통제하는 것이다.

자기관리를 위해서는 자신을 스스로 통제할 수 있는 결단력과 의지가 있어야 한다. '자기통제'는 다른 표현으로 자기 자신을 극복하는 '극기(克己)'라고 할 수 있다. 자신을 통제함으로써 자기관리에 철저한 사람이 보람찬 미래를 꿈꿀 수 있으며 결국 성공과 행복을 성취할 수 있다.

에티켓과 매너로 무장한다

앞에서 의전은 에티켓과 매너라고 설명했다. 우리말로 하자면 예의범절이다. 우리 인간은 수많은 사람이 서로 어울리고 더불어 살아가는 사회적 동물이다. 생물학적으로 무리 지어 사는 동물이다.

무리 지어 사는 동물들에게는 아무리 지각(知覺)이 없더라도 나름대로 우두머리가 있고 서열이 있다. 지각이 뛰어난 우리 인간도 예외가 아니다. 사회질서를 위해 지도층과 일반서민들이 있으며 윗사람과 아랫사람이 있고 연령과 경륜에 따라 노인, 중장년, 젊은이, 청소년, 어린이가 있다. 일종의 암묵적인 서열과 같은 것이다.

또한 우리는 혈연, 지연, 학연과 같은 자신의 의지와는 크게 상관없이 여러 인연으로 서로 얽히고, 각계각층의 다양한 사람들과 인간관계를 형성한다. 혼자서는 살 수 없는 것이 우리 인간이다.

따라서 교통에도 각종 법규와 질서를 지켜야 교통흐름이 원만하고 안전할 수 있듯이, 우리도 법과 제도, 질서를 지켜야 수많은 사람과의 인간관계가 원만하다. 그뿐이 아니다. 그러한 일종의 법적 통제가 아니라도 우리 스스로 지켜야 하는 윤리와 도덕, 예의와 범절이 있다. 그것이 에티켓이며 매너다.

그 핵심은 다른 사람들을 존중하고 배려함으로써 다른 사람이 불편과 불쾌감을 느끼지 않고, 편안하고 즐거운 기분을 갖게 하는 것이다. 이를테면 엘리베이터에 낯선 두 사람이 탔을 때 서로 바짝 붙어 서면 불쾌하고 부담감을 느끼게 된다. 낯선 두 사람이 남자와 여자라면 더욱 그럴 것이다. 어떤 규정이나 지시가 없더라도 서로 적당한 거리를 두고 떨어져서 선다. 그것이 에티켓이고 매너다.

에티켓과 매너를 생활화하려면 인성교육과 같은 학습도 필요하지만, 무엇보다 어린이는 어린이답고, 청소년은 청소년답고, 젊은이는 젊은이답고, 중장년은 중장년답고, 노인은 노인다워야 한다. 바꿔 말하면 자신의 본분을 지키며, 남을 존중하고 배려하는 것이다. 내가 다른 사람을 존중하고 배려하면 다른 사람들도 나를 배려하고 존중해 준다. 그것이 셀프 의전의 가치다.

자기관리가 품격이다

국가에도 품격이 있으며 남자는 남자의 품격, 여자는 여자의 품격이 있다. 품격(品格)이란 사람의 품성과 인격, 즉 사람된 바탕과 타고난 성품을 일컫는 것이다. 아울러 품격에는 사람이 갖춰야 할 위엄이나 기품을 말하는 품위(品位)도 포함된다.

품격은 어렸을 때부터의 가정교육, 학교교육 등을 통해 훈육되고 학습되기도 하지만 스스로 정체성을 갖게 되는 성인은 스스로 만들고 가꿔나가야 한다. 다시 말해 자기관리가 있어야 한다. 자기관리가 곧 품격이 될 수 있는 것이다. 앞서 밝힌 대로 올바른 정신과 올바른 몸가짐이 있어야 한다.

그것은 자신의 생각과 행동으로 나타난다. 교양과 지성을 갖추고 올바른 행동을 할 때 품격 있고 품위 있는 사람으로 남들이 인정한다. 품격이 있는 사람은 남을 함부로 대하지 않고 남들도 그를 함부로 대하지 않는다. 서로 존중하는 것이다.

흔히 인간에게는 세 종류가 있다고 한다. 꼭 필요한 사람, 있어도 그만 없어도 그만인 사람, 없어야 할 인간이 그것이다. 당연히 누구나 꼭 필요한 사람이 되고 싶어 한다. 국가와 사회에 꼭 필요한 사람, 다양한 인간관계에서 꼭 필요한 사람 등 꼭 필요한 사람들은 남들이 인정한다.

사회와 인간관계에서 자신의 역할을 충실히 수행하는 사람과 남들에게 도움을 주는 사람이 꼭 필요한 사람이다. 있어도 그만, 없어도 그만인 사람은 그만큼 존재감이 없으며 대우를 받지 못한다.

없어야 할 사람 또는 있어서는 안 될 사람은 다른 사람들에게 큰 피해를 주는 상습적인 범죄자, 분란과 갈등을 조성하는 사람, 남에게 정신적, 물질적으로 피해를 주거나 고통을 주는 사람들일 것이다. 그런 사람들을 가리켜 '쓸모없는 사람', '쓰레기 같은 인간', '짐승만도 못한 인간'이라고 하며 전혀 인간으로서의 가치가 없는 사람으로 경멸당한다.

품격을 갖춘 사람은 대부분 꼭 필요한 사람이다. 자기관리가 철저하기 때문이다. 품격은 '자격(資格)'이기도 하다. 자격이란 국어사전에서 '일정한 신분이나 지위를 가지거나 어떤 역할을 하는 데 필요한 조건 또는 능력'이라고 풀이하고 있다. 품격이 있는 사람은 그러한 자격이 있다.

그러면 품격과 자격은 어디에서 오는 걸까? 다른 사람의 정신적, 물질적 피해를 의식하지 않고 멋대로 행동하는 사람, 오직 자기중심적이고 이기적인 사람은 인간다운 품격이나 자격을 인정받지 못한다. 품격이나 자격은 셀프 의전에서 비롯된다. 셀프 의전은 자기관리의 다른 표현이기도 하다. 자신을 관리하지 못하는 사람은 불필요한 인간이 되기 쉽다.

원만한 인간관계를 위한 배려와 감동

저마다 개성을 지닌 각양각색의 수많은 사람이 함께 살아가며, 오직 자신의 이익을 위해 치열하게 경쟁하는 인간사회에서 어쩌면 '갈등'은 불가피한지도 모른다. 우리 사회에도 갖가지 갈등이 넘쳐난다. 이념

갈등, 노사갈등, 빈부격차에서 오는 갈등 등 사회 양극화현상이 만연한 지 이미 오래다.

갈등은 공동사회뿐 아니라 개인적, 사적인 갈등도 많다. 부모자식, 형제자매, 부부와 같은 혈육 사이에도 갈등이 있으며, 친구나 동료 사이에도 갈등이 있고, 이웃 간에도 갈등이 있다.

혈육 사이의 갈등은 끔찍한 패륜행위, 불륜행위, 재산다툼 등으로 가족이 붕괴되는가 하면 아파트 소음 시비와 같은 이웃 간의 갈등이 마침내 흉기를 휘두르는 충동범죄로 이어지고, 친구나 동료와의 갈등은 소중한 인간관계를 파괴한다. 사회적 갈등이든, 사적인 갈등이든, 갈등이 발생하는 가장 큰 이유는 사기중심적 사고와 이기주의 그리고 수단방법, 인연, 인간다운 도리를 가리지 않고 어떡해서든 상대방을 이기려는 욕심 때문이다.

상대방을 이기려는 욕심은 오직 자신의 이익만을 생각하는 이해타산에서 비롯된다. 우리 사회와 인간의 심성이 그만큼 각박해지고 살벌해지고 있는 것이다. 인간관계에서 이해타산이 개입되면 갈등과 충돌을 피할 수 없다.

참다운 인간관계는 자신보다 남을 먼저 생각하고, 남을 존중하고 배려할 때 형성될 수 있다. 그러자면 항상 겸손해야 하며 자만해서는 안 된다. 자신이 원하던 어떤 것을 성취하고 자만심에 빠지거나 교만해서는 원만한 인간관계가 멀어진다. 꽃이 활짝 피면 시간차이가 있을 뿐, 반드시 시든다는 사실을 알아야 한다.

남들과의 인간관계에서 되도록 자신이 양보하고 타협할 수 있어야 한다. 진정한 친구가 오래도록 우정을 이어가는 것은 친구에 대한 배려와 자기희생이 있기 때문이다. 그것이 품격이며 셀프 의전이다.

때로는 지는 게 이기는 것이다. 어떡해서든지 남들을 이기려고 아등바등하지 않고 자신에게 당장 손실이 있더라도 남에게 져줄 때 상대방은 감동을 한다. 뿐만 아니라 상대방도 언젠가는 자신에게 져줌으로써 감동하게 된다. 원만하고 진실한 인간관계는 그럴 때 이루어진다.

공식적인 의전에서도 대통령이 반드시 권위만을 내세우는 것이 아니라, 국민(참석자)들을 배려하고 그들의 입장에서, 그들을 주인공으로 정할 때, 성공적인 행사가 될 수 있다는 얘기를 여러 번 했다.

셀프 의전도 마찬가지다. 상대방에게 무조건 이기려는 욕심을 버리고 자신을 낮출 때 원만한 대인관계, 인간관계가 이루어진다. 그것이 곧 셀프 의전이 추구하는 본질이자 목표이며 참다운 가치라고 할 수 있다.

부록

셀프(self) 의전

PROTOCOL

P	Patient	인내하는 사람은 승리와 성공을 보장받는다.
R	Respectful	존중하는 습관, 바로 '역지사지'의 실천이다.
O	Open	열린 마음은 늘 새로운 것들을 받아들인다.
T	Touching	감동은 상대방의 마음을 움직인다.
O	Observant	전체를 보는 안목을 길러라.
C	Considerate	배려하는 마음이 따뜻한 사회를 만든다.
O	Ordered	모든 일에는 순서를 정해라.
L	Loving	소중한 사람들에게 사랑의 마음을 표현해라.

경호만 없을 뿐 누구나 의전을 할 수 있다. 그리고 의전을 알아두면 상대방의 호감을 살 수도 있고, 좋은 인상을 남길 수 있다. 상대를 배려하는 기술을 몸에 익힐 수 있기 때문이다. 셀프 의전은 내가 직접 나와 상대방을 위해 일상생활 또는 개인이 주최하는 행사에 적용하는 것을 말한다.

자기 자신의 성공을 위해 특정 분야를 배우고 연구하는 것이 전공과목이라면, 의전은 상대방에 대한 세심한 배려와 존중을 어떤 식으로 해야 하는지를 알려주는 교양과목이라 할 수 있다. 이와 함께 철저한 자기관리를 통해 자신만의 PI까지 만든다면, 반드시 성공할 수 있을 것이라 확신한다. 이 부록에서는 자기 관리와 배려에 대한 노하우를 간략하게 소개하고자 한다.

자기관리 노하우

자기 이미지 메이킹

이미지는 내가 어떤 사람을 봤을 때 가지게 되는 생각이나 느낌을 말한다. 물론 좋은 이미지는 상대방에게 긍정적인 생각과 느낌을 주지만 나쁜 이미지는 부정적인 인식을 남긴다.

이미지 메이킹이란 내가 원하는 사람이 되기 위한 노력이라 할 수 있다. 단순히 외형만이 아니라 자연스럽게 내면까지 차차 변화하는 것을 의미한다. 이러한 노력은 진정한 자신의 모습을 감추고 가면을 쓰기 위한 것이 아니다. 좋은 이미지란 한 번에 만들어지는 것이 아니기 때문에 진정성을 가지고 몸에 밸 때까지 반복하는 습관을 길러야 한다.

그렇다면 왜 이미지 메이킹을 해야 할까? 세상은 절대 혼자서 살아갈 수 없다. 부자는 자신의 노력만으로 부자가 되었을까? 그 사람의 아이디어를 높이 평가하고 이를 생산하는 사람, 소비하는 사람들이 있었기 때문일 것이다. 존 네핑저와 매튜코헛(John Neffinger & Matthew Kohut)이 함께 쓴 책 『어떤 사람이 최고의 자리에 오르는가?』에서도 최고의 자리에 오르는 사람들이 자신의 이미지 메이킹을 어떻게 셀프 의전으로 사용하는지 확인할 수 있다.

상대에게 호감을 주는 행동과 이미지는 매우 중요하다.

깔끔한 외모를 유지하고, 기본적인 에티켓과 좋은 매너로 상대를 배려할 줄 아는 것은 이미지 메이킹을 하는 데 있어 중요한 실천 포인트라 할 수 있다. 물론 말처럼 쉽다면 좋겠지만 현실은 그렇지 않다. 그래서 이미지의 중요성은 아무리 강조해도 지나치지 않다. 한번 고정된 이미지나 첫인상을 바꾸려면 60번을 만나야 한다는 말이 있을 정도니 얼마나 어려운 것인지 알 수 있다.

사람에 대한 첫인상은 불과 3초 안에 결정된다고 한다. 심리학자 알버트 메라비안(Albert Mehrabian)의 연구결과에 따르면 첫인상을 결정하는 요인으로 시각이 55%로 가장 많은 비중을 차지하며, 다음으로 목소리에 해당하는 청각 38%, 말의 내용은 3%에 불과하다.

좋은 이미지를 만든다는 것은 쉬운 일은 아니지만 누구나 할 수 있다. 먼저 원하는 이미지를 떠올리자 그리고 그에 걸맞은 옷을 입고 행동하면 된다.

호감 있는 표정과 미소를 짓자

'웃는 얼굴에는 침 못 뱉는다.'는 말이 있다. 그리고 상대의 미소를 보고 싶다면 내가 먼저 웃어야 한다. 이를 거울효과라 하는데 거울을 보고 있는 나는 내가 먼저 웃기 전에는 절대 웃지 않기 때문이다. 어떻게 하면 될까? 두 가지만 소개한다. 먼저 내가 닮고 싶은 사람의 웃는 얼굴을 자주 보고 따라 해보자. 다음은 중요한 미팅이나 상대를 만나기 전에 거울을 보며 안면근육 운동을 해주는 것이다. 입을 크게 벌리기도 하고 오물오물하며 입을 상하좌우로 움직여 주며 근육을 이완시키면 된다.

좋은 습관은 인생을 바꾼다

사람들은 자신이 닮고 싶은 롤모델을 보면 기존 자신의 습관을 바꾸려 노력한다. 그렇지만 멋진 계획을 세우고 새로운 출발도 잠시, '작심삼일'에 포기하는 경우가 많다. 미국의 동기부여 전문가인 브라이언 트레이시(Brian Tracy)는 "잘못된 습관을 바꾸거나 새로운 행동을 습관화할 때 같은 행동을 21일 동안 매일 꾸준히 반복하면 그 행동은 습관이 된다."고 말했다. 바로 자기 관리에 이를 적용해보자. 자신이 원하는 모습을 생각하고 행동하자. 그리고 최소 21일 동안 반복해서 시도하자. 그러면 자신도 모르게 의식을 갖고 했던 행동은 자신의 습관이 될 것이다.

습관을 강조하는 것이 고루하게 들릴 수도 있겠지만, 습관의 중요함과 실천을 강조한 스티븐 리처즈 커비(Stephen Richards Covey) 박사의 "성공하는 사람들의 7가지 습관(The 7 Habits of Highly Effective People)"과 최근에 출간된 찰스 두히그(Charles Duhigg)의 『습관의 힘(The Power of Habit)』을 추천하고 싶다.

깔끔한 외모는 단정한 복장에서 나온다

옷이 날개라는 말이 있다. 영어 속담에도 'Fine clothes make the man', 'Fine feathers make fine birds'라고 하여 옷을 격에 맞게 입는 것을 강조하고 있다. 사람은 어떤 옷을 입느냐에 따라 행동과 말투가 변하기도 한다.

물론 개성이 넘치는 시대에 나만의 스타일을 추구하는 사람도 있다. 이 또한 상대에게 불쾌감을 주지 않을 정도라면 문제가 되지 않는다.

중요한 것은 상황을 고려해 복장을 선택하는 것이다. 면접 때 내가 즐겨 입던 옷과 편한 것만을 선택할 수 없는 것처럼 상황에 맞는 복장은 중요하다. 값비싼 옷이 아닌 상황에 어울리는 의상은 상대방에 대한 예의라는 점을 명심하자.

상대배려 노하우

상대를 이해하는 자세는 겸손에서 시작한다

우리가 잘 알고 영어 단어 'Understand'는 'Under, 밑'과 'Stand, 서다'라는 의미이다. 바로 상대를 밑에서 바라볼 때 상대를 이해할 수 있다는 뜻이다. 이것은 곧 겸손을 의미한다.

괴테(Johann Wolfgang von Goethe)는 '겸손은 타인의 마음을 얻는 방법'이라 말했다. 즉, 겸손은 상대의 마음을 이해하는 데서 온다. 사전적 의미의 겸손은 '남을 존중하고 자기를 내세우지 않는 태도'라 말한다. 설령 자신이 훌륭한 능력을 갖추었다고 해도 밖으로 내세우지 않는 것이다.

행사를 준비거나 참석할 때 그리고 우리가 상대방을 만날 때 겸손의 자세는 상대에 대한 세심한 배려에서 찾을 수 있다. 그리고 상대에게 준 좋은 감정과 깊은 인상은 반드시 언젠가 다시 자신에게 축복으로 돌아올 것이다.

그렇다면 겸손하려면 어떤 노력이 필요할까?

첫째, 자기성찰과 반성을 통해 자신의 부족함을 채우자.

논어에 '삼인행 필유아사(三人行 必有我師)'라는 구절이 있다. 세 사람이 길을 걸으면 그중 분명히 배울 한 사람이 있다는 의미다. 즉, 배우는 자세를 유지하는 것이 겸손을 실천하는 방법이라 하겠다.

둘째, 겸손은 역지사지(易地思之)에서 나온다.

상대를 존중하고 배려하는 자세는 겸손이라는 덕목에서 나온다. 그 겸손은 역지사지를 생각하는 자세에서 나오는 것이다. 즉, 상대의 장점을 칭찬하고 배려하며 존중하는 자세라 할 수 있겠다. 자신을 낮출 수 있는 용기를 가진 사람은 겸손을 가질 수 있다.

셋째, 다른 사람의 말을 경청하자.

말을 하는 데는 2년이 걸리고 말을 듣는 데는 60년이 걸린다(耳順)는 말이 있을 정도로 경청하는 것이 얼마나 힘든 것인지를 보여준다.

넷째, 항상 감사하는 마음으로 살자.

우리는 살면서 감사함을 잊고 산다. 그런데 갖고 있는 걸 잃고서야 그 존재가 소중하고 감사했다는 것을 깨닫는 경우가 많다.

성경에도 "범사에 감사하라"는 말씀이 있지 않던가? '감사합니다.', '죄송합니다.', '제 탓입니다.' 이 세 가지 단어는 항상 내 몸에서 습관처럼 나오도록 노력하자.

상대를 움직이는 힘, 에티켓과 매너

우리는 일상 속 다양한 상황에서 에티켓과 매너를 접한다. 하지만 과거보다 남을 더 의식하지 않고 개인주의가 만연해지면서 과거에 비해 매너는 쉽게 찾아보기 힘든 것 같다. 매너가 몸에 배어 있지 않으면 필요한 상황에서 쉽게 나오지 않는다.

에티켓과 매너는 어떤 차이가 있을까? 둘 다 인간관계에 있어서 상대에 대한 배려에서 나온다. 에티켓은 살아가면서 우리가 지켜야 할 도리라 하겠다. 법으로 규정되어 있는 건 아니지만 서로 간의 암묵적인 약속이라 할 수 있다. 이것은 스스로 자신을 관리해서 다른 사람에게 좋은 기분이나 호감을 느끼게 한다.

반면 누군가 지키지 않을 경우 다른 사람에게는 상당한 불쾌감과 불편을 줄 수 있다. 예컨대, 화장실 문을 열 때 노크하기, 줄서기, 승강기에서 큰 목소리로 전화 통화하지 않기 등이 해당하겠다. 어떠한 사람들은 에티켓이 '좋은' 사람이라고 말하는 경우도 있지만 잘못된 표현이다.

에티켓은 '있다' 또는 '없다'로 표현한다.

하지만 매너는 '좋다' 또는 '나쁘다'로 표현한다. 매너는 에티켓보다는 지켜야 할 의무 측면에서 강제력이 약하다. 역지사지의 자세로 상대를 생각하고 상대를 편안하게 만들어주기 위해 배려하는 것이다. 즉,

상황에 맞는 배려는 상대방을 기분 좋게 만들어 주고, 때로는 깊이 감동시키기도 한다.

빗길 운전에서 보행자에게 물이 튀지 않도록 물웅덩이를 피해 서행하는 것, 상대와 걸음속도를 맞춰 걷는 것 등은 상대가 요구하지 않아도 상대를 먼저 편하게 해주는 행동이다.

에티켓과 매너의 차이는 있지만 서로 함께 쓰이는 경우도 많다. 예를 들어, 버스를 타기 위해 줄을 서는 것은 바로 에티켓이며, 무거운 짐을 들고 있는 여성에게 자리를 양보하거나 짐을 받아주는 행동은 매너라 할 수 있다. 화장실 문을 열 때 노크하는 행동은 에티켓이고, 가볍게 살살 노크하는 것은 매너에 해당한다. 에티켓은 지켰지만 문을 있는 힘껏 두드린다면 매너가 없다고 할 것이다.

좋은 매너와 에티켓을 우리 몸에 익혀서 습관처럼 나올 수 있게 한다면 사람들과 더 좋은 관계를 발전시켜 나갈 수 있을 것이다.

자리 고민 이제 그만!

식당이나 회의장에 먼저 도착해서 빈 좌석을 보며 "내가 어디 앉아야 하나?" 하는 고민은 누구나 한번쯤 했음직한 고민이다.

매번 같은 장소가 아니라서 테이블 형태와 공간의 크기가 달라지기 때문에 같은 고민은 반복된다.

자리 고민은 특히 비즈니스나 직장 생활에서는 지켜야 할 예의 중 하나라 하겠다. 공식적인 자리에서 좌석배치가 제대로 안 되어 있을 경우 상대방의 마음을 상하게 하거나 일을 그르칠 우려가 있다.

기본적으로 윗사람과 아랫사람의 관계 또는 호스트와 게스트의 구분이 없는 개인적인 모임의 경우는 먼저 온 사람이 안쪽부터 앉아도 된다. 물론 편한 곳에 앉아도 무방하다. 하지만 그렇지 않은 경우 상황별로 간략하게 정리해 본다.

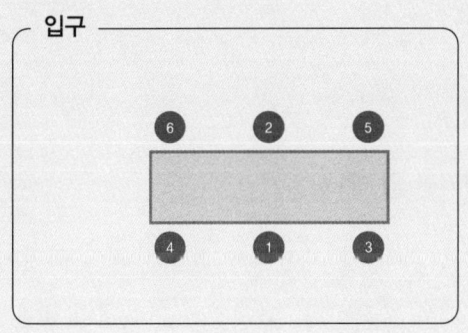

좌석배치의 기본개념으로 상석은 입구를 바라볼 수 있는 곳으로 가장 안쪽자리이다. 물론 6인용 테이블의 경우는 안쪽 중앙이 상석, 다음은 상석의 건너편, 상석의 우측과 좌측 순이다. 가장 아랫사람의 자리는 항상 출입문이 가까운 곳이라는 점을 염두 하자. 때로는 출입문이 중앙에 있고 상석이 구분이 잘 되는 곳이 있다. 그럴 때 고민하지 말고 종업원에게 어느 쪽이 상석인지 묻자. 그래도 정답을 모를 경우 가볍게 상대에게 "이쪽이 상석인 것 같습니다." 한마디 해주면 된다. 내가 헷갈리면 상대도 그와 비슷하게 생각하기 때문이다.

말 한마디로 그 자리에서 상석을 지정하는 것이다. 때로는 서로 양보하는 경우도 많다. 그럴 때는 몇 차례 권하고 편한 곳에 앉으면 된다.

일반적으로는 나이순이지만, 직장에서는 직급이 높은 사람 또는 초대한 손님이 상석에 앉는다.

사실 불필요해 보일 수도 있고 형식에 불과할 수 있지만, 이 또한 경우에 따라 의전서열에 해당한다고 할 수 있다. 그럴 경우 상대는 겉으로 표현하지는 않겠지만 속으로는 "저 사람이 날 무시하는 건가?"라고 오해할 수 있다. 이러한 오해는 비즈니스에 충분히 영향을 미칠 수 있다는 것을 알아야 하겠다.

직장에서 지켜야 할 매너

모든 일은 사람과 사람 사이에서 생긴다 해도 과언이 아니다. 그래서 인간관계는 매우 중요하다. 남이지만 가족처럼 좋은 관계로 발전되기도 하고 가족이라도 서로 아끼고 사랑했던 관계가 실타래처럼 꼬여 풀 수 없는 지경에 이르는 경우도 있다.

우리는 누구와 가장 많은 시간을 보낼까? 잠자는 시간을 제외하면 가족보다는 직장 동료들일 것이다. 그래서 원활한 인간관계와 성공적인 직장생활을 위해서는 직장 내 매너가 필요하다.

직장 상사에 대한 의전 어디까지 해야 할까? 정답은 없다. 어떤 스타일의 사람인가에 따라 다르기 때문이다. 그래도 몇 가지만 소개하겠다.

첫째, 길을 안내하는 경우 상사보다 3보 정도 앞에서 안내하는 것이 좋다. 그렇지 않은 경우에는 상사의 옆 또는 뒤를 따라가라. 승강기, 사무실 등 특정 공간에 들어가거나 나올 때 항상 상사가 먼저 앞서고 그 뒤를 따르자.

둘째, 출근시간 최소 15분 전에 도착하도록 하자. 오랜만에 회식으로 과음을 하더라도 출근시간은 반드시 지켜야 한다.

셋째, 성실한 태도는 상사에게 신뢰를 준다. 상사의 지시를 받고 처리할 때 반드시 데드라인이 있다. 꼭 시간을 지키도록 하자. 새로운 아이디어가 있다면 적극적으로 의견을 제시하는 것이 바람직하다. 다만 방법에서 주의할 필요가 있다. 무조건 내 말이 옳다는 식이 아니라 인과관계 또는 논리를 갖고 구체적으로 설명해야 하겠다.

넷째, 궂은일은 내가 먼저 하자. 특히 신입사원이나 인턴인 경우 더욱 그렇다. 사회에 첫발을 내딛는 만큼 기대가 크다. 하지만 실제 주어진 업무는 실망스러울 때가 많다. 처음부터 중요한 일을 시키는 상사는 없다. 단순한 복사를 하더라도 내가 어떻게 생각하느냐에 따라 득이 될 수도 있고 스트레스가 되어 독이 될 수도 있겠다. 스테이플러를 찍어도 정돈되게 정성을 다해야 한다. 만약 사무실 바닥에 휴지가 놓여있다면 청소하는 사람이 오기 전까지 놔둘 게 아니라 내가 먼저 줍자. "내가 이런 걸 왜 해."라는 자만은 결코 나에게 도움이 되지 않는다는 걸 명심해야 한다. 많이 움직이고 부지런한 것은 나에게 좋은 습관을 만들어줄 것이다. 이는 윗사람으로부터 성실함을 인정받는 결과로 이어진다.

다섯째, 미소와 자신감을 잃지 말자. 상사가 "ㅇㅇㅇ 씨 이것 좀 해줄래요?"라고 물었을 때, 영혼 없는 말투와 표정은 말을 하는 나보다 상대가 더 잘 느낀다는 것을 명심해라. '피할 수 없으면 즐겨라.'는 말이 있듯 기왕 할 일이라면 밝은 표정과 자신감을 담아 처리하자. 그러면 상대는 당신을 항상 긍정적인 사람으로 인식할 것이다.

여섯째, 늘 배우려는 자세는 나를 겸손하게 만든다. 상사는 나보다 더 많은 경험을 가지고 있다. 따라서 존중하고 배우려는 자세를 갖도록 하자. 만약 상사가 부른다면 바로 대답하고 메모지와 펜을 준비하는 습관을 기르자. 이러한 모습만으로도 상대에게는 겸손하게 보일 것이다.

이와 같은 행동이 형식적이라고 느껴지거나 불편할 수도 있다. 하지만 성공에 필요한 좋은 습관은 저절로 생기는 것이 아니라 노력해서 만들어진다는 것을 명심하도록 하자.

칭찬은 진실하게 하되, 아끼지 마라!

누구나 칭찬 들으면 얼굴이 밝아지고 기분이 좋아진다. 하지만 의례적으로 하는 영혼이 없는 거짓 칭찬은 오히려 상대의 기분을 상하게 할 때도 있다.

사람들은 칭찬하는 데 있어 돈이 드는 것도 아닌데 인색한 편이다.

칭찬은 상대방의 특성을 존경한다는 의미를 지닌다. 상대의 외모에 변화를 주었다면 구체적으로 가리키며 칭찬하자. 또는 그 사람의 행동이나 품성에 대해 칭찬을 하도록 하자.

여기서 중요한 것은 칭찬이 구체적이며 진실해야 한다는 것이다. 인간은 대부분 감정에 따라 선택하고 행동하기 때문에 다른 사람이 자신을 알아주고 칭찬해주면 강한 동기부여를 얻고 매우 행복한 감정을 느낀다고 한다.

미국 역사상 가장 위대한 대통령 중의 하나로 꼽히는 에이브러햄 링컨(Abraham Lincoln)도 "칭찬은 누구나 좋아한다."고 했다. 칭찬을 싫어하는 사람은 없다. 링컨은 1842년 스프링필드 워싱턴 금주회의에서 이렇게 연설했다. "사람의 행동은 어떻게든 영향을 미칩니다. 그러므로 설득, 친절, 칭찬 그리고 상대를 배려하는 겸손한 태도가 필요합니다.

'한 방울의 꿀은 한 통의 쓸개즙보다 더 많은 파리를 잡는다.' 말은 진리중의 진리라 생각합니다."

구체적이고 진실한 칭찬이야말로 상대방을 행복하게 만드는 매너인 셈이다. 칭찬은 아무리 써도 마르지 않는 우물과 같다. 아끼지 말고 나누어 주도록 하자.

참고문헌

김효겸, 『대통령의 의전세계』, RHK, 2013.
성균예절차문화연구소, 『공감 생활예절』, 시간여행, 2015.
외교부, 『세계와의 소통 국가의전 이야기』, 외교부 의전장실, 2008.
이명박, 『대통령의 시간』, RHK, 2015.
이하원, 『조용한 열정 반기문』, 기파랑, 2006.
정현규, 『의전행사 성공전략』, 창보, 2008.

대통령기록관(www.pa.go.kr).
외교부 홈페이지(www.mofat.go.kr).